PICKWICK

IGOR SIBALDI

IL CODICE
SEGRETO
DEL VANGELO

Sperling & Kupfer

Questo volume è stato precedentemente pubblicato da Frassinelli con il titolo: *Il libro del giovane Giovanni.*

www.pickwicklibri.it
www.sperling.it

Il codice segreto del Vangelo
di Igor Sibaldi
Proprietà Letteraria Riservata
© 2003 Edizioni Frassinelli
© 2005 Sperling & Kupfer Editori S.p.A.

ISBN 978-88-6836-128-0

I edizione Pickwick novembre 2013

Anno 2016-2017-2018 - Edizione 9 10 11 12 13 14 15 16 17 18

Indice

Al Dominante, all'Austero
e agli altri Spiriti Guida
che giocando hanno
scritto con me questo libro.

INTRODUZIONE

Il libro sacro

> L'Io è venuto in questo mondo per esercitare un giudizio, perché quelli che non vedono vedano, e quelli che vedono diventino ciechi.
>
> Giovanni 9, 39

Che cos'è un libro sacro

Se un libro è sacro, non è perché un'autorità religiosa lo ha dichiarato tale. È perché ha in sé un particolare potere, che i latini chiamavano *sacrum*, cioè «venerabile» e «temibile» al tempo stesso; e le autorità religiose si vedono per lo più *costrette* a riconoscere che un determinato libro è sacro quando in esso quel potere continua ad avvertirsi per lungo tempo.

Quel potere *sacro* lo si vede, in un libro, da due caratteristiche.

La prima è che se cominci a imparare qualcosa da un libro sacro, sùbito disimpari qualcos'altro di quel che insegnano la tua religione o la morale corrente.

La seconda caratteristica è che un libro riconosciuto sacro da una determinata religione è un libro che tutti i fedeli di quella religione credono di conoscere, almeno per sommi capi; ma quando lo leggono, si accorgono di non saperne nulla.

1

Perciò molti preferiscono non leggere i libri sacri e non saperne nulla in realtà, per non scuotere le proprie certezze religiose, o le proprie opinioni riguardo alle certezze religiose dei più. E il miglior modo di non sapere nulla di un libro, è credere di sapere già che cosa dica.

Per *sapere già* che cosa dica il Vangelo senza leggerlo, noi ci affidiamo a quel che ne dicono la religione e la morale cristiana, alla quale tutti bene o male veniamo educati in Occidente. Pensiamo che il Vangelo sia la religione cristiana; che le Chiese, dato che lo proclamano sacro, lo abbiano preso come loro fondamento, con i loro Papi, e Sinodi, e rituali. Ma dal pensare così derivano molti equivoci.

In realtà, il Vangelo non è affatto un libro sacro cristiano: sia perché fu scritto diverso tempo prima che la religione cristiana si formasse (la religione cristiana si consolidò a partire dal IV secolo, i Vangeli risalgono al II secolo), sia perché nel Vangelo non si trova nessun argomento a sostegno del cristianesimo, né di nessun'altra religione oggi praticata.

Inoltre, essere cristiani vuol dire pensare che tutte le altre religioni abbiano torto, altrimenti si apparterrebbe a una delle altre religioni; e pensare così è una condizione essenziale per non sentire e non capire ciò che vi è di sacro nel Vangelo. Il Vangelo stesso ne illustra il motivo.

Lo Spirito

Per spiegare il particolare potere dei libri sacri, la teologia dice che un libro sacro è un libro ispirato da una Divinità, e che perciò contiene poteri di origine divina; secondo i teologi cristiani, nel Vangelo tale Divinità operante è lo Spirito santo, terza persona della Trinità, che dettò direttamente il libro ai suoi autori. Se ciò è vero – e non c'è nessuna ragione per pensare che non lo sia – l'appartenenza a una qualsiasi religione è un ostacolo alla lettura del Vangelo, proprio perché lo Spirito, secondo il Vangelo, è il contrario della religione.

Spirito si diceva in latino *Spiritus*, in greco *Pneuma*, in ebraico *Rwah*: tutte e tre queste parole significano «alito di vento», e sono metafore, mostrano innanzitutto *a cosa somiglia*, come si presenta quel qualcosa che chiamiamo Spirito. Già da questo si può arguire che l'idea di Spirito abbia a che fare con un senso di libertà – mentre la religione (da *religare*, «vincolare») è l'opposto della libertà. E nel Vangelo di Giovanni lo Spirito viene così descritto:

Uno *Pneuma*, un alito di vento che soffia dove vuole, e ne senti la voce, ma non sai da dove viene e dove va. Così è per chiunque è nato dallo *Pneuma*, dallo Spirito.

Giovanni 3, 8

Somiglia a un alito di vento che si sente sul viso, e lo si sente solamente quando si è abbastanza sensibili per accorgersene.

Lo senti e sai che c'è, non perché qualcuno ti abbia convinto che ci sia, e non perché lo credi tu, ma semplicemente perché in quel momento lo senti. È ampio, invisibile, non lascia traccia del suo cammino, ma c'è – e sentendolo ti accorgi della delicatezza, della semplice, agile concentrazione che occorre per poterlo sentire.

Così incomincia e così è lo Spirito: è una disposizione e una dimensione percettiva, che si desta in te e che *c'è soltanto se e quando la senti tu, in prima persona*.

Che un libro sacro appartenga allo Spirito significa dunque che puoi cominciare a capire quel libro soltanto se sei tu a capirlo, tu da solo, con quell'agile e semplice concentrazione che, per essere tale, non può evidentemente tollerare vincoli e imposizioni da nessuno. Perciò appartenere a una religione e capire il Vangelo sono due cose incompatibili fra loro: appartenere a una religione vuol dire lasciarsi imporre da quella religione determinati limiti, nella propria intelligenza, nelle proprie scelte, nella propria percezione delle cose.

Ma – dicono i teologi – un libro sacro è difficile, e i limiti che la religione impone alla mente servono a guidarla sulla via della giusta comprensione, che le menti non troverebbero da sole. Nemmeno questo è vero secondo il Vangelo. «*Tu* ne senti la voce», dice Gesù parlando dello Spirito: cioè devi essere *tu* a sentirla. Dunque *puoi* sentirla. E *tu*, nel Vangelo, è rivolto a tutti.

Nel Vangelo, Gesù dice spesso che lo Spirito è «lo Spirito della verità», e ciò vuol dire che anche la verità è come un alito di vento: così semplice e a tutti accessibile, purché si abbia la delicatezza e la libertà di percepirla.

Nel Vangelo, Gesù dice anche che Dio è lo Spirito; da qui i teologi traggono appunto l'idea che lo Spirito sia parte della Divinità. Ma nel Vangelo Gesù dice anche che la verità è ciò che l'uomo chiama io: «Io sono la via, la verità, la vita», così dice (Giovanni 14, 6), e ciò rende la situazione troppo vertiginosamente semplice, perché i limiti d'una religione possano contenerla: come è possibile che l'Io sia la verità, che è lo Spirito, che è Dio? Eppure Gesù nel Vangelo lo dice apertamente, e più volte vi insiste: «Io e il Padre siamo tutt'uno» (Giovanni 10, 30) e qui vi è una splendida chiave.

La Verità

La religione cristiana spiega, a questo proposito, che Gesù poteva dire così di se stesso, perché Gesù era Dio, seconda Persona della Trinità. Ma il Vangelo non dice così. Come vedremo ampiamente in questo libro, con la parola *Io* Gesù intende davvero ciò che ognuno sente in sé quando semplicemente pensa «io». Per sentire la verità, e lo Spirito, e Dio, occorre dunque che uno sia questo Io, e non sia qualcos'altro che altri vogliono che lui sia. Il che è sì semplice ma tutt'altro che facile nella pratica.

Quando per esempio Pilato domanda a Gesù «Che cos'è la verità?» durante la loro prima conversazione (Giovanni 18, 38), Gesù in risposta tace. Con quella domanda Pilato esprime ciò che ogni individuo civilizzato pensa della verità nella propria vita quotidiana. Pilato è un funzionario, uno che obbedisce, e che è ciò che è e fa ciò che fa perché obbedisce ad altri e non a se stesso. Fino a che è tale, non c'è risposta alla sua domanda su che cosa sia la verità. Per lui non è nulla, è silenzio. La verità è come un alito di vento, c'è soltanto se e quando la senti *tu*. E così lo Spirito, e così Dio. Perciò, invece di «Che cos'è la verità», Pilato avrebbe potuto domandare «Chi sono io?» e avrebbe avuto la stessa risposta: nulla. Tu non sei. Non ci sei tu, per te stesso, e perciò non c'è per te la verità.

Solo che nel caso di un alito di vento è più facile – potrebbe obbiettare Pilato – perché il vento lo senti, non puoi sbagliarti. Nel caso della verità invece è talmente complicato: perché tante persone insegnano come verità cose che nessuno sente in nessun modo, ma che la maggioranza approva. I cristiani dicono che la verità è una cosa, gli ebrei dicono che è un'altra, gli induisti che è un'altra ancora.

E dunque cos'è *la* Verità, al singolare? Le verità esistono, non la Verità.

Secondo il Vangelo, ciò non ha importanza e riguarda soltanto la folla e il passato. Ciò che conta è soltanto il tuo Io. Proprio di contro alle religioni – dalle quali ci viene da sempre l'abitudine a non fidarci del nostro Io – Gesù sostiene che l'Io è la verità, la via e la vita.

Dicendo che è una via, intende dire che l'Io, proprio come

la verità, si può conoscere soltanto percorrendolo, ognuno può soltanto scoprirlo, giorno dopo giorno.

E dicendo che è la vita stessa, intende dire che occorre viverlo, e che non c'è se tu non lo vivi qui e ora.

Maria

Così spiega il Vangelo di Giovanni, e vedremo cosa e quanto ciò comporti e significhi. Ma è così anche negli altri Vangeli; in Luca vi è un episodio particolarmente importante a questo riguardo, per chi voglia leggere davvero i libri sacri.

Nel primo capitolo del Vangelo di Luca l'Arcangelo Gabriele appare al vecchio sacerdote Zaccaria e gli annuncia che gli nascerà un figlio, e che sarà un profeta – Giovanni il Battezzatore. Zaccaria risponde: «Ma io sono avanti negli anni» e subito l'Arcangelo lo rimprovera, lo fa diventare muto e se ne va. Secondo la teologia ebraica infatti gli Arcangeli, a differenza degli Angeli, sono molto irritabili. Dopodiché, Gabriele appare a Maria di Nazareth, che è poco più che bambina. Le annuncia che le nascerà un figlio, Gesù, e che sarà un profeta e un salvatore del mondo. Maria risponde «Ma io non conosco nessun uomo» e l'Arcangelo le parla affettuosamente, si complimenta con lei. Questo episodio è una vera e propria indicazione di lettura, e si riferisce alla Verità che si può trovare nei Vangeli, e a come trovarla, rispetto al proprio io.

Il sacerdote Zaccaria rappresenta il lettore che comincia a leggere i Vangeli tenendo molto *al suo passato* («io sono avanti negli anni»), tenendo molto cioè a tutte le varie verità altrui che negli anni gli hanno ingombrato la mente e l'animo; egli è d'altronde un sacerdote, un personaggio pubblico dalla lunga carriera, tutta la sua vita si è inevitabilmente modellata su vincoli e schemi altrui, e non certo sulla scoperta del suo io. Davanti all'Arcangelo – che rappresenta qui il Vangelo stesso – Zaccaria *non sa staccarsi da tutto ciò*, e il risultato è che, dall'incontro con l'Arcangelo, Zaccaria uscirà muto, incapace di dirne alcunché.

Così anche il lettore che non sa staccarsi da ciò che lo vincola ad altri esce muto dalla lettura del Vangelo: non riuscirà a dirne nulla, se non ciò che sapeva già prima.

Maria invece, che «non conosce nessuno», rappresenta il lettore che si accosta ai Vangeli libero e da solo, senza nessun vincolo di fedeltà ad altri. Non ha passato; lì, davanti al Vangelo, non conosce nessuno. *E da questo lettore, come da Maria, Gesù nasce.*

Questo importante episodio arcangelico concorda pienamente con quel che il Vangelo di Giovanni fa dire a Gesù riguardo ai rapporti tra l'Io e la verità.

Cosa si sa dei Vangeli

Da tutto ciò risulta che capire il Vangelo è propriamente un *esercizio di verità*, e che dovrebbe davvero essere accessibile a tutti – dato che se il passato non conta, non conta nemmeno la preparazione culturale che uno ha raggiunto in passato. Maria è il modello del lettore: una bambina; e in Palestina a quel tempo le bambine non andavano a scuola.

E realmente, ciò che sui Vangeli si può imparare dai libri di storia è ben poco, e non ha alcuna importanza per chi li voglia comprendere. Dei Vangeli *non si sa nulla di certo*: né chi e quanti siano stati i loro autori, né quando, né dove li scrissero. Non si sa se li scrissero direttamente in greco, così come noi li leggiamo oggi, o se li tradussero da fonti aramaiche. Le notizie che solitamente si trovano nelle introduzioni e nei

commenti alle versioni più diffuse, secondo le quali l'evangelista Matteo sarebbe l'apostolo Levi Matteo, e scrisse il suo
Vangelo attorno all'anno 50; e Marco fu seguace di San Paolo e scrisse il suo non più tardi del 65; e Luca era un medico
siriano che scrisse intorno al 70; e Giovanni fu l'ultimo, e ter-
minò il lavoro attorno all'anno 100: tutte queste notizie sono
finzioni, non documentate da nulla. San Paolo, che morì a
Roma intorno al 65, per certo non aveva letto nulla che somi-
gliasse ai Vangeli a noi noti, dato che negli scritti a lui attribuiti non ve n'è traccia, e vi sono anzi affermazioni che con i
Vangeli contrastano totalmente («Ciascuno sia sottomesso alle autorità costituite, poiché non vi è autorità costituita se non
da Dio e quelle che esistono sono stabilite da Dio», *Ai Romani* 13, 1; ecc.); e una parte almeno degli scritti attribuiti a
Paolo è probabilmente più tarda, frutto di rielaborazioni della
fine del I secolo. Negli *Atti degli Apostoli*, la cui datazione
varia secondo gli storici tra il 70 e il 100, e in cui Pietro uccide due convertiti colpevoli di non aver versato tutti i loro ave-
ri alla comunità cristiana (*Atti* 5, 1 sgg.), non vi è del pari alcuna traccia dell'insegnamento di Gesù secondo i Vangeli.
Solo nei primi decenni del II secolo i Vangeli cominciano a
venir menzionati e citati con qualche precisione. Impossibile
dunque credere che si tratti di opere di discepoli di Gesù, o di
discepoli di loro discepoli. Se così fosse stato, se ne sarebbe
parlato assai prima, considerata anche la gran cura che i primi cristiani avevano per i loro testi, e la fame di testi che caratterizzava le comunità già nel primo secolo della loro esistenza. E dei loro autori non solo si sarebbe fatta menzione,
nelle *Epistole*, negli *Atti*, ma li si sarebbe onorati, elevati a dignità, venerati addirittura.

Non vi fu nulla del genere, anche perché, nella seconda
metà del II secolo, quando appunto cominciarono a circolare,
questi Vangeli avevano già ben poco a che spartire con il cristianesimo della Grande Chiesa – cioè a quel centro direttivo

del movimento cristiano, che da Roma andava organizzando e coordinando le già numerosissime diocesi. La Grande Chiesa si riteneva la depositaria della Verità, e già nel II secolo conduceva la sua guerra contro gli «eretici», contro coloro cioè che intendevano l'insegnamento di Gesù in modi diversi dal suo. I Vangeli al contrario narravano, tutti quanti, che i discepoli di Gesù non avevano capito nulla e che, non appena pensavano di essere nel giusto, venivano smentiti da Gesù stesso o dagli avvenimenti. La Grande Chiesa era un'organizzazione gerarchica; i Vangeli si pronunciavano contro qualsiasi principio di autorità, e addirittura contro qualsiasi magistero che non fosse quello divino, senza mediazione alcuna. La Grande Chiesa insegnava, sulla scorta di San Paolo, che il Regno dei Cieli è solamente nei Cieli stessi; i Vangeli ripetevano, tutti quanti, che il Regno dei Cieli «è in mezzo a voi», o addirittura «in voi», qui e ora. E così via.

Non vi è perciò da meravigliarsi, se degli autori dei Vangeli, della loro vicenda umana e spirituale, si sia perduta ogni traccia. Non venivano dalla Grande Chiesa, non le appartenevano. Restano i loro Vangeli, scritti chissà dove – Siria, Asia Minore, Provenza... – e attorno a essi il vuoto. Ricostruirne in qualche modo la storia appare certamente più possibile oggi di quanto non lo fosse mezzo secolo fa, quando a Nag Hammadi, in Alto Egitto, venne scoperta per caso un'ampia biblioteca di testi gnostici, tra i quali alcuni preziosi Vangeli, talvolta molto vicini – come il Vangelo di Tomaso, o il Vangelo della Maddalena – ai Vangeli a noi noti. Si può ipotizzare una corrente di Evangelisti, chiamiamola così, che attorno alla metà del II secolo avesse cominciato a produrre testi, Vangeli appunto, in cui un cristianesimo molto diverso da quello della Grande Chiesa trovava la sua formulazione dottrinaria. Estranea alle diocesi, vicina allo gnosticismo, questa corrente si esaurì ben presto, lasciando soltanto i suoi scritti. E i più belli, i più celebri probabilmente, di questi scritti, vennero assorbiti dalla Grande Chiesa, e – passando per numerose redazioni, più o meno censorie – divennero i nostri Vangeli.

Ma è una storia ancora tutta da scrivere, e non esiste ancora. Per ora, ripeto, ciò che di certo si sa dei Vangeli è pressoché nulla.

A maggior ragione dovrebbe essere facile leggerli, se nulla occorre saperne in anticipo. Dovrebbe essere sufficiente impararne il linguaggio, abituarvisi, e contare soltanto sulla propria sensibilità e soprattutto su quello Spirito di Verità che li ha dettati ed è in ognuno, come essi dicono. E forse un tempo fu veramente così; ma oggi non lo è più, e *leggere* il Vangelo così com'è oggi è in realtà molto difficile. Già nel IV secolo, quando divenne ufficialmente un testo sacro per i cristiani, il testo dei Vangeli risultava contraddittorio e spesso incomprensibile; e oggi è più incomprensibile ancora, perché alle contraddizioni che già conteneva si sono aggiunti, nelle versioni ufficiali delle varie confessioni, errori di traduzione spesso clamorosi.*

E sia le contraddizioni del testo antico sia questi errori di traduzione hanno la medesima origine: sono incrostazioni e corrosioni determinate dall'*interpretazione* che la corrente dominante del cristianesimo (la Grande Chiesa, appunto) cominciò a dare dei Vangeli quando decise di adottarli come sacri,** e che le successive correnti dominanti del cristianesimo continuarono a dare in seguito. Frasi e concetti che nel Vangelo dovevano esser stati prima chiari e coerenti, divennero oscuri e contraddittori per gli interventi che quell'interpreta-

---

* Nel citare le versioni consuete dei Vangeli, utilizzerò la più aggiornata edizione della Sacra Bibbia nella Versione Ufficiale della Conferenza Episcopale Italiana per l'uso liturgico – con alcuni riferimenti anche all'illustre New Revised Stardard Version, Oxford University Press 1995.

** Il primo Canone, cioè il primo elenco ufficiale dei libri ritenuti sacri dalla Grande Chiesa, risale all'anno 180; è il cosiddetto *Frammento Muratoriano*.

zione operava sul testo, attraverso i redattori e copisti, gli scribi della Chiesa, che ricopiando i codici dei Vangeli li manipolavano perché non contrastassero più di tanto con la loro *religio*. Ben presto, attraverso i dogmi, i condizionamenti, i conflitti religiosi, i roghi, quell'interpretazione finì per incrostare e corrodere nei secoli anche l'intelligenza, la sensibilità dei lettori, al punto che le contraddizioni e i passi oscuri dei Vangeli non vennero più avvertiti come tali, né tantomeno come manipolazioni, ma come un linguaggio solenne e misterioso, incomprensibile non perché qualcuno l'aveva reso tale, ma perché si pensava che non sia dato all'uomo di comprendere più di tanto le cose dello Spirito.

Pressoché tutto ciò che abbiamo imparato a credere e a pensare dell'insegnamento di Gesù nei Vangeli è la conseguenza di questo processo di ottundimento, di rassegnazione al non capire.

E siccome nei Vangeli la gente cerca soprattutto la conferma di ciò che ha imparato a crederne, e generalmente non vede null'altro all'infuori di ciò che cerca, nei passi incomprensibili dei Vangeli si accontenta di non capire, e là dove ancora qualcosa si capisce non vede nulla o – come il sacerdote Zaccaria – non sa poi dire nulla di quel che vi ha visto, perché contrasta troppo con ciò che ne sapeva.

Le difficoltà dei Vangeli, e come toglierle

Si tratta, dicevo, di corrosioni e incrostazioni.

Per ciò che nel testo dei Vangeli venne *corroso* – cioè tagliato, censurato, nelle varie redazioni che i Vangeli subirono – c'è ben poco da fare. Si possono qua e là individuare possibilità, formulare ipotesi, o cercare echi e paralleli nei Vangeli gnostici del II e III secolo, scampati ai roghi della Grande

11

Chiesa. Ma i brani del Vangelo così corrosi sono irrimediabilmente perduti.

Le *incrostazioni* invece, cioè tutti quei punti in cui il testo del Vangelo venne manipolato, si possono riconoscere abbastanza facilmente.

Innanzitutto il linguaggio, lo stile delle incrostazioni permettono subito di identificarle. Il linguaggio è di epoca più recente e lo stile è più incerto dei brani autentici del Vangelo.

In secondo luogo, coloro che manipolarono e aggiunsero volevano adattare il Vangelo al modo in cui lo capivano loro: e il loro modo di capirlo era d'un livello molto inferiore a quello del testo originale.

Non aveva né coraggio, né slancio, né libertà, e obbediva a precise esigenze dottrinarie. La Grande Chiesa aveva imposto il culto della *persona* di Gesù, voleva che Gesù fosse considerato un Dio, dotato di poteri prodigiosi, voleva costituire una religione forte, numerosa, compatta, che imponesse ai fedeli certi rituali e una gerarchia sacerdotale ben tutelata. Nel Vangelo non c'era nulla di tutto ciò; dunque nei pochi brani in cui tutto ciò compare, e in stile incerto, per di più, non è difficile scrostare.

Le incrostazioni, infine, sono spesso maldestre. Contrastano palesemente con il Vangelo originale; oppure ripetono frasi che compaiono in brani autentici del Vangelo, e nel ripeterle le sfalsano in modo grossolano. E anche questo permette di riconoscerle.

Così il testo dei Vangeli può essere ricostruito, e in questo libro ho provato a ricostruire il Vangelo che più amo, quello di Giovanni – contando sull'aiuto di quello Spirito, per superare lo strato di condizionamenti e false interpretazioni che, come persona cresciuta in Occidente, mi pesava inevitabilmente sugli occhi.

Se davvero il Vangelo è sacro – pensavo – allora è vivo,

pericoloso e parla a qualsiasi io, se lo si ascolta. Mentre se sacro non è, il mio lavoro è solo una personale ricerca di verità e un esercizio di immaginazione tra le righe di un antico testo greco.

*

Da questo restauro non è emerso dai Vangeli nulla di ciò che abitualmente se ne vuole avere: né conférme, né rassicurazioni, né illusioni. Ciò che ne è emerso è anzi talmente diverso da quello che se ne sa di solito e che ci si aspetta, che presentarne soltanto la traduzione – come avrei voluto fare all'inizio – è risultato proprio impossibile: nessuno vi avrebbe riconosciuto il Vangelo di Giovanni, e sarei stato accusato di falso o di fantareligione.

Perciò ho fatto precedere alla traduzione un saggio, in cui spiego ordinatamente cosa insegnava Gesù secondo l'evangelista Giovanni, mostrando e spiegando le differenze tra le sue parole e ciò che la religione cristiana sostiene al riguardo, e aggiungendo qualche necessario rimando a passi di altri Vangeli per maggior chiarimento.

Non penso che tale saggio basterà a far cambiare idea a quanti, per loro ragioni, hanno bisogno di credere che questa o quella Chiesa cristiana ponga il Vangelo a fondamento della sua dottrina. Innanzitutto, la fede in una Chiesa è una faccenda molto delicata, dolente spesso, e per aprirvi varchi di autentica riflessione non basta certo un libro, nemmeno quando quel libro è il Vangelo.

In secondo luogo, la caratteristica principale di chi è convinto che una religione (la sua) si fondi sul Vangelo è una specialissima ansia di *giustificare* tutto ciò che in tale religione contraddice il Vangelo stesso; e quest'ansia distrugge rapidamente, in chi ne è vittima, ogni volontà di comprendere. È un fatto ben noto, e a quel che ne so è irrimediabile. A tali lettori, esprimo anticipatamente il mio sincero rammarico per l'amarezza che questo libro causerà loro. A tutti gli altri, auguro di cogliere nel Vangelo di Giovanni ciò che io, per mie incapacità, ancora non sono riuscito a vedere: la via di scoperta che si apre nel Vangelo come in ogni libro sacro, va sempre oltre ciascuna sua tappa e non è finita mai.

PARTE PRIMA

Che cosa insegna il Vangelo

1

Sono io

Io ho detto: Voi siete Dei,
siete tutti figli dell'Altissimo,
anche se morite, come ogni uomo.

Salmo 81, 6-7

Questo mondo

La vicenda narrata nel Vangelo si svolge qui, in questo mondo, più ancora di quel che di solito si pensa.

Nel Vangelo di Giovanni, Gesù pronuncia molte volte le parole «mondo» e «questo mondo» (*kosmos toutos*), e ogni volta intende non il mondo fisico, né tantomeno il mondo palestinese del I secolo dopo Cristo, ma soltanto il *kosmos*, che in greco significa «l'ordine», «l'assetto sociale»: il modo cioè in cui la maggioranza intende i rapporti tra gli uomini e i rapporti tra gli uomini e ciò che è più grande di loro. E i rapporti tra gli uomini di cui parla il Vangelo non sono cambiati da quando fu scritto: il Vangelo parla di chi obbedisce e chi comanda, di chi crede di aver ragione e di chi è oppresso dal senso di colpa, di chi vuol capire e di chi ha paura di capire e via dicendo. E tutto ciò, oggi, è proprio come allora.

17

Il Vangelo parla soprattutto dell'idea che a *questo mondo* (a quest'ordine sociale, a questo modo di vedere le cose come le vedono i più) ci si debba adeguare, perché bene o male esso rispecchierebbe la vera natura umana. E su questo, Gesù non è d'accordo.

Secondo Gesù *questo mondo* è sbagliato: è troppo angusto; ognuno di noi è troppo più grande di *questo mondo* per potersi adeguare a esso senza mutilarsi in qualche maniera. Perciò a *questo mondo* non bisogna appartenere più, bisogna che tutto il suo assetto diventi qualcosa di estraneo: e soltanto allora si comincia a vivere quella vita e quella verità più grande per le quali davvero ogni uomo è nato.

Io vi ho tratti fuori dal mondo [...].

Giovanni 15, 19

Io ho dato loro le Tue parole, Padre, e il mondo li ha odiati, perché essi non appartengono al mondo [...].

Giovanni 17, 14

Qui sta una profonda differenza tra l'insegnamento di Gesù e la dottrina cristiana, secondo la quale l'espressione «questo mondo», nel Vangelo, va riferita proprio al mondo fisico, valle di lacrime da cui si può uscire soltanto con la morte. Solo dopo la morte, secondo il cristianesimo, l'uomo riceverà dalla verità divina la consolazione per tutto il male che ha subito nel mondo, o avrà la punizione divina, se nel mondo ha disobbedito a ciò che la religione cristiana gli comandava di fare.

Per quale ragione Dio avrebbe creato un mondo fisico tanto deprimente, la dottrina cristiana non lo dice in modo chiaro. Secondo Gesù, invece, di deprimente nel mondo vi è soltanto quel *kosmos* e lo sforzo di adeguarvisi, e Gesù spiega chiaramente perché.

Complici e vittime

Questo mondo, secondo Gesù, è fondato sulla menzogna e sulla paura; e adeguarvisi significa mentire a se stessi: tenere nel buio, non vedere tutto ciò che in questo mondo non va.

Il giudizio è questo: la luce è venuta nel mondo, ma tanti hanno preferito le tenebre alla luce, perché le loro azioni erano malvagie. Chi infatti fa il male odia la luce, e non si avvicina alla luce, perché non si veda ciò che fa.

Giovanni 3, 19

Questo mondo va invece visto com'è davvero: va «giudicato», come scrive Luca: «Se voi non giudicate questo mondo, è soltanto per paura di essere giudicati» (Luca 6, 37) – ma le versioni consuete intendono «Non giudicate per non essere giudicati». Chi non giudica *questo mondo* ne è complice e vittima al contempo: si sottomette alle sue autorità, alla sua morale, a tutte le sue inerzie, che esistono solo perché molti accettano di sottomettersi a esse.

Per sottomettersi è indispensabile sentirsi inferiori, e le religioni, la morale, le autorità coltivano nei loro sudditi ciò che occorre per sentirsi così: il senso di colpa, il senso di inferiorità, l'egoismo, la paura degli altri (di chi ha altre autorità, altra morale, altre religioni) e la paura di se stessi. Tutte condizioni morbose, e dunque facili da indurre nelle persone deboli, nei «piccoli» di *questo mondo*.*

---

* «È impossibile non trovare insidie sul proprio cammino; ma guai a chi prepara insidie. Sarebbe meglio per lui che gli legasse al collo una macina e lo si gettasse in mare, piuttosto di tendere insidie a uno solo di questi piccoli» (Luca 17, 1-2). Ma le versioni consuete traducono «scandali», invece di «insidie» com'è nel testo, e danno così l'impressione che Gesù condannasse chi infrange le regole di questo mondo – e condannasse dunque anche se stesso, dato che per tutto il Vangelo non fa che dare scandalo.

19

Per tale morbosità, *questo mondo* come lo descrive il Vangelo assomiglia molto, diremmo noi oggi, a una malattia nervosa: una specie di ossessione che altera il comportamento e i processi mentali, facendo apparire reale ciò che reale non è.

Ed entro il *kosmos*, questo carattere ossessivo investe tutte le strutture della realtà: a cominciare dalla percezione del proprio io e dalla percezione del tempo. A maggior ragione, da *questo mondo* bisogna guarire, bisogna vincerlo, proprio come si vince una malattia. Infatti:

Io ho vinto il mondo [...].

Giovanni 16, 33

Cioè: bisogna vincerlo, per poter essere Io davvero.

L'io piccolo e l'Io infinito

La malattia nervosa che Gesù chiama *questo mondo* altera innanzitutto la percezione dell'Io, che in *questo mondo* appare incerto, limitato da ogni parte, bisognoso sempre di conferme e di approvazione da parte di altri. Intorno, tutto ciò che lo limita appare invece grande: la necessità, il potere, le leggi, l'appartenenza a una nazione, il peso del passato.

A tutto ciò l'individuo non può sfuggire, in *questo mondo*, se non usando autoinganni, o accettando di sentirsi un emarginato.

Nel cristianesimo questa opprimente condizione dell'uomo è spiegata come una conseguenza del peccato originale. se l'uomo vive male, è perché è *ab initio* un degenerato, perché Adamo peccò e tutti noi ne discendiamo. E poiché la principale degenerazione dell'uomo è la sua ereditaria propensione all'errore, al peccato, è assolutamente indispensabile secondo la dottrina cristiana che durante la sua vita l'uomo obbedisca a un'autorità religiosa o sancita dalla religione – cioè appunto a un potere, a leggi, a tradizioni: a tutto ciò insomma che secondo Gesù fa di *questo mondo* una prigione dell'Io.

Ai tempi di Gesù, questa era anche l'opinione delle autorità di Gerusalemme, le quali così rispondevano al cieco miracolato che difendeva Gesù:

«Sei nato tutto quanto nei peccati, e vuoi insegnare a noi?»
E lo cacciarono via.

Giovanni 9, 34

Secondo Gesù l'Io di ogni uomo è invece il «Figlio di Dio, della stessa sostanza del Padre» e l'Io di ogni uomo è in *questo mondo* per giudicarlo e impedirgli di fare altro danno. Per chi sia cresciuto in una delle grandi religioni monoteistiche, questa affermazione di Gesù è molto difficile non solo da ammettere, ma anche da intendere. Così era anche ai tempi di Gesù: proprio per aver sostenuto la divinità dell'Io Gesù rischiò di venire lapidato (Giovanni 10, 31 sgg.). Gesù rispose citando un Salmo, cioè dimostrando che anche la Bibbia gli dava conferma:

Io ho detto: «Voi siete Dei,
siete tutti figli dell'Altissimo».
Anche se morite, come ogni uomo

Salmo 81, 6-7

Non servì a molto. Ancor oggi la dottrina cristiana afferma che solo Gesù è Dio, è l'unico Figlio del Dio creatore, disceso nel mondo per annunciare che nell'Aldilà si sta meglio, e tornato poi in cielo per sedere in trono alla destra del Padre.

Ma nel Vangelo Gesù non dice mai nulla che confermi l'idea di una monarchia divina della quale noi tutti saremmo soltanto i sudditi, e lui il re. Il Vangelo dice il contrario, fin dal Prologo, là dove parla dell'Io-luce:

A tutti coloro che l'hanno accolto
ha dato il potere di diventare Figli di Dio
che da Dio sono stati generati.

Giovanni 1, 12.13

Tutto sta nell'«accoglierlo». È semplice, dice di nuovo il Vangelo, è proprio come accogliere la luce, accorgersi che c'è. Ma per gli uomini le cose semplici sono sempre talmente difficili.

*

Ciò che il Vangelo spiega qui è davvero molto semplice, ma è da millenni una verità iniziatica, e perciò suscita timore.

Sia prima di Gesù, sia dopo di lui, l'idea che Dio e l'uomo fossero diversi e ben distinti l'uno dall'altro era un'assoluta certezza per tutti i non iniziati: Dio è Dio appunto perché non è umano. Perciò Dio è più potente dell'uomo, e può soccorrere l'uomo in caso di necessità; i non iniziati dovevano e devono accontentarsi di sapere questo. Sia prima di Gesù, sia dopo di lui, agli iniziati dei vari culti misterici veniva bensì spiegato, durante complessi rituali e sotto l'obbligo del segreto, che l'uomo è e scopre se stesso in ogni grado o emanazione della Divinità e che ogni grado o emanazione della Divinità è nell'uomo (come dice appunto Gesù: «l'Io è nel Padre e il Padre è nell'Io», Giovanni 14, 11): e che la chiave di ogni conoscenza superiore sta nelle potentissime parole «Sono io», riferite a tutto ciò che nella propria crescita spirituale l'uomo può conoscere, in terra come in cielo.

«Conosci te stesso» era scritto sul tempio di Delfi, proprio perché l'iniziato sapeva e poteva dire: «Qui sono io, e ciò che io conosco della Divinità *sono io*».

Le sfere concentriche celesti, degli Astri, degli Angeli, degli Arcangeli, e su su fino ai Cherubini e ai Serafini, tutte le *Sephiroth* dell'Albero della Vita: per l'iniziato, erano tutte soglie di conoscenza che egli superava trovando il coraggio spirituale e intellettuale di dire: «Sono io, sono io tutto questo, in ognuna di queste tappe io trovo me stesso e sono infinitamente di più di ciò che sapevo di essere fino a poco fa». Ogni soglia era come la Sfinge, che poneva ai passanti il suo enigma e ingoiava chi non riuscisse a dare l'unica risposta giusta: «Sono io», sempre di nuovo.* E così fino alla soglia più alta, fino a Dio. Anche lì «Sono io»: «Io sono ciò che sono» era appunto una delle possibili traduzioni del nome divino YHWH. E «L'Io e il Padre sono tutt'uno» insegna infatti a dire Gesù, e ugualmente «chi ha visto l'Io, ha visto il Padre» (Giovanni 14, 9).

Suona strano, sì. Si è talmente abituati a pensare che dicendo «Io» Gesù parlasse di sé, e anche nel Vangelo, nelle dispute con i suoi avversari e nelle conversazioni con i suoi discepoli, il modo in cui Gesù usa il pronome «Io» produce innumerevoli equivoci. Ma così è: per Gesù io è l'Io, e quando dice «io» intende l'Io, che è in ognuno. Solo se si interpretano così, le sue parole acquistano un senso coerente limpido, sconvolgente, e soprattutto semplice – mentre se si pensa

---

* La domanda della Sfinge era, secondo il mito: «Qual è l'animale che al mattino cammina su quattro zampe, a mezzogiorno su due e alla sera su tre, e quando usa meno zampe va più veloce?» Edipo non rispose: «L'uomo», ma diede la risposta iniziatica, che a ogni enigma spirituale si dà: «Sono io, l'uomo».

che usando la prima persona Gesù parlasse soltanto di se suonano assurde. Per esempio, in un passo del discorso dell'ultima cena Gesù dice, secondo le versioni consuete:

> Io vado a prepararvi il posto. Quando sarò andato e vi avrò preparato il posto, tornerò e vi prenderò con me, perché siate anche voi dove sono io. E del luogo dove io vado, voi conoscete la via.
>
> Giovanni 14, 2-4

Se lo si legge così, dà l'idea che Gesù sia una specie di battistrada della morte, che l'Oltretomba sia un rifugio e che per di più nell'Oltretomba non vi siano abbastanza posti dove stare comodi e vicini a Gesù. È lugubre, insensato, e non concorda con nulla di ciò che Gesù dice altrove nei Vangeli. Ma leggiamolo nell'altro modo, secondo la chiave iniziatica:

> L'Io va a prepararvi il posto. Quando è andato e vi ha preparato il posto, torna a prendervi con sé, perché siate anche voi dove è il vostro Io. E del luogo dove l'Io va, voi conoscete la via.

Così inteso, parla della vita e non della morte. L'Io è più grande di ciò che l'uomo crede di sapere: è sempre più in là di dove giunge lo sguardo cosciente, e nel corso della vita fa sempre da guida alla ragione umana, se la ragione impara ad ascoltarlo – perché non vi sia divario o conflitto tra ragione e sentimenti, tra pensiero e desiderio, tra ciò che veramente si è e ciò che si sa di essere.

E questa «via dell'Io» è ciò che la ragione può imparare a conoscere giorno dopo giorno, qui e ora. Nulla glielo può impedire, fuorché il condizionamento morboso che l'uomo subisce e accetta di subire in *questo mondo*.

Molte volte Gesù spiega che così va inteso il suo modo di dire Io.

Voi siete in me, il mio Io è in voi!

Giovanni 14, 20

Chi rimane nel mio Io e il mio Io in lui porta molto frutto [...]

Giovanni 15, 5

Usa addirittura immagini raccapriccianti, per imprimerlo nella mente di chi lo ascolta: dice che il suo Io va mangiato.

Chi mangia la carne e beve il sangue del mio Io dimora nel mio Io e il mio Io in lui [...].

Giovanni 6, 56

E intende: fate in modo che la vostra mente assimili questo Io che dico, fatelo entrare in voi, siatelo, accorgetevi di esserlo, perché così è. Ciò che voi chiamate Io non è un minuscolo cosmo segreto, aggrovigliato nei suoi conflitti e timori, ma è solo un lembo cosciente di una immensa realtà. Un secolo dopo il Vangelo di Giovanni, Plotino diceva dell'anima che noi sappiamo dove comincia – in ognuno di noi – ma non dove finisce, quale sia il suo confine nell'universo; e infrangeva così quel medesimo vincolo iniziatico che anche Gesù infrange e insegna a infrangere nei Vangeli, parlando dell'Io.

Anche per Gesù l'Io non ha confini. Ciò che ogni uomo sente realmente in se stesso quando dice e pensa «Io», per Gesù è tutt'uno con ciò che l'uomo chiama Dio. Dio è il «Padre» dell'Io, nel senso che è la sua origine, il suo fondamento, la sua causa – poiché è origine, fondamento e causa di tutto ciò che esiste e che avviene: e di tutto ciò che esiste e che avviene l'iniziato sa e può dire «Sono io». Dio è infinito: e anche l'Io lo è. Dio conosce ogni cosa: e anche l'Io conosce ogni cosa. Dio crea il mondo: e l'Io crea il mondo. Dio può cambiare il destino dell'uomo: e anche l'Io può cambiare il destino dell'uomo. Solo che l'uomo non lo sa, non osa saperlo ancora. Ma lo può scoprire. Così era stato molti secoli prima, anche per Abramo. Nella *Genesi*, là dove Dio parla ad Abramo per la prima volta, le versioni consuete gli fanno dire:

> Va' via dal tuo paese, dalla tua patria
> e dalla casa di tuo padre,
> verso il paese che io ti indicherò
> e io farò di te un grande popolo
> e ti benedirò, renderò grande il tuo nome
> e diventerai una benedizione.
>
> *Genesi* 12, 1-2

Così tradotto, è soltanto il dialogo di un Dio con un uomo e la promessa mitologica che da quest'uomo nascerà un grande popolo, migliore di altri popoli non protetti da questo Dio. Ma leggiamolo come un iniziato poteva leggerlo:

> Va' via dal tuo paese, dalla tua patria
> e dalla casa di tuo padre,
> verso il paese che l'Io ti indicherà
> e l'Io farà di te un grande popolo
> e ti benedirà, renderà grande il tuo nome
> e diventerai una benedizione.

È sempre un Dio che parla a un uomo, ma per dirgli che le precedenti certezze vanno abbandonate e che imparando a conoscere se stesso sia Abramo sia chiunque altro scoprirà in sé una dimensione infinita e un infinito senso e valore. E proprio a questo riguardo Gesù spiega:

Abramo esultò nella speranza di vedere il mio giorno – il giorno di quest'Io che vi dico – e lo vide e ne gioì... Da prima che Abramo fosse, Io sono.

Giovanni 8, 56-58

Cioè: fin da prima di Abramo, esiste questo «Io» che pienamente è. Siatelo dunque, come io lo sono: imparate a togliere ogni distanza tra questo Io e il vostro io, «i vostri nomi sono scritti nei cieli!» come dice il Vangelo di Luca (Luca 10, 20). Nel *kosmos*, in *questo mondo* e per *questo mondo* ciò è troppo grande: ma l'Io vi toglie da questo mondo, se sapete essere l'Io.

Il tempo di questo mondo e la vita eterna

Nella malattia nervosa collettiva che il Vangelo chiama *questo mondo* risulta alterata, secondo Gesù, anche la percezione del tempo. Il tempo che ognuno crede di vivere appare, in questo mondo, come un tempo limitato, compreso tra un'insensata nascita e una morte non meno insensata. È come una condanna. In ogni suo istante è stretto come la cella di un carcere, circondata da celle tutte quante uguali. Solo un animo piccolo può rassegnarsi a viverlo, e soltanto con la sensazione che così lo si stia punendo per qualcosa.

La dottrina cristiana, come anche il giudaismo e l'Islam, garantiscono che soltanto poi, dopo la morte, verrà la liberazione: il tempo si dissolverà e avrà inizio la vita eterna. E poiché allora ognuno verrà premiato o punito a seconda del comportamento tenuto in terra, viene in tal modo assicurato ai credenti che anche nella vita eterna, per quanto Gesù abbia detto che là si stia meglio di qui, vi sarà la stessa condizione di sottomissione, di timore, di dipendenza da un potere più

27

grande dell'uomo. Come che sia, dove che sia, secondo queste grandi religioni nell'universo finito e infinito l'aspirazione dell'uomo alla libertà è dunque solamente una chimera, che è bene dimenticare.

Ma di nuovo, nel Vangelo Gesù non dice mai nulla del genere, e dice invece il contrario.

Nel Vangelo, Gesù non parla mai di una «vita eterna» dopo la morte. Per indicare l'Aldilà, usa il termine greco *aiòn*, cioè «Eone», che indicava il Grande Tempo cosmico, contrapposto al piccolo tempo che la ragione umana è abituata a quantificare.* E secondo Gesù questo Grande Tempo, l'Aiòn, non è né altrove, rispetto al tempo che noi viviamo, né essenzialmente diverso da esso. Il tempo è bensì l'Aiòn, qui e ora, per chi sa percepirlo. Le versioni consuete traducono «vita eterna» le parole greche *aionios bios*; ma queste parole significano appunto «la vita com'è nel Grande Tempo», e vivere questa «vita nel Grande Tempo» significa percepire e intendere il tempo in un modo diverso da come lo si intende in *questo mondo*: l'Aiòn è il Presente, in tutta la sua pienezza, in ogni attimo del tempo.

*

È vivere il tempo senza avvertire il peso del passato, e sapendo invece che il passato di per sé non esiste, ma è soltanto come nel presente lo si vede. Il Presente contiene il passato, che da esso dipende interamente.

* Tale in origine era anche, del resto, il significato di *aeternum*, da *aeveternum*, da *aevum*, «evo», «eone», che era il corrispondente latino di *aion*, e come *aion* indicava un Grande Tempo cosmico, superiore all'idea d'inizio e fine. Ma poi nell'uso e nella teologia cristiana, *aeternum* passò a indicare un tempo che ha avuto un inizio e non avrà una fine: una immensa durata, cioè, com'è appunto intesa la vita nell'Aldilà.

È vivere senza dover dipendere da un futuro preciso: vivere il Presente significa sapere che in ogni istante il futuro non esiste di per sé, ma dipende da chi vive ora e qui, poiché in ogni istante tu lo puoi cambiare.

Nel futuro c'è naturalmente la morte.

L'Aiòn di cui parla Gesù, a differenza dell'eternità cristiana, non esclude la morte promettendo che nell'Aldilà la vita individuale in qualche modo prosegua. La morte è un fatto naturale, anche Gesù muore: che ragione c'è di volerla escludere, di temerla?

L'Aiòn di cui parla Gesù *esclude semplicemente tutto ciò che non è presente*, proprio perché tale Presente è una forma di vita talmente intensa e piena in ogni suo istante da non suscitare nell'animo il bisogno di null'altro che non sia il Presente stesso.

*

Anche in *questo mondo*, del resto, la morte è temuta in quanto avvenimento nel futuro: in realtà, fa paura soprattutto il fatto che un giorno la morte *avverrà*.

Questa paura, spiega Gesù, non è tanto la paura della morte quanto piuttosto la sensazione di sgomento che si prova, senza che i pensieri e le parole riescano a definirlo, nel sentire quanto sia vuoto, labile, sprecato il tempo che si sta vivendo in *questo mondo* ora.

Quelle diciotto persone sulle quali è crollata la Torre di Siloam e le ha uccise, credete voi siano state più colpevoli di tutti gli altri abitanti di Gerusalemme? No, vi dico. Ma se non cambiate il vostro modo di capire, continuerete a morire tutti così insensatamente.

Luca 13, 3-4

Se il modo di capire e di vivere il presente non cambia, la morte continua a essere lo specchio in cui si riflette l'insensatezza della vita che si conduce e del modo in cui la si intende. La propria vita fa paura, non la morte. E la propria vita fa paura perché si intuisce, si sente che è tanto più grande di ciò che di essa, in questo mondo, si riesce a vivere.

*

Perciò vivere l'Aiòn in questo mondo è impossibile. In questo mondo, in cui tutto è limitato e stretto per l'Io, quando ci si domanda che senso abbia la propria vita, *si guarda al futuro* – verso qualcos'altro che verrà: la sera, durante il giorno; il mattino, di notte; un obbiettivo da raggiungere; un'età a cui arrivare; la pensione; la morte; la «vita eterna». Il senso è sempre più in là, sempre altrove, il presente è soltanto un passaggio e la vita, in questo mondo, non è mai adesso.

Secondo Gesù, la differenza tra l'Aiòn e il tempo di questo mondo sta precisamente nel senso che si dà alla propria vita. Nella vita sensata. Si entra tanto più nell'Aiòn, quando più ciò che si sta vivendo qui e ora acquista un senso; se ne rimane fuori, quando quel senso sfugge e si cerca altrove. Perciò vivere l'Aiòn e restare in questo mondo è impossibile: il tempo di questo mondo e Grande Tempo sono *due modi diversi di vivere ciò che si vive*: come infelicità e felicità, malattia e salute. Ciò che cambia nel passare dall'uno all'altro è la percezione, e non l'oggetto che si percepisce né tantomeno il luogo dove lo si percepisce.

Perciò anche Gesù nel Vangelo spiega che la possibilità di entrare nell'Aiòn dipende indubbiamente dal comportamento che si tiene, e che l'Aiòn è un premio per il comportamento giusto: ma mentre nel mito cristiano della «vita eterna» la ricompensa al buon comportamento è sempre e di nuovo altrove e in futuro, secondo Gesù un diverso comportamento, un comportamento *sensato* ha come immediata conseguenza, qui e ora, l'ingresso nell'Aiòn e la trasformazione di tutta quanta la vita che qui e ora si vive.

E alla definizione di questo comportamento diverso e sensato i Vangeli dedicano tutti grande cura.

2

Le Leggi e il «Noi»

Sia fatta la tua volontà come in cielo, così in terra.

Matteo 6, 10

In cielo e in terra

Dal comportamento concreto dipende l'ingresso nell'Aiòn di cui parla Gesù: occorre dunque una Legge che indichi il comportamento da seguire. Nel giudaismo, nel cristianesimo, nell'islamismo, le Leggi divine limitano inevitabilmente la libertà umana, che in queste religioni appare infatti ai più come l'ostacolo al raggiungimento del Regno dei cieli. Nel Vangelo è molto diverso: ciò che nel Vangelo si chiama Legge divina non contrasta con la libertà, e contrasta invece con l'obbedienza, la servitù e il conformismo religioso.

Per intendere bene questo punto, bisogna considerare che tutte le discipline e le ricerche spirituali si possono dividere in due categorie: quelle per cui vale il principio «Come in alto, così in basso», e quelle per cui tale principio non vale. È un principio molto antico, anche Ermete Trismegisto lo poneva come prima norma della sua magia, nella *Tavola di smeraldo*;

e significa che quel che si conosce nelle sfere superiori è tanto più valido quanto più produce risultati nella vita terrena.

Il giudaismo, il cristianesimo e l'islamismo non riconoscono questo principio: non ritengono che tra ciò che è in cielo e ciò che è in terra vi debba essere armonia, e perciò possono intendere le loro Leggi in maniera oppressiva. In queste tre grandi religioni è normale pensare che le Leggi divine impongano all'individuo fatica e continui conflitti con i suoi impulsi naturali, proprio perché in alto, da dove le Leggi vengono, le cose vanno in un modo del tutto diverso da come vanno in basso. Per la stessa ragione, nel cristianesimo la disobbedienza alla Legge divina diventa un fatto inevitabile e, soprattutto, *secondario*: appunto perché cielo e terra sono tanto in disarmonia tra loro, può cioè avvenire che la Legge divina affermi che Dio è amore e imponga di amare il prossimo come se stessi, e le autorità religiose indicano crociate, approvino guerre e brucino persone sul rogo. Per raggiungere il Regno dei cieli non risulta tanto indispensabile l'obbedienza alla Legge, quanto la disponibilità a pentirsi delle trasgressioni che l'uomo commetterà in questa vita, che secondo la dottrina cristiana è talmente incompatibile con la vita celeste. Ne viene che il versetto del *Padre nostro* «sia fatta la Tua volontà in cielo come in terra» sia da sempre, tra i cristiani, motivo di perplessità.

Il Vangelo invece appartiene all'altra categoria spirituale. Il principio «Come in alto, così in basso» viene ripetuto spesso da Gesù, in varie forme: «Dai loro frutti li riconoscerete» (Matteo 7, 16), «Non chi mi dice Signore! Signore! ma chi fa la volontà del Padre entrerà nel Regno dei Cieli» (Matteo 7, 21) e così via. E secondo il Vangelo non soltanto l'obbedienza alla Legge non è faticosa e innaturale, ma non è neppure un'obbedienza. I cosiddetti «comandamenti» che Gesù dà non sono ordini ai quali si possa trasgredire: sono leggi, nello stesso senso in cui si dicono leggi le leggi della fisica o le leggi di Mosè, cioè enunciazioni di determinate regolarità nel prodursi di determinati fenomeni.

Le leggi di Gesù

La differenza tra un comandamento e una legge di quest'altro genere è molto facile da capire. Un comandamento è un'imposizione, una legge è una descrizione. Una legge si può valutare in base alla sua verità: se io enuncio la legge di gravità dicendo che un oggetto cadrà in verticale e non in diagonale, l'esperienza mostrerà se ciò che ho detto è vero oppure no. Un comandamento è invece un problema di autorità: se io comando a qualcuno di cadere a terra, l'esperienza mostrerà soltanto se quel qualcuno sia o no disposto a obbedirmi, e non se ciò che ho comandato sia o no una verità. Gesù, nel Vangelo, parla soltanto di leggi.

Purtroppo, l'esigenza di autorità che la Grande Chiesa aveva posto a fondamento della propria dottrina fece sì che le leggi di Gesù venissero intese dai cristiani come comandamenti: nel testo dei Vangeli esse compaiono perciò con i verbi all'imperativo, e – potere dell'inerzia! – in nessun lettore suscita dubbi il fatto che, così imperative appunto, quelle leggi appaiano insensate e contraddittorie, sia perché obbedirvi è impossibile, assurdo o dannoso, sia perché Gesù stesso nei Vangeli non vi obbedisce mai. Abbiamo già visto come cambia il senso delle parole di Gesù se invece di tradurre «Non giudicate per non essere giudicati» si riporta il verbo dall'imperativo all'indicativo: «Voi non giudicate, solo per paura di non essere giudicati». Esaminiamo ora alcuni altri «comandamenti», dai Vangeli di Matteo, Marco e Luca, e vediamo come cambia la portata del testo se li si riconduce alla loro forma originaria di leggi

L'amore per il prossimo

Una di queste leggi di Gesù viene tradotta nelle versioni consuete: «Ama il prossimo tuo come te stesso» (Matteo 19, 19). Ma appunto perché non ha senso attendersi che uno ami la gente a comando, questa frase non poteva esser stata formulata così da un evangelista. Il verbo evidentemente non era all'imperativo; il senso di questa frase doveva essere: «Tu, come che sia, ami e odi il prossimo tuo così come ami e odi te stesso».

E cioè: non credere alle passioni che *questo mondo* produce in te, accorgiti di quanto in queste passioni è proiezione di un tuo cattivo rapporto con te stesso.

L'altra guancia

Un'altra legge di Gesù viene tradotta: «Se uno ti percuote su una guancia, tu porgigli anche l'altra» (Luca 6, 29). Così formulata, è solo un'esortazione a una mitezza da animale d'allevamento.

Il senso di questa legge è invece rivelatore, se lo si ricostruisce intendendo la parola «guancia» come una metafora, e non alla lettera: «Se uno ti è ostile, sta aggredendo in realtà solo uno dei volti che tu mostri agli altri: e in lui, se guardi bene, vedrai quel tuo volto che non vuoi vedere in te». È ciò che milleottocento anni dopo scoprì la nostra psicologia: tu sei spinto a detestare un altro proprio perché vedi in lui ciò che di te non vuoi ammettere.

Se il Vangelo non fosse stato così modificato, lo si sarebbe scoperto molto prima.

Ciò che vogliono gli altri

«Tutto quanto volete che gli altri facciano a voi, fatelo voi a loro» (Luca 6, 31). La frase doveva essere: «Voi fate agli altri proprio ciò che volete che gli altri facciano a voi». Cioè, di nuovo: dal modo in cui tratti gli altri puoi vedere il valore che tu dai a te stesso.

Il giuramento

«Non giurate mai!» (Matteo 5, 34) si legge nelle versioni consuete, e andava inteso: non giurate mai fedeltà a nessuno. In questo caso, la modifica fu soltanto una sfumatura: la frase doveva essere «Tu, in ogni caso, non giuri mai fedeltà a nessuno». E cioè: se giuri fedeltà a un qualsiasi capo, tu non sei più tu, ti sei annullato; ma nessuno può annullarsi mai totalmente. Così interpretata, questa legge di Gesù concorda con i suoi insegnamenti riguardo al matrimonio, che altrimenti risulterebbero contraddittori.

Il matrimonio

Secondo le versioni consuete e la dottrina cristiana, riguardo al matrimonio Gesù avrebbe detto: «Non divida l'uomo ciò che Dio ha unito» (Marco 10, 9) e lo si intende nel senso che il matrimonio religioso sarebbe indissolubile. Non si capisce allora perché Gesù sia tanto gentile con la Samaritana, che aveva già avuto cinque mariti, o con l'adultera minacciata di lapidazione. La frase doveva essere: «Gli uomini, con la loro minuscola ragione, non sono in grado *di distinguere, di* *analizzare* ciò che è tanto più grande di essa» come appunto l'amore. Se proibizione c'è, qui, è la proibizione non tanto del divorzio, ma dell'uso di termini come divorzio, matrimonio, fidanzamento, per intralciare e snaturare con la piccola ragione umana un'esperienza tanto alta (arcangelica, secondo gli ebrei antichi) come l'amore.*

*

Potremmo continuare a lungo; per ora basti notare questo: proprio perché vi è armonia tra cielo e terra, è possibile secondo Gesù entrare qui e ora nell'Aiòn; l'Aiòn è vivere in ogni istante una vita sensata, colma, *aeveternam*, e per far ciò, qui e ora, è indispensabile un comportamento sensato, di cui l'Aiòn è qui e ora la «ricompensa». Questo comportamento sensato non è un'imposizione, si fonda su leggi autoevidenti, leggi che hanno la stessa natura di quella luce di cui parla il Prologo di Giovanni:

La luce illumina ogni uomo che viene in questo mondo [...].

Giovanni 1, 9

Ma tutte queste leggi di Gesù contrastano con le norme e i comandamenti di *questo mondo*. È impossibile rispettarle e sentirsi «profeti in patria», cioè vedersi approvati dalla collettività; ognuna di esse disgrega proprio i principi fondamentali

* Haniel, nell'ebraismo, era l'Arcangelo dell'innamoramento. Compito fondamentale degli Arcangeli era togliere agli uomini il peso del loro passato, e l'innamoramento era giustamente inteso come un'esperienza di liberazione dal passato e di interiore rinascita. In questo senso va interpretata anche la legge di Mosè «Tu non ami la donna di un altro», e cioè: se ti avviene di provare la grande esperienza dell'amore, non fuggirne prendendo come scusa il fatto che il tuo amore sia impossibile perché la persona per la quale lo provi è già sposata.

su cui questo mondo si regge: l'egoismo, la sottomissione all'autorità, l'ostilità verso i diversi (i diversi a cui sei ostile ti mostrano l'altro tuo volto), il senso di insufficienza, il senso di colpa, la paura dei propri sentimenti.

Comprendere queste leggi è appunto ciò che Gesù, nel Vangelo di Giovanni, chiama «essere tolti da *questo mondo*»; mentre non comprenderle è restare, in *questo mondo*, in ciò che Gesù chiama «voi» e tutti gli altri nel Vangelo chiamano «noi», e che rappresenta quella parte di umanità che in *questo mondo* si è adeguata e sta ferma.

Il Noi

Questa particolare accezione delle parole voi e noi è un argomento completamente ignorato dalla dottrina cristiana, ed è tuttavia uno degli aspetti principali dell'insegnamento e della vicenda di Gesù nel Vangelo.

L'Io, nel Vangelo, è il vero protagonista.

E il suo vero antagonista è un Noi, che sempre gli si contrappone. Il Vangelo è veramente la narrazione epica del duello tra queste due diverse *dimensioni dell'identità umana*: l'Io si impersona in Gesù, e il Noi in vari gruppi, più o meno compatti e forti – i farisei, i giudei, i sommi sacerdoti, i fratelli di Gesù, le guardie del Tempio, i soldati, la folla, gli stessi discepoli. Ed è un duello che si combatte sempre e da sempre nella vita di ogni individuo, e il cui esito è in ogni istante in sospeso.

In ogni istante a ognuno tocca scegliere, spiega Gesù: o con l'Io, o con il Noi. Tra l'Io e il Noi non può infatti esservi accordo, e nemmeno comunicazione:

«Perché cercate di uccidere l'Io?» Gli rispose la folla: «Tu sei pazzo! Chi cerca di ucciderti?»

Giovanni 7, 19-20

«Perché voi non comprendete il linguaggio dell'Io? Perché non riuscite a dare ascolto alle parole dell'Io».

Giovanni 8, 43

L'Io è, secondo Gesù, un principio di identità umano e divino al tempo stesso: è in ognuno, è la piena coscienza che un uomo può avere di sé, e Dio, dice Gesù, ne è il Padre e la guida in ogni istante, se l'uomo ha il coraggio di accorgersene. Il Noi è invece un prodotto di questo mondo, ed è *un altro principio di identità*.

Gli uomini entrano in un Noi, e diventano il Noi, quando abbandonano l'identità dell'Io: non osano esserla, ne hanno come paura, vertigine, e per paura e per vertigine si fondono nel Noi, per ripararsi in esso. I Noi in cui ci si può fondere sono molti – la nazione, la razza, la Chiesa, la famiglia, l'azienda, il partito – e si costituiscono sempre, in ogni epoca, in strutture gerarchiche, in cui i Noi meno autorevoli si volgono e si sottomettono ai Noi di maggiore prestigio. È una realtà che ciascuno può facilmente verificare nella propria esistenza quotidiana. Altrettanto facilmente ci si può accorgere di come in un Noi, grande o piccolo che sia, chi al Noi si adegua e vuol partecipare si senta indosso una maschera di comportamenti che gli impediscono di essere davvero se stesso.

Non solo l'Io, infatti, viene escluso dal Noi, come ripete e mostra Gesù nel Vangelo, ma chiunque voglia essere se stesso diventa per il Noi un elemento di disturbo.

Indubbiamente, ciò che ciascun Noi teme molto è l'ostilità del Noi più grande al quale è direttamente subordinato. Ma ciò che ciascun Noi, a cominciare dai più potenti, teme più di ogni altra cosa è precisamente la singola individualità, e l'Io che in essa soltanto può manifestarsi; e li teme per due ragioni.

In primo luogo, il Noi è tanto rassicurante per chi vi parte·cipa perché può fare molto di più del singolo individuo: può costruire case, città, stati, imperi; può fare le guerre, condannare, donare gloria; può stabilire i confini tra le nazioni, le religioni, le razze. I Noi, e non gli Io, fanno la storia. Ma per fa·re tutto ciò il Noi ha bisogno dei singoli individui: gli occorrono degli io abbastanza obbedienti e alienati da eseguire la volontà del Noi senza opporsi. Perciò il Noi teme più d'ogni altra cosa la possibilità che un individuo diventi cosciente di sé, e liberamente pensi con la sua testa e senta con il suo cuore, e scopra in sé quell'Io più grande che con il Noi non ha nulla a che fare.

In secondo luogo, il Noi teme tanto l'Io appunto perché tutto ciò che appare grande ai Noi non ha, agli occhi dell'Io, alcun valore.

Con chi è principe in questo mondo, l'Io non ha nulla a che fare.

Giovanni 14, 30

I suoi discepoli gli fecero osservare i grandi edifici del Tempio. Gesù disse loro: «Vedete tutte queste cose? In verità l'Io vi dice: non resterà qui pietra su pietra che non sia diroccata».

Matteo 24, 1-2

All'Io non importa nulla della potenza del Noi. L'Io appartiene al Grande Tempo, all'Aiòn, non è sensibile alla storia, che è fatta del tempo piccolo degli anni e dei decenni. Per l'Io tutto è Presente e tutto è nel Presente, esiste e ha senso soltanto ciò che l'Io può vivere intensamente. Nel Noi invece non esiste il presente, il Noi deve tutta la propria esistenza al passato e pensa solamente al futuro: il presente, nel Noi, ognuno l'ha perduto da quando ha cessato di essere Io.

Il timore che il Noi nutre nei confronti dell'Io è inoltre tanto più forte in quanto la diversa percezione e scala di valori dell'Io è più forte della percezione e della scala di valori del Noi – perché è immediata e universale: è in ognuno, dalla nascita, e ognuno può riscoprirla in sé. Lasciare che un Io parli, dare ascolto a un Io rappresenta perciò per il Noi un gravissimo rischio di disgregazione: l'Io può facilmente rivelarsi «contagioso», può avvenire che alcuni di coloro che costituiscono il Noi e di cui il Noi si nutre capiscano e tornino a essere liberi e pensanti, e allora, come dice il pontefice Caifa nel Vangelo di Giovanni: «tutta la nostra nazione andrebbe in rovina!» (Giovanni 11, 50)

Perciò è tanto essenziale, per il Noi, «non riuscire ad ascoltare il linguaggio dell'Io» e cercare sempre di «ucciderlo». Ciò avviene – è quasi inutile precisarlo – sia nella vita sociale e sia nell'animo di ciascuno: la scoperta e la crescita verso l'Io, da un lato, e dall'altro la forza d'attrazione dei Noi sono infatti componenti ineliminabili della nostra personalità. Come dicevo, il duello è sempre in corso, e in ogni istante il suo esito è in sospeso

Schieramenti

D'istante in istante occorre scegliere, ma la scelta è sempre radicale, e in ognuno coinvolge cielo e terra. «Nessuno può servire due padroni: o odierà l'uno e amerà l'altro, o disprezzerà l'uno e preferirà l'altro» (Matteo 6, 24) e qualche scriba della Grande Chiesa attenuò queste parole del Vangelo di Matteo aggiungendovi: «non potete servire Dio e la ricchezza al contempo». Ma non è la ricchezza che Gesù intendeva qui come uno dei due padroni: è ancor sempre il Noi, che anche i poveri possono servire e venerare, per annullare in se stessi il proprio Io.

L'altro «padrone» indicato qui è invece certamente Dio. E Gesù contrappone infatti anche in altri passi il Noi a Dio stesso, a significare che il Noi rappresenta per gli uomini un'alternativa a Dio – un altro Dio, un altro Padre da cui provenire.

> Voi avete per padre il diavolo, e volete esaudire i desideri del padre vostro, che è stato omicida fin dal principio e non è rimasto nella verità, perché in lui non c'è verità. Quando dice il falso, parla come gli è naturale, perché è falso e padre della falsità. All'Io invece voi non prestate ascolto, proprio perché l'Io dice la verità.
>
> Giovanni 8, 44-45

«Diavolo», qui, non è ancora il diavolo che venne costruito dalla Grande Chiesa, il quale non fu affatto «omicida fin dal principio», dato che nel «principio» – nella *Genesi* e nell'*Esodo* – del diavolo non si fa parola; né risulta mai che il diavolo sia stato padre di nessuno. «Diavolo» è inteso qui nel senso antico di «avversario» (*diabolos* in greco, *shatan* in ebraico): *l'antimimon pneuma*, la forza tamàsica, come si direbbe nell'Induismo, l'ombra che sempre si forma in contrapposizione a una forza di luce. All'epoca in cui il Vangelo di Giovanni venne scritto, il termine *diabolos* trovava un suo sinonimo altresì nell'«Arconte» dei miti gnostici: cioè nel dominatore di questo mondo e degli Angeli del Male, che temeva Gesù e che, sempre secondo gli gnostici, veniva onorato come Dio dalle religioni tradizionali. E questo sembra essere, secondo Gesù, quel principio che il Noi – ogni Noi – vede come proprio Padre supremo.

Nel Vangelo, questo *diabolos*-Arconte trionfa. Coloro che

preferiscono l'Io al Noi, nel Vangelo, sono sorprendentemente pochi. Riesce a dire «sono Io», nel Vangelo di Giovanni, solamente il cieco miracolato, subito dopo il miracolo. *Nessuno dei discepoli riesce a dire «io» fino a che Gesù è vivo, se non per venire subito smentito.* Pietro ci prova, durante l'ultima cena: «Io darò la mia vita per te, Signore!» e Gesù subito gli spiega che sta mentendo, e che in realtà lo tradirà (Giovanni 13, 37).

Poco dopo Pietro finisce infatti preda dell'*antimimom pneuma*: nel cortile del pontefice dirà per tre volte «Non sono io!» a chi gli domanda se non sia uno dei discepoli di Gesù – e così dirà per cercare rifugio nel Noi, sperdervisi e sfuggire all'arresto e al supplizio.

Non sono io! Non sono un Io: è proprio la parola d'ordine che garantisce l'accesso al Noi; e a pronunciarla è proprio Pietro, simbolo di quel potente Noi che era già nel II secolo la Grande Chiesa.

Gesù, dinanzi ai Noi, è invece un Io ed è sempre terribilmente solo. Con sé, ha solamente il Padre:

[...] mi lascerete solo; ma io non sono solo, perché il Padre è con me.

Giovanni 16, 32

Ma non perché così fosse allora per Gesù di Nazareth, e la situazione degli schieramenti potesse in seguito migliorare. Così è sempre: dinanzi ai Noi l'Io è sempre solo, è uno; e solo per questo ha il Padre con sé, e non potrebbe averlo altrimenti. *Nel nostro animo, nella nostra personalità* vi è un luogo in cui io sono solo, e Sono Io, e lì è il Padre – lì, cioè, vi è ciò che è più grande di tutto ciò che so.

Quello è il centro della personalità e dell'universo, secondo Gesù, e quello deve cominciare ad agire.

«Date a Cesare quel che è di Cesare»
e le moltiplicazioni dei pani

Dalla sua «solitudine», l'attacco che Gesù sferra contro l'Arconte e i suoi Noi è nondimeno totale. Nulla se ne salva, né la morale, né la religione, né l'autorità e nemmeno la struttura economica. Ma a nulla servì, perché dalla Grande Chiesa in avanti quell'attacco venne smorzato, soffocato e consapevolmente dimenticato.

Così, per esempio, è consuetudine tra i cristiani interpretare le parole di Gesù «date a Cesare quel che è di Cesare e a Dio quel che è di Dio» (Matteo 22, 21) come l'esortazione a una prudente *mediocritas*, e in sostanza a una doppia servitù, dovuta a Dio da un lato, e al Noi dello Stato dall'altro. In realtà, nell'episodio in cui questa frase si trova, la contrapposizione al Noi dello Stato non potrebbe essere più recisa: a Gesù viene richiesto un parere sulla tassa da versare ai romani, e Gesù risponde: «Mostratemi la moneta con cui si paga»; indica sulla moneta l'effige di Cesare e dice: «Se porta la sua effige, vuol dire che è roba sua. Dunque perché la tenete voi? Se è sua ridategliela, e date a Dio quel che è di Dio, cioè tutto quel che esiste oltre a questa moneta». Tale è il senso dell'episodio, che tuttavia è stato così tenacemente equivocato per tanti secoli, proprio perché «il Noi non è in grado di ascoltare il linguaggio dell'Io» e la moneta, per il Noi, è un argomento fondamentale e indiscutibile.

*

È dovuto a un timore economico del Noi anche l'equivoco interpretativo consolidatosi sulle cosiddette «moltiplicazioni dei pani e dei pesci», che tra i cristiani vengono ritenute miracoli inspiegabili. In realtà, nei Vangeli nessuna di queste «moltiplicazioni» è presentata come un miracolo, e nemmeno come una moltiplicazione di alcunché. Si trattava bensì di una consuetudine di Gesù durante le sue predicazioni itineranti: a sera, la gente che lo seguiva doveva pensare alla cena; molti lo seguivano da giorni, e avevano esaurito le scorte di cibo, altri venivano da più vicino, e avevano ancora provviste. Se fosse avvenuto come avviene di consueto in questo mondo, chi aveva da mangiare avrebbe mangiato e chi non ne aveva sarebbe dovuto andare a comprarne; Gesù disponeva diversamente: dava ordine alla gente di sedersi a terra a grandi gruppi, di cinquanta o cento persone (Luca 9, 14; Marco 6, 39), si metteva in un posto ben visibile da tutti, e prendeva del cibo e lo distribuiva a quelli che aveva intorno, perché la gente facesse altrettanto. Così avveniva, secondo quel che narrano gli evangelisti, e il cibo non solo bastava per tutti, ma alla fine ne avanzavano cesti interi, che venivano conservati in comune. Ciò che gli evangelisti raccontano delle cosiddette «moltiplicazioni» è talmente chiaro che si direbbe impossibile fraintenderlo; perciò lo si ricoprì ben presto con l'immotivata patina del miracolo incomprensibile, perché non si capisse, e soprattutto perché a nessuno venisse in mente di prendere quell'uso di Gesù alla lettera, e di imitarlo in questo mondo, andando contro a tutte le consuetudini di egoismo a cui il Noi educa per mantenere il proprio potere.

Le tentazioni del Noi

Giovanni, al termine del suo racconto della presunta «moltiplicazione», nota anche che quell'uso di Gesù colpì profondamente alcuni dei suoi seguaci, i quali cogliendone la portata rivoluzionaria «volevano prenderlo e farlo re» (Giovanni 6, 15), cioè trarne una dottrina economica da realizzare in questo mondo, per migliorarlo. Ma Gesù «si ritirò di nuovo sulla montagna, tutto solo». Tra l'Io e questo mondo, secondo Gesù, non doveva esserci cooperazione: ciò che serve a districarsi dal Noi non doveva in nessun caso venir utilizzato come un modo per migliorare il Noi; in nessuna forma «l'Arconte di questo mondo» doveva aver nulla a che fare con l'Io, secondo Gesù.

È ciò che secondo Matteo e Luca Gesù spiegò anche al *diabolos* in persona, durante le cosiddette «tentazioni» nel deserto, prima dell'inizio della sua predicazione (Matteo 4, 3 sgg.; Luca 4, 3 sgg.). Sono «tentazioni» in un senso molto particolare: quel dialogo tra Gesù e il diavolo si direbbe piuttosto un incontro al vertice per determinare la migliore strategia di promozione delle idee del Vangelo. Lì, il *diabolos* dà a Gesù tre consigli certamente accorti, per avere successo e correre meno rischi: «trasformare le pietre in pane», cioè far leva sui bisogni economici della gente, dimostrando che con le idee di Gesù si può migliorare la propria condizione di vita; usare «potere e gloria», cioè far leva sulla tendenza della gente a sottomettersi all'autorità; e «gettarsi giù dal Tempio» per dimostrare la propria divinità con un miracolo, e imporsi in tal modo come un essere soprannaturale, che la gente potesse venerare così come è abituata a venerare in questo mondo. Gesù rifiuta tutti e tre questi consigli, proprio perché tutti e tre concordano troppo con ciò che è consueto nel mondo del Noi: non sono consigli per l'Io; sono consigli perché il Noi vinca ancora e si perpetui. Non per nulla la Grande Chiesa li accolse tutti e tre, nella sua prassi e nella sua teologia, fino a oggi: ricchezza, potere e miracoli.

E. naturalmente, peccati.

3

I peccati e le malattie.
Come guariva Gesù

«Sei nato tutto quanto nei peccati e vuoi insegnare a noi?»

Giovanni 9, 34

Il senso di colpa

Il fondamento del Noi è la paura che esso ha dell'Io; e tale paura è anche la sua principale arma di difesa: il Noi la istilla nei singoli, li addestra a temere se stessi, a non fidarsi di se stessi – perché un soprassalto di tale fiducia e coraggio non li spinga un giorno a liberarsi dai Noi e a disgregarli. A ciò si deve anche il fatto che nelle grandi religioni (grandi Noi anch'esse) l'uomo venga educato fin dall'infanzia al senso di colpa – perché corroda dall'interno la sua armonia con se stesso. Lo spiega anche Paolo, fariseo, grande esperto cioè di Leggi del Noi e di obbedienze:

Io non ho conosciuto il peccato se non attraverso la Legge. Io non avrei conosciuto la concupiscenza, se la Legge non avesse detto: *Non desiderare*. Proprio a partire da questo comandamento il peccato scatenò in me ogni sorta di desideri. Senza la Legge infatti, il peccato è morto.

Lettera ai Romani 7, 7-8

San Paolo ha certamente ragione qui: la Legge, così come la intendevano i farisei e come poi la intese la dottrina cristiana, è l'espressione del senso di colpa. Di nuovo un testo antico descrive una costante della mente che la psicologia arrivò a scoprire solo molti secoli dopo, e cioè che il rapporto tra il senso di colpa e l'azione colpevole è proprio il contrario di ciò che solitamente ci si immagina: non è l'azione colpevole a suscitare il senso di colpa, ma il senso di colpa *precede* l'azione colpevole e spinge a compierla. Così è anche secondo Gesù:

Se uno commette un peccato, è perché è già schiavo del peccato [...].

Giovanni 8, 34

Chi commette peccato, lo fa perché ha una determinata idea del peccato. E *questo mondo* è perciò inevitabilmente un mondo di peccatori, in cui gli integerrimi, come diceva Platone, sono coloro che fanno in sogno ciò che i peccatori fanno da svegli. Il senso di colpa (il senso cioè della perenne imminenza d'una qualche colpa, al quale tutti direttamente o indirettamente vengono addestrati dalla religione durante il periodo più delicato della loro vita) serve a formare sudditi fedeli di un Noi, sufficientemente indeboliti dalla diffidenza verso qualsiasi impulso che provenga dall'Io e dal suo bisogno di libertà, di conoscenza e di crescita.

*

Tali impulsi possono provenire dal proprio Io, e allora producono principalmente angoscia; oppure da un Io altrui, nel qual caso l'individuo educato da una religione guarderà con sospetto e timore l'altrui Io dal quale quegli impulsi di crescita sono provenuti. È ciò che avviene a Pietro al suo primo incontro con Gesù, secondo Luca: Gesù, sul lago di Genezareth, fa fare a Pietro e ai suoi compagni una pesca prodigiosamente abbondante:

Al vedere questo, Simon Pietro si gettò ai piedi di Gesù dicendo: «Signore, allontanati da me perché io sono un peccatore!»... Gesù disse a Simone: «Non preoccuparti. D'ora in poi sarai pescatore di uomini».

Luca 5, 8.10

Il senso di colpa è la barriera che si interpone tra Pietro e la sua vocazione di predicatore rivoluzionario. Il senso di colpa mostra qui la sua vera natura, come espressione dello *sgomento suscitato dal proprio bisogno di crescere* – di scoprire che il nostro Io è più grande del ruolo in cui le circostanze del Noi l'hanno incasellato. Pietro lo supera, e segue Gesù, e diviene un altro uomo. Altri no:

Se non fossi venuto e non avessi parlato loro, non avrebbero alcun peccato; ma ora non hanno scusa per il loro peccato.

Giovanni 15, 22

Né scusa, né difesa in nessun senso: il fatto che «non abbiano scuse» non farà loro cambiare idea. Ciò vale sia qui, per quanti non ascoltavano l'insegnamento di Gesù, sia in ogni aspetto dei nostri abituali errori. Al contrario, ancora, di ciò che solitamente si pensa, nemmeno la consapevolezza del «peccato» commesso è infatti utile a proteggersene: essa genera sempre di nuovo senso di colpa, e il senso di colpa mantiene la personalità entro la spirale del «peccato», ha bisogno di «peccati» come d'un suo nutrimento. Ciò che permette d'uscirne è solamente il crescere, il guardare in modo nuovo, sotto una nuova luce, a ciò che si sta vivendo. E abbiamo già citato il passo:

> [...] la luce è venuta nel mondo ma gli uomini hanno preferito le tenebre alla luce, perché le loro opere erano malvagie. Infatti chiunque fa il male, odia la luce e non viene alla luce, perché non si veda quel che fa. Ma chi fa la verità viene alla luce, perché si veda ben chiaro che quel che egli fa è fatto in Dio.
>
> Giovanni 3, 19-21

Tutto ciò non va inteso nel senso che vi siano due tipi di uomini, i malvagi e i buoni, ma nel senso che chi vive sotto il senso di colpa, «schiavo del peccato», della Legge e del Noi, ha paura di vedere chiaramente il mondo e se stesso; e che non avere più questa paura significa non sentire più il senso di colpa come un destino.

I peccati e il loro contrario

In un episodio del Vangelo di Luca, Gesù indica bene l'antidoto al senso di colpa. È un episodio imbarazzante, che offende la comune morale religiosa, e perciò molti cristiani faticano a ricordarsene. Luca narra, nel capitolo 7, che Gesù venne invitato a pranzo da un fariseo di nome Simone, e che durante il pranzo una donna entrò nella sala e si mise a baciare i piedi di Gesù e a massaggiarglieli con un balsamo; e siccome baciandoli e massaggiandoli piangeva a dirotto, ne asciugava le lacrime con i suoi capelli. La donna era evidentemente molto scossa, e in città si sapeva che era una poco di buono, «una peccatrice». I farisei riuniti lì a tavola erano disgustati dalla scena, e delusi da Gesù: per i farisei, infatti, il semplice contatto fisico con un peccatore era contaminante,* e il fatto che Gesù si lasciasse toccare da quella donna mostrava dunque che o Gesù non condivideva le idee di purità dei farisei, o non aveva una vista interiore abbastanza acuta da accorgersi che quella donna era impura. Gesù se ne indignò e disse al padrone di casa:

«Simone, ascolta. Un creditore aveva due debitori: uno gli doveva cinquecento denari e l'altro cinquanta. Ma non avevano di che pagare, e allora quel creditore condonò il debito a tutti e due. Chi dei due lo amerà di più?» Simone rispose: «Suppongo quello a cui ha condonato di più». Gli disse Gesù: «Bene, dunque sai giudicare».

Simone sa calcolare la differenza, ma in realtà non ha compreso il senso di quella breve parabola: non ha capito che l'accento cadeva sulla parola *amore*. E Gesù glielo spiega:

«Vedi questa donna? Sono entrato in casa tua e tu non mi hai dato l'acqua per i piedi; lei invece mi ha lavato i piedi con le lacrime e me li ha asciugati con i capelli. Tu non mi hai dato neanche un bacio, e lei da quando sono entrato non ha smesso di baciarmi i piedi. Tu non mi hai versato

---

* La corrente religiosa dei farisei, i rigorosamente osservanti nel giudaismo, viene assunta nel Vangelo come immagine d'una religiosità deleteria: chiusa in se stessa, sprezzante, sicura della propria ragione e al tempo stesso inevitabilmente minata da ossessioni e ipocrisie. Ma sono anche un'immagine perfetta del Noi, fin dal nome, *perishayya*, che in aramaico significava «coloro che si tengono separati» per timore della contaminazione con ciò che è a loro estraneo e dunque sicuramente impuro. Erano «separati», in realtà, tanto dagli altri quanto dal loro stesso Io, come sempre avviene nei Noi.

l'olio profumato sui capelli, e lei mi ha cosparso di balsa
mo i piedi. Perciò ti dico: i suoi molti peccati ora se ne
vanno da lei, perché lei ha molto amato. Invece chi ha pochi peccati da farsi perdonare, è perché ama poco».

È davvero una morale nuova, in cui il senso di colpa non
trova posto. La donna ha più energia d'amore di quanta ne abbia il fariseo Simone. Perciò lei, in questo mondo, non poteva
non commettere molti peccati: non poteva non avvertire come
troppo stretti i limiti che questo mondo impone alle nostre
energie di crescita e di scoperta. Simone, sì, lo poteva, e ha
sempre rispettato da buon fariseo i limiti imposti dalle Leggi
del suo Noi, perché le sue energie erano abbastanza fiacche
da non fargli avvertire la sottomissione al Noi come insoppor-
tabile.

Ma se così è – avrebbe obbiettato qualsiasi fariseo – un
peccatore vale più di un uomo integerrimo, e sottomettersi alla Legge è sbagliato, e chi crede di avere ragione ha torto! E
infatti è ciò che Gesù spiega continuamente nei Vangeli.

«In verità vi dico: i pubblicani e le prostitute vi passano
davanti, nel Regno di Dio».

Matteo 21, 31

Tra i discepoli di Gesù vi erano, secondo Matteo, pubblicani e zeloti – cioè concussionari e terroristi, diremmo oggi –
oltre al «peccatore» Pietro. Gesù non si associa alla condanna
di una donna «colta in flagrante adulterio» (Giovanni 8, 1
sgg.); narra di un figlio prodigo che viene premiato mentre
suo fratello, uomo probo, viene escluso dal banchetto (Luca
15, 11 sgg.); spiega che un peccatore sa pregare meglio di un
meticoloso fariseo (Luca 18, 10 sgg.).

Inoltre, a differenza di Giovanni il Battezzatore, Gesù non
pratica mai il rituale della confessione dei peccati: per Gesù il

peccato è *solamente* una dimostrazione traumatica dell'incompatibilità tra le maggiori energie dell'uomo e questo mondo del Noi, che per reggersi ha bisogno che le energie dei suoi sudditi siano fiaccate. Il peccato è sintomo di un disadattamento a questo mondo. La confessione è certamente utile per rendersi conto degli errori che si commettono e delle loro conseguenze; ma ha lo svantaggio di non far realmente superare il peccato stesso: educa o obbliga a pentirsene, a comprendere quanto ci si sia allontanati, con il peccare, dal buon ordine di *questo mondo*, e a voler tornare in esso! Mentre ciò che occorre, secondo Gesù, è crescere, superando sia degli errori commessi, sia tutti i limiti angusti del Noi, entro i quali quei peccati divenivano inevitabili per chiunque avesse energia viva in se stesso.

> In verità vi dico: Non vi è mai stato tra i nati da donna uno più grande di Giovanni il Battezzatore; eppure il più piccolo nel Regno dei Cieli è più grande di lui.
>
> Matteo 11, 11

Il Battezzatore, come vedremo, per quanto «grande» fosse, era certamente espressione di un'epoca che con Gesù appare passata. Ma ciò che il cristianesimo insegna riguardo al peccato appartiene ben più a quell'epoca del Battezzatore che non al tempo del Regno dei Cieli che con Gesù ha avuto inizio.

«Peccatum», «hamartia», «hete»

Nemmeno il nostro attuale concetto di «peccato» corrisponde al testo evangelico. Nelle versioni consuete e nella dottrina cristiana il «peccato» è inteso nell'accezione latina di *peccatum*, che significa violazione di una norma stabilita dalla comunità; e il *peccatum* latino si rimediava con un'ammenda, che nel cristianesimo diviene la *paenitentia*, ovvero la pratica del «pentimento». Nel testo greco dei Vangeli, «peccato» è invece *hamartia*, che significa semplicemente «errore»; e secondo Gesù, una *hamartia* richiede non una penitenza, ma una *metànoia*, cioè un nuovo modo di vedere, che permetta di superare l'errore e ciò che l'ha reso possibile.*

In latino, il Vangelo divenne dunque il Vangelo di una comunità ordinata e obbediente, nella quale una disobbedienza doveva produrre un pentimento, ma non una *metànoia*: per il cristianesimo romano, religione di Stato, non vi era infatti bisogno di raggiungere nessun nuovo modo di vedere, né di superare alcunché, né di altre cose rivoluzionarie di tal genere – ma solamente di rientrare, obbedienti, nell'ordinata comunità. E così rimase poi, dalla Grande Chiesa in avanti. In greco, invece, il Vangelo era ancora il Vangelo della conoscenza e della crescita interiore, della *metànoia* infinita.

È probabile che Gesù conoscesse il greco (con Pilato parla senza interprete), ma con i discepoli il suo linguaggio e i suoi argomenti erano quelli della cultura ebraica; e come venisse

---

* *Metànoia* (da *meta*, «oltre», e *nous*, «ragione, mente») e *paenitentia* (che significa semplicemente «rincrescimento») non sono due concetti né simili, né convergenti, benché i traduttori latini usassero il secondo come equivalente del primo. Cambia molto, per esempio, se invece di *metànoia* si legge *paenitentia* nel passo in cui Gesù, parlando delle persone morte nel crollo accidentale d'una torre di Gerusalemme, dice: «Se non cambierete il vostro modo di pensare (*ean me metanoesete*) morirete tutti allo stesso modo» (Luca 13, 4), cioè d'una morte che comunque vi apparirà insensata fine di una vita insensata. In latino è tradotto *si paenitentiam non egeritis*: ma non è detto di cosa ci si debba qui rincrescere: di una colpa generica? di una naturale condizione di colpa? Rincrescersene non rende più sensata la vita, né di conseguenza la morte. Cambiare il proprio modo di pensare, sì; e nella *metànoia* non vi è, occorre notare, alcuna traccia di quell'atteggiamento depressivo, «penitenziale» appunto, che tanto comunemente si associava e si associa alla spiritualità cristiana.

inteso il «peccato» nella cultura ebraica lo mostra bene un passo del Vangelo di Giovanni, che le versioni consuete traducono purtroppo così:

> Passando, Gesù vide un uomo cieco dalla nascita e i discepoli gli domandarono: «Rabbì, chi ha peccato perché nascesse cieco: lui, o i suoi genitori?»
>
> Giovanni 9, 1-2

A tradurlo così, i discepoli di Gesù appaiono come fanatici, spietati al punto da vedere nella disgrazia del cieco una punizione divina per qualche *peccatum* dei genitori, o per i peccati commessi in una precedente reincarnazione (il giudaismo ammetteva la reincarnazione). Riportando il passo al suo contesto ebraico, lo si leggerebbe invece in questo modo:

> I discepoli gli domandarono: «Rabbì, chi ha subito il trauma che l'ha fatto nascere cieco: i suoi genitori oppure lui?»

E la domanda dei discepoli acquista il suo significato autentico, di apprendisti terapeuti che pongono al loro Maestro un preciso problema diagnostico.

All'epoca di Gesù, nella cultura ebraica il «peccato» *hete*, è davvero e innanzitutto un trauma Violare la Legge mosaica significa per Israele andare contro l'ordine naturale delle cose, non semplicemente contro la volontà di un fonda tore di religioni, o di una comunità: e la conseguenza di tale violazione non può non essere un grave turbamento – un disordine esistenziale, psichico, che la coscienza non sarà in grado di superare, e che diverrà inevitabilmente anche fisiologico, e ciò sia per il peccatore, sia per chi fosse eventualmente stato vittima di un'azione peccaminosa (e per i farisei, anche, sia pure in minor misura, per chi fosse entrato in contatto con l'uno o con l'altro). In questo senso la medicina

55

ebraica stabiliva per certo, a quell'epoca, che una violazione della Legge producesse malattie e che viceversa ogni malattia doveva risalire al trauma di un qualche peccato, commesso o subìto: non perché la giustizia divina intervenisse a punire in tal modo, ma proprio perché violare la Legge era violare equilibri al tempo stesso morali, spirituali e naturali, essenziali per la salute psicofisica, dei quali la Legge stessa si limitava a dare accurata descrizione. L'idea della più recente medicina occidentale, che ciascuna malattia possa essere ricondotta a un ben preciso turbamento o trauma, è precisamente la riemersione più o meno inconsapevole di questa teoria medica di duemila anni fa.

La terapia di Gesù

Gesù condivideva questa idea della Legge come descrizione di essenziali equilibri naturali, del mondo così com'è.

Finché non saranno passati cielo e terra, non passerà neppure un minimo tratto della Legge, senza che tutto non vi trovi conferma.

Matteo 5, 18

Ma Gesù non si fermava alla Legge mosaica. Proprio come farebbe un moderno scienziato con le leggi della biologia o della fisica a lui contemporanee, Gesù intendeva la Legge di Mosè solo come una fase della scoperta della *vera* Legge universale, alla cui scoperta l'Io doveva guidare la mente cosciente.

L'Io è un principio di crescita e di conoscenza inesauribile: «L'Io conduce al Padre» (Giovanni 14, 12), cioè alle cause prime, al Senso di tutto. L'Io racchiude anzi già in sé quel

Senso («L'Io e il Padre sono tutt'uno»), dunque conosce già la vera Legge universale, dalla quale l'uomo può attingere verità, purché lo chieda e non abbia timore di scoprirla. E la malattia è appunto una delle tante occasioni che all'uomo si offrono di chiedere e di scoprire.

Perciò Gesù, a differenza dei discepoli, non condivideva totalmente l'opinione della medicina del suo tempo. Secondo lui, ricondurre una malattia al trauma d'una violazione della Legge *mosaica* non era sufficiente – per quanto disastrose potessero certamente essere le conseguenze dell'esasperazione dei sensi di colpa attraverso il trauma di qualche peccato. La teoria medica di Gesù era più articolata.

*

Innanzitutto, riguardo alla diagnosi, Gesù non ritiene che la *causa* di una qualunque malattia abbia importanza determinante. Ai discepoli che gli domandano perché quell'uomo sia nato cieco, Gesù risponde:

> Non contano né i traumi subiti da lui né quelli subiti dai suoi genitori, ma è nato così perché in lui si manifesti il modo di operare di Dio.
>
> Giovanni 9, 3

Da un lato, ciò significa: «costui si è ammalato perché lo si guarisca». Quel che importa, cioè, non è l'origine ma il fine di una malattia. È come dire che uno abbia preso il raffreddore non perché non si era coperto abbastanza, ma perché aveva bisogno di stare un po' per conto suo a riflettere.*

---

* Nella medicina moderna, questa concezione finalistica della malattia e anche dei disturbi psichici cominciò a prender piede, a venir «riscoperta»

57

D'altro lato, con questa frase Gesù spiega che ogni malattia è soprattutto *espressione di uno scompenso* tra «le opere di Dio» – cioè l'azione esercitata dalla Causa Prima d'ogni realtà – e le condizioni in cui l'uomo vive nel suo Noi. La malattia, in cui tale scompenso «si manifesta», può essere determinata dal comportamento sbagliato di un singolo individuo (come il non essersi coperto abbastanza, nel caso di un raffreddore) o da un'insufficienza dell'attuale condizione umana (come una malattia genetica) ma, di nuovo, la causa materiale è ininfluente: ciò che va compresa è la natura di quel più vasto scompenso che nella malattia *riesce a esprimersi*, il quale, ripeto, è uno scompenso del Noi in cui il malato vive. E poiché riguarda le «opere di Dio», soltanto l'Io può comprenderlo, secondo Gesù: e una volta che l'ha compreso, trova il modo di guarire.

Lo scompenso nel caso del cieco nato viene descritto così, da Gesù:

Le opere di chi ha mandato l'Io nel mondo, dobbiamo compierle finché è giorno; poi viene il buio, in cui nessuno può far nulla. Là dove l'Io è nel mondo, è la luce del mondo.

Giovanni 9, 4-5

Nell'uomo nato cieco si esprime, cioè, quella stessa chiusura alla luce di cui il giovane Giovanni parla tanto spesso: chi nasce cieco – sta dicendo qui Gesù – rispecchia la cecità spirituale del Noi in cui è nato. L'Io è il contrario di quel buio: dunque per ridare la vista al cieco occorre l'Io. E per guarire il cieco, Gesù mima ciò che l'Io fa sempre: impasta saliva e

mezzo secolo fa, vedi C.G. Jung, *La sincronicità* (1951) e *La sincronicità come principio di nessi causali* (1952).

terra, così come l'Io impasta la propria voce con le parole di questo mondo; spalma l'impasto sugli occhi del cieco, così come l'Io fa quando insegna all'uomo ad aprire gli occhi sulla realtà; e manda il cieco a lavarsi dall'impasto – cioè esige che chi ha ascoltato si dedichi da solo a ciò che ha ascoltato.

Il cieco andò a lavarsi, e tornò che ci vedeva.

Giovanni 9, 6

La cura, qui, è un'immagine di tutto l'insegnamento di Gesù così come lo narra e lo spiega il giovane Giovanni; e naturalmente, nel cieco il lettore dovrà imparare a riconoscere se stesso, «sono io». Ma è al tempo stesso un principio terapeutico, che si enuncia qui: ogni cura, ogni medicina agisce – indipendentemente dai suoi principi chimici – solo se riproduce l'azione di un elemento spirituale che corregga quello scompenso tra «le opere di Dio» e la condizione umana.

*

Nella attuale medicina tradizionale ciò verrebbe considerato semplice «suggestione». Lo è certamente, ed è appunto il mezzo necessario e determinante della guarigione.

Secondo Gesù, ciò che guarisce non sono le forme esteriori della cura, ma l'Aiòn, il Grande Tempo, che in questo mondo, sì, appare appunto una semplice suggestione spirituale. Ma i malati guariscono se li si distoglie da questo mondo, se li si guida nell'Aiòn, là dove tutto riacquista il suo vero significato; se là si insegna loro nel modo più immediato che cosa si oppone alle ragioni della loro malattia; e se li si aiuta, là, ad agire da soli, anche soltanto per poco, anche soltanto in forma simbolica. Quale debba essere precisamente tale forma simbolica, non sembra avere grande importanza: dall'episodio del cieco nato, si vede come Gesù ricorra semplicemente ai mezzi che sul momento gli si offrono – terra, saliva, acqua. E non risulta da nessun Vangelo che Gesù, quando dava ai suoi discepoli «il potere di guarire le malattie» (Matteo 10, 8 sgg., Luca 10, 17 sgg. ecc.), li munisse anche di un prontuario di rimedi terapeutici, simbolici o d'altro genere.

Nell'Aiòn l'Io immediatamente *sa*, «vede ciò che il Padre fa» e lo fa a sua volta (Giovanni 5, 19), e tutto ciò che ha intorno può mostrargli cosa fare e cosa dire nel singolo caso: tutto, infatti, può diventare un simbolo, cioè l'espressione di una realtà superiore, per chi ha in sé e apre in altri l'accesso alla realtà superiore

Gesù e lo sciamanismo

Così Gesù guariva, sia secondo il Vangelo di Giovanni, sia secondo le descrizioni che gli altri evangelisti danno delle sue guarigioni.

Secondo tutti i Vangeli Gesù esigeva che anche i suoi discepoli praticassero questo sistema terapeutico; ma né nella Grande Chiesa, né nel cristianesimo successivo il potere di guarire fu mai sentito come un tratto indispensabile dell'uomo di fede e nemmeno dei sacerdoti.

Le terapie di Gesù vennero interpretate sempre come «miracoli», per la ragione che già sappiamo: perché alla Grande Chiesa occorreva che Gesù fosse divino, diverso e lontano da noi – così che divini e lontani da noi fossero anche i suoi insegnamenti – e anche la sua scuola medica si perse perciò rapidamente.

In realtà, il sistema terapeutico di Gesù è molto vicino a quello dello sciamanismo. Se oggi a uno studioso di antropologia questa somiglianza non risulta immediatamente evidente, è solo perché l'immagine – assai ottocentesca – che l'antropologia ha dello sciamanismo non corrisponde affatto alla verità.

A differenza, infatti, di quello che gli antropologi sostengono di solito, lo sciamano non va, attraverso la *trance*, nell'Aldilà per rintracciare l'anima del malato perdutasi in qualche area pericolosa, ma *conduce egli stesso nell'Aldilà l'anima del malato*, che i limiti del mondo reale hanno fatto ammalare (anche secondo lo sciamanismo la malattia è sempre prodotta da squilibri collettivi, e non soltanto individuali); nell'Aldilà, guidata dallo sciamano, l'anima riacquista forze ed equilibrio, e rientrando poi nel corpo ne ristabilisce la salute – dato che un'anima sana non può rassegnarsi ad abitare in un corpo malato, e secondo lo sciamanismo il corpo è materiale plasmato sempre dall'anima.

Parlare con Gesù, con l'Io che agisce in lui, secondo il Vangelo è già essere nell'Aiòn: «chi ascolta la parola dell'Io è già passato da questa vita limitata alla vita vera» (Giovanni 5, 24). I malati ascoltano Gesù, Gesù mostra loro che cosa disgrega le loro malattie; li esorta ad agire: «Prendi il tuo lettuccio e cammina», «Va' a lavarti gli occhi»; i malati agiscono e si ritrovano guariti – e guariti non soltanto dalla malattia ma anche dalle ipnosi di questo mondo, in cui la loro malattia è divenuta possibile.

Non che la terapia di Gesù debba necessariamente *derivare* come che sia da qualche tradizione sciamanica: lo sciamanismo non è né una religione, né un movimento spirituale; è soltanto un nome dato, meno di due secoli fa, alla forma più antica e più diffusa di disciplina spirituale. Piuttosto, proprio la vastissima e profonda presenza dell'elemento sciamanico può fornire l'unica spiegazione plausibile del fatto che terapie diversissime tra loro, nelle diverse culture, possano guarire con successo le stesse malattie: dalle cure nel sonno dei templi di Asclepio, alla medicina tibetana, alla nostra clinica ospedaliera, alle guarigioni di Lourdes, una *qualsiasi* terapia funzıona nella misura in cui riesce a dislocare ı'attenzione del paziente dal mondo a lui noto – in cui il suo stato di malattia si è determinato – a un mondo diverso, in cui altre forze sono all'opera – siano quelle forze le energie divine, o gli Spiriti sciamanici, o lo potenza della chimica, della chirurgia o dell'omeopatia. Se a quel mondo diverso il malato *partecipa*, la sua guarigione può avere inizio. E se la sua guarigione procede, anche i rapporti dell'ex malato con questo mondo possono subire cambiamenti radicali.

L'Angelo della guarigione

L'esatto contrario della terapia di Gesù viene mostrato, nel Vangelo di Giovanni, nell'episodio del paralitico che attendeva la guarigione miracolosa.

> Vi è a Gerusalemme, vicino alla Porta delle Pecore, una piscina chiamata in ebraico Betzaetà, con cinque portici, sotto i quali giaceva allora un gran numero di infermi, ciechi, zoppi e paralitici. Un Angelo infatti discendeva a volte nella piscina e agitava l'acqua: e il primo ad entrarvi, dopo che l'acqua era stata agitata, guariva da qualsiasi malattia fosse affetto. Vi era lì un tale che da trentotto anni era malato. Gesù lo vide, lì disteso, e venne a sapere che da tanto tempo era lì a quel modo, e gli disse: «Ma tu vuoi essere sano?»
>
> Giovanni 5, 2-6

Lo stato di malattia viene descritto qui come realmente è ed è sempre stato in questo mondo: una forma di esistenza *sociale*. I malati sono coloro che accettano le regole della malattia, la sua particolare logica, proprio così come si accettano le regole e la logica di un Noi quando si vuole appartenervi. Da queste regole occorre uscire, per uscire dalla malattia.

Nell'episodio del paralitico, la regola principale è la gara: guarisce chi per primo tocca l'acqua agitata dall'Angelo; le speranze, le ansie di tutti formano cioè quella densa carica di energia che potrà catalizzarsi nella guarigione di uno solo. In tutti i Noi si ha un principio analogo: il desiderio che i molti hanno di accumulare ricchezze genera quei processi e quella particolare energia che, adoperata da pochi, li rende ricchi; il desiderio che i molti hanno di esercitare potere, genera quei processi e quella particolare energia che, adoperata da pochi, li trasforma in capi. Da questi processi si esce proprio così come Gesù insegna a fare al paralitico: volgendosi verso se stessi e i propri autentici, limpidi bisogni.

«Ma tu *vuoi* essere sano?» gli domanda Gesù, ed è sottinteso: «o vuoi continuare a partecipare a questo gioco di lotteria?» E poi di colpo frantuma quella logica, che il paralitico professa tanto devotamente:

[...] «Ma tu vuoi essere sano?» Gli rispose il malato: «Signore, non ho nessuno che mi immerga nella piscina quando l'acqua si muove; prima che io ci arrivi, c'è sempre qualcun altro che vi è già sceso». Gli disse Gesù: «Alzati, prendi il tuo giaciglio e cammina». E subito quell'uomo fu sano e prese il suo giaciglio, e camminava.

Giovanni 5, 6-9

Qui l'intervento dell'Aiòn e dell'Io nell'esistenza del malato è addirittura brusco, proprio come lo fu, secondo il Vangelo di Matteo, nell'esistenza del «peccatore» Simon Pietro, o del gabelliere Levi Matteo («Lascia tutto e seguimi», Matteo 9, 9). Ciò che qui porta alla liberazione dalla paralisi – fisica o esistenziale – è semplicemente uno scrollone. Del resto, «Dio dà lo Spirito senza misura», come ebbe a dire il

Battezzatore (Giovanni 3, 34): senza nemmeno la misura del tempo; è immediato; è il semplice Presente dell'Aiòn, in cui né il peccato né la malattia reggono più, e anche *questo mondo* lì crolla.

I sani

La questione che continuamente trascorre dietro i racconti delle guarigioni di Gesù, è d'altronde come mai, se il suo potere giungeva persino a modificare i processi fisiologici altrui, non trovò il modo di influenzare i processi mentali della gente che lo ascoltava, e di guarire nella gente anche l'ossessione di questo mondo, così come guariva la paralisi, la cecità, la lebbra e via dicendo. Gesù stesso lo nota, una volta: «Non sono i sani che hanno bisogno del medico, ma i malati» intendendo per medico se stesso e il suo annuncio; e prosegue: «Non sono venuto a chiamare i giusti, ma i peccatori, a compiere una *metànoia*» (Luca 5, 31-32).

Vale infatti per i malati ciò che accennavo riguardo al privilegio dei peccatori nel Vangelo: questi ultimi «vi precederanno nel Regno dei Cieli» proprio perché la loro energia vitale, il «molto amore» in loro, incontenibile entro i limiti di *questo mondo*, ha già aperto loro la via per sottrarsi a *questo mondo* e ai suoi Noi; e i malati, del pari, sono quegli individui più inadatti a *questo mondo*, e più deboli in esso, nei quali gli scompensi tra «opere di Dio» e modi di vivere degli uomini trovano perciò espressione, perlomeno fisiologica. Peccatori e malati sono due forme di disadattamento al Noi, per Gesù egualmente esemplari. Così bisogna sentirsi, in questo mondo, non appena si riesca a guardare oltre! Solo chi prova in questo mondo angoscia, «fame e sete» (Luca 6, 21), può dire che il suo Spirito si è destato:

[...] beati voi quando vi odieranno e vi metteranno al bando e vi insulteranno e respingeranno il vostro nome come scellerato, a motivo del Figlio dell'uomo. Rallegratevi in quel giorno, ed esultate!

Luca 6, 22-23

È dura, certo. Ma è un passo indispensabile – nel proprio animo o nella propria esistenza sociale. In *questo mondo* non c'è posto per i cieli e perciò da *questo mondo* bisogna esser fuori. Fuori si è smarriti, sgomenti, è inevitabile; e anche sotto questo riguardo peccatori e malati sono da prendere ad esempio, mostrano come fare: nel loro sgomento desiderano, sperano l'impossibile, e basta poco, qualche parola, perché il loro desiderare diventa fede. Per loro è facile, per i sani lo è meno. Ma precisamente quella è la via.

4

La fede e l'onnipotenza

> Chiedete e otterrete, perché la vostra gioia sia piena.
>
> Giovanni 16, 24

Qualunque cosa

«Qualunque cosa chiederete con fede, credete che l'avete ottenuta e la otterrete» (Matteo 21, 22): tutti i Vangeli ripetono questa raccomandazione di Gesù, che ai malati e ai peccatori allarga d'un tratto il cuore. Lo allarghi anche a voi: tutti i Vangeli spiegano che è sufficiente una quantità di fede grande come un granello di senape per ottenere anche le cose più evidentemente impossibili – e per sottolineare questo carattere d'impossibilità, Gesù faceva l'esempio del chiedere di spostare un albero o un monte con la forza del pensiero. I Vangel precisano inoltre che è bene chiedere direttamente «nel nome dell'Io» (il che nelle versioni consuete diventa naturalmente «nel mio nome», cioè a nome di Gesù, come avvalendosi di una sua personale raccomandazione), e che «non bisogna esitare», e nemmeno avere riguardi, dato che tutto l'insegnamento di Gesù ha come scopo «che voi andiate e portiate molto frutto, e il vostro frutto rimanga, e che qualunque cosa chie-

derete al Padre nel nome dell'Io, il Padre ve la conceda»
(Giovanni 15, 16). Qualunque cosa.

Secondo la dottrina cristiana, ciò va inteso nel senso che
chi chiede a Dio una determinata grazia ha buone possibilità
di vedersi esaudito, se chiedendo ha fede che Dio possa accogliere la sua richiesta. A grandi linee tale interpretazione sarebbe corretta. Il problema è che aver fede, per i cristiani, è un
esercizio mentale e spirituale tormentoso, molto lontano dal-
l'entusiasmo che si avverte in tutti quei passi evangelici sulla
fede e sul chiedere.

Per i cristiani, infatti, la fede è due cose. Innanzitutto, è lo
sforzo di credere a qualcosa che non sembra vero, o che non
si capisce, e che in ogni caso non si sa precisamente perché
debba essere creduto. In questo modo i cattolici credono, per
esempio, che Maria fosse vergine dopo il parto, o che il Papa
sia infallibile quando parla *ex cathedra*. Questo sforzo di credere comporta un costante senso di frustrazione e di inferiorità, che con il «chiedere qualunque cosa» non ha evidentemente nulla a che fare.

In secondo luogo, la fede per i cristiani è l'obbligo di
uniformarsi alle autorità e ai precetti della Chiesa a cui si appartiene, e di stare in guardia verso le autorità di altre Chiese
o religioni. In ciò, la fede delle varie Chiese cristiane appare
come una limitazione, e come una causa di gravi conflitti tra
gli uomini – il che pure risulta per molti versi frustrante, e
non incoraggia la libertà di desiderare e chiedere.

Non c'è da meravigliarsi se con una fede simile si possa
ottenere ben poco; e infatti, come ognuno sa, se si chiede con
una fede così cristiana i risultati non sono né sempre, né spesso quelli che il Vangelo promette, e il mondo cristiano non dà
certo l'impressione che un Dio generoso abbia esaudito in
questi diciannove secoli qualunque richiesta del buon cuore
dei credenti. Le esortazioni di Gesù riguardo al chiedere
«qualsiasi cosa» appaiono perciò sempre ai cristiani come un

punto particolarmente debole, ingenuamente esagerato, del Vangelo – il che, certamente, rende ancor più difficile il loro sforzo di credere, in qualsiasi senso lo si voglia intendere.

Eppure ciò non sembra preoccupare più di tanto né le Chiese, né i credenti stessi. Sarebbe stato logico che, una volta constatata l'inattendibilità del Vangelo riguardo all'onnipotenza della fede, tutto l'insegnamento di Gesù venisse messo in secondo piano, e gli si fosse preferito il ben più razionale insegnamento di San Paolo. Invece con sorprendente *fair play* il cristianesimo ha sorvolato su quei punti deboli, e ha continuato a ritenere Gesù il re dei cieli, e a esercitarsi nella faticosa ginnastica di quella sua fede, pur sapendo che è per lo più improduttiva.

Evidentemente ai cristiani va bene così.

Perché?

La fede e il controllo sulla Divinità

È una questione, anche questa, che già si era posta durante la predicazione di Gesù, e che non riguarda soltanto i cristiani ma la *mentalità religiosa* di ogni tempo e di ogni Paese.

La caratteristica principale e costitutiva della mentalità religiosa è precisamente un rapporto non immediato, strumentale, con quel senso interiore che si chiama fede. La mentalità religiosa non ha cioè un'autentica esigenza di fede (come è invece per i mistici, che la mentalità religiosa considera di solito con sospetto) ma utilizza la fede, la propria disponibilità a credere, per fini diametralmente opposti a quelli che la religione stessa dichiara. Ogni religione sostiene di avere come fine il culto di una particolare Divinità, posta a capo dell'universo intero; la mentalità religiosa ha invece come suo fine l'esercizio di un vero e proprio controllo su tale

Divinità, un po' come avviene nelle fiabe, sui geni chiusi nelle caverne o nelle lampade. Dinanzi a tale esigenza di controllo sulla Divinità, la fede propriamente detta passa tanto più in sottordine quanto più si annuncia come una forza in grado di mutare lo stato attuale delle cose e il modo in cui tale stato attuale viene considerato. Alla mentalità religiosa preme infatti non tanto il rinnovamento o l'ampliamento dell'ambito della propria esperienza della realtà, ma, al contrario, la conservazione e l'immobilizzazione di ciò che essa già conosce, lo *statu quo*.

In tal modo e per tale regione, è assolutamente auspicabile per la mentalità religiosa cristiana che la fede di cui parla Gesù, e l'onnipotenza che essa promette, non abbiano all'atto pratico conseguenze significative, che sarebbero evidentemente incontrollabili e destabilizzanti.

*

È ciò che Gesù spiega ai suoi seguaci poco dopo la cosiddetta «moltiplicazione dei pani»

«È così, è così, l'Io stesso ve lo dice: voi mi seguite non perché avete avuto delle prove della verità di ciò che dico, ma perché avete mangiato quei pani e ve ne siete saziati.»

Giovanni 6, 26

E cioè: a un Noi, qualunque esso sia, non interessa in realtà ciò che vi è al di là di ciò che quel Noi sa già; gli interessa soltanto che ciò che già sa trovi conferma e rimanga un terreno solido su cui stare.

La gente risponde a Gesù chiedendogli ulteriori prove della validità dei suoi insegnamenti, e della sua investitura divina.

«Che prova ci dai perché capiamo e possiamo credere in te? Che impresa compi? I nostri avi hanno avuto la prova quando Mosè fece scendere dal cielo la manna nel deserto.»

Giovanni 6, 30-31

E nella risposta di Gesù si delinea una splendida e spietata critica della religiosità del Noi, che dai tempi del Vangelo è rimasta sostanzialmente immutata.

La gente chiede altre prove a Gesù, perché apparentemente il maggior problema della mentalità religiosa è il perenne conflitto tra fede e dubbio. In realtà, tale conflitto è perenne perché è insolubile, ed è insolubile, per la mentalità religiosa, perché è mal posto.

La fede, per la mentalità religiosa, è una richiesta di certezze di un genere tutto particolare. È propriamente *il bisogno di sapere in anticipo che ciò che si scoprirà è vero*. A questo mirano le richieste di «prove»; come a dire: garantiscici che ciò che ci farai capire e scoprire è vero, e ti ascolteremo. Ma è evidentemente un bisogno insensato, dato che solo *dopo* aver capito e scoperto qualcosa si può valutare che cosa sia, e se sia vero o no. E come tutti i bisogni insensati, anche questo ne nasconde in realtà un altro, e precisamente il bisogno di obbedire a un'autorità *a certe condizioni*.

A un'autorità si può chiedere di garantire in anticipo che gli ordini che darà saranno giusti e proficui, così che vi si possa obbedire serenamente; e a un'autorità si richiede quest'impegno, perché ci si vuole garantire a priori una qualche forma di controllo su di essa. L'errore della mentalità religiosa (e su tale errore si fondano tutte le religioni tradizionali) è appunto l'applicazione di tale principio di controllo alla sfera divina e spirituale in genere. Si tratta di un errore, perché se in campo sociale e politico tale esigenza di controllare l'autorità è del tutto legittima, in ambito spirituale è disastrosa.

Se infatti Dio, o la Verità, sono appunto Dio e la Verità, sono per certo *più grandi* della mente umana. Ma voler imporre loro quel controllo significa renderli più piccoli di quella mente che li vuole appunto controllare; e ciò lascerà inevitabilmente insoddisfatta l'esigenza che l'uomo ha di Dio e della Verità come di qualcosa di più grande di lui.

Se una Verità spirituale mi viene dimostrata tale *prima* che io la conosca e la sperimenti, e tale dimostrazione riesce a convincere me *così come sono ora*, so per certo che quella Verità spirituale non sarà nulla di più grande di ciò che conosco già, di ciò che mi ha reso come sono ora: dunque non sarà nulla che possa cambiare la mia vita, nulla in cui valga la pena di credere davvero.

Il dubbio riguardo a Dio e alla Verità, tanto caratteristico della mentalità religiosa, è l'inevitabile conseguenza di ciò: è il disagio che quella fede *a priori* implica necessariamente. La mentalità religiosa si sforza di placare tale dubbio con una più intensa fede, ed è come voler spegnere il fuoco con la paglia. Ma alla mentalità religiosa ciò paradossalmente conviene: la religione è da sempre uno degli strumenti che il Noi adopera per tutelare se stesso, la propria solidità, il proprio dominio. Se infatti Dio, o la Verità fossero realmente Dio e la Verità, onnipotenti e travolgenti, sarebbero più grandi non soltanto del singolo fedele, ma anche del Noi a cui quel fedele appartiene; e il Noi se ne sentirebbe minacciato. Il Noi preferisce dubitarne, e chiama «fede» lo sforzo di superare questo dubbio – che in realtà il Noi non ha alcuna intenzione di superare. Lo stesso fa la religione, che può essere *sempre e soltanto la religione di un Noi*: non ha alcuna intenzione né di far superare questo dubbio né di risolverlo in alcun modo, ma solo di esasperarlo quanto occorre perché esso precluda anche ai singoli fedeli più assetati di verità l'accesso a quella preoccupante sfera spirituale, di un Dio e di una Verità troppo più grandi del Noi stesso. E la mentalità religiosa non è altro che l'assenso dato dai sudditi del Noi a questa esasperazione.

Così, per intenderci, se nel 1943 il Papa avesse rischiato la propria vita e la vita dei suoi sacerdoti levando una coraggiosa protesta contro lo sterminio degli ebrei da parte dei cattolici tedeschi, il dubbio di tanti credenti riguardo all'esistenza di Dio e della sua Verità si sarebbe d'un tratto diradato. Ma ciò non avvenne, non perché quel Papa e i suoi sacerdoti erano dei vili, ma perché la mentalità religiosa non l'avrebbe tollerato; e il cattolicesimo, come tutte le religioni, trae il suo alimento dalla mentalità religiosa soprattutto.

Lo stesso avverrebbe oggi se le più alte gerarchie di una qualsiasi grande Chiesa cristiana scegliessero di donare le loro ricchezze a chi nel mondo soffre la fame, e mettessero così in pratica quel comandamento di povertà che le Chiese leggono nei Vangeli. Se non lo fanno non è per loro avidità, ma sempre di nuovo per rispetto della mentalità religiosa, che da tale rivolgimento idealistico sarebbe allarmata e si cercherebbe magari altrove le sue autorità spirituali.

Per queste omissioni di soccorso non è dunque spiritualmente corretto rimproverare soltanto il papato.

Fede e ragione secondo Gesù

Contro questa stessa mentalità religiosa aveva lottato anche Mosè, durante l'Esodo, ogni volta che il suo popolo pretendeva di sapere per certo dove si stesse andando e quali fossero le garanzie di successo offerte dal Dio antico, che Mosè aveva riscoperto. Nella vicenda dell'Esodo, si arrivò al punto che Mosè non sperò più di poter rimuovere dal popolo quell'esigenza di controllo, e di poter rieducare gli ebrei alla libertà spirituale: condannò così quella generazione di ex schiavi a vivere e a morire nel deserto e, nei quarant'anni che ciò richiese, provvide a educare una generazione nuova, cresciuta libera, che guidò alla Terra Promessa solo dopo che la generazione precedente fu scomparsa.

Gesù doveva sostenere una lotta analoga, secondo i Vangeli. Non diede mai garanzie preliminari: anche ai suoi primi due discepoli, che gli chiedevano quale fosse il suo insegnamento, rispose: «Venite e lo vedrete da voi» (Giovanni 1, 39), e allo stesso modo anche in seguito spiegò sempre che scoprire in sé l'Io, entrare nell'Aiòn, chiedere e ottenere erano tutte quante esperienze da vivere *superando* se stessi, e non pretendendo dunque in anticipo che dopo averle vissute si sarebbe rimasti quel che si era prima.

Su questo superamento si basa la «fede» – *pistis*, in greco – di cui parla Gesù nei Vangeli, e che risulta essere proprio l'opposto della fede intesa dalla mentalità religiosa.

La fede di cui parla il Vangelo è propriamente *la forma di organizzazione della conoscenza di cui l'uomo dispone nell'Aiòn*, nel Grande Tempo cioè in cui ci si viene a trovare allorché si cresce oltre la dimensione esistenziale di *questo mondo*. Questa permanenza nell'Aiòn può durare periodi più o meno lunghi – come avverte Gesù più volte:

> Ancora un poco e non mi vedrete più, e poi un poco ancora e mi vedrete di nuovo.
>
> Giovanni 16, 16

L'Io, cioè, è uno stato dell'essere che gli uomini possono raggiungere, per ora, soltanto a tratti, e sempre in tensione con l'opposto principio d'inerzia del Noi, che è ben radicato in loro; ma in quei periodi di permanenza e di più vasto orizzonte, ciò che Gesù chiama «fede» svolge funzioni analoghe a quelle che in *questo mondo* spettano alla *ragione*. Come in questo mondo la ragione collega fra loro concetti, idee e percezioni, formula giudizi e valuta i modi dell'agire, così la fede di cui parla il Vangelo è la facoltà che nell'Aiòn permette all'Io di cogliere le connessioni tra percezioni, desideri e pensieri, di trarne giudizi e di considerare i modi dell'agire.

«Credere», perciò, nei Vangeli non significa affatto, come lo intende la religione cristiana, sforzarsi di convincersi di qualcosa di più o meno incongruo; significa bensì *utilizzare quella fede*, capire, conoscere, ragionare, intuire e dedurre con essa – con una vastità e rapidità e profondità incommensurabilmente maggiori di quelle a cui la nostra ragione è abituata in questo mondo.

E questa fede è appunto l'elemento operativo della preghiera onnipotente alla quale Gesù esorta. La ragione che si utilizza in *questo mondo* è più lenta e impacciata della fede di cui parla Gesù, proprio perché in *questo mondo* deve necessariamente mantenersi al di qua dei limiti che i vari Noi le impongono. La realtà che essa percepisce è reale solo in piccola parte, mentre in gran parte è costituita da rappresentazioni elaborate e consentite dai Noi ai quali la nostra ragione si trova ad appartenere.

Viceversa, «chiedere con fede», «chiedere in nome dell'Io», significa contemplare con gli occhi della fede ciò che in *questo mondo* manca all'uomo, riconoscere i propri limiti, quali che siano, e poterli perciò stesso superare. Qui sì, nell'Aiòn, qualunque cosa si chieda «senza esitazione» (cioè con quella rapidità di connessioni che è propria della fede) diviene possibile e la si ottiene, per quanto impossibile possa apparire in *questo mondo*. E a rendere possibile ciò che lì si chiede è quella stessa limpidezza che ci ha spinti a chiederlo: si desidera e si chiede ciò che si vede, al di là di quelli che in un determinato momento sono i nostri limiti – ma il fatto stesso di avere scorto i nostri limiti e ciò che vi è al di là ci dà l'impulso e il modo di superarli, e di ottenere ciò che chiediamo.

Fede e ragione nell'Albero della Vita; a uso dei mistici

Questo rapporto tra il piano della ragione e il piano della fede è un'altra delle verità iniziatiche che il Vangelo mette d'un tratto davanti agli occhi di tutti.

È impossibile stabilire in quale misura l'evangelista invece precorse le speculazioni medievali sullo *Hetz Hayim*, l'Albero della Vita, o viceversa in quale misura tali speculazioni attinsero anche al Vangelo di Giovanni.

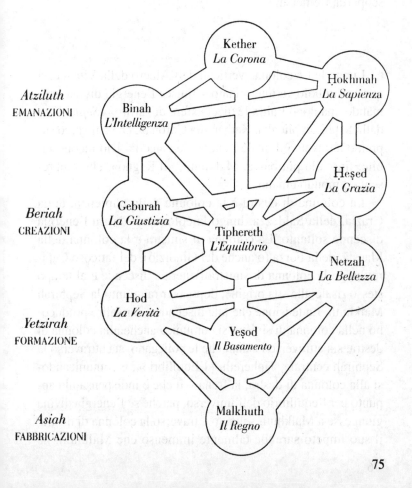

Ma di certo la struttura fondamentale di questo simbolo esisteva già in epoca biblica, e l'evangelista Giovanni la conosceva: raffigurava già allora l'Albero, la ramificazione dell'energia vitale divina nell'universo. E ciò che, secondo Giovanni, Gesù insegnò riguardo al «chiedere e ottenere» è talmente sovrapponibile a tale struttura, tali e tante sono le convergenze, da far pensare che le elaborazioni dell'Albero della Vita dieci secoli dopo, nella mistica ebraica della Kabbalah, fossero davvero *kabbalah*, cioè «tradizione antica», riscoperta, riemersa.

*

Lungo le tre colonne verticali dell'Albero della Vita – così questo simbolo va interpretato – fluisce l'energia divina, colmando una dopo l'altra le dieci «sfere di zaffiro» (*Sephiroth*), dalla Sephiràh più alta, Kether, «la Corona», che è il varco su premo attraverso il quale l'energia emana dal Dio inconoscibile, fino alla più bassa, Malkhuth, «il Regno», che rappresenta il mondo umano.

La colonna di destra è la colonna della Sapienza, della Grazia, della Saldezza: lungo la colonna di destra l'energia discende soltanto. La colonna di sinistra è la colonna della Maestà, della Forza (o anche del Giudizio), del faticoso Capire: lungo la colonna di sinistra l'energia discende e al tempo stesso risale alla sua origine, dopo aver raggiunto la Sephirah Malkhuth. La tensione che tale discendere e risalire producono nella colonna di sinistra si comunica anche alla colonna di destra, sia attraverso i canali che le collegano, sia attraverso la Sephiràh centrale, Tiphereth, «l'Equilibrio»: e comunicandosi alla colonna di destra, la frena – il che è indispensabile appunto per l'equilibrio dell'universo, perché se l'energia divina giungesse a Malkhuth soltanto attraverso la colonna di destra, il suo impeto sarebbe talmente immenso che Malkhuth ne verrebbe spazzata via. Un'ulteriore funzione equilibratrice è svolta anche dalla penultima Sephiràh, Yesod, «il Basamento». Ciascuna Sephiràh, a eccezione dell'ultima, corrispondeva a uno dei cieli concentrici in cui si immaginava che il mondo umano fosse avvolto, e altresì a un Coro Angelico, dagli Angeli lunari di Yesod fino ai Cherubini di Hokhmah e ai Serafini di Kether. La «scala» divina che Giacobbe sognò, secondo la *Genesi*, era appunto un'immagine di questa struttura dell'Albero della Vita:

> Fece un sogno: una scala poggiava sulla terra, mentre la sua cima raggiungeva il sommo del cielo; ed ecco, gli Angeli di Dio salivano e scendevano su di essa.
>
> *Genesi* 28, 12

Ciascuna Sephiràh, al contempo, corrisponde a una facoltà umana. La più alta è la Volontà, in Kether; Hokhmah corrisponde al pensiero e Binah alla coscienza che il pensiero acquista di sé, alla riflessione; Hesed ai desideri, Geburah-Din alle passioni e al dominio di esse, Tiphereth alla consapevolezza, Netzah alle percezioni sensoriali, Hod alla memoria, Yesod all'apprendimento, e Malkhuth alle funzioni vitali del corpo. Non deve stupire il fatto che in questa struttura Cori Angelici e facoltà umane si possano così equiparare, e identificare addirittura: è una struttura iniziatica, è all'opera in essa quella chiave del «Sono Io», di cui abbiamo tanto parlato, che nulla toglie alla maestà e alla realtà spirituale degli Angeli, ma che mostra a ognuno di noi come e quanto più grande della nostra consueta coscienza di noi stessi sia l'Io che dobbiamo scoprire. Cielo e terra, macrocosmo e microcosmo sono qui tutt'uno; Giacobbe, quando sognò la scala, sognò se stesso sotto un'altra luce.

Infine questa struttura dell'Albero della Vita è suddivisa, sempre secondo la Kabbalah, in quattro settori, o «mondi».

In basso, Malkhuth è il Mondo delle Fabbricazioni (*Asiah*, in ebraico), cioè delle realtà che hanno già preso forma nella dimensione e nella coscienza umana – ed è ciò che nel Vangelo di Giovanni è chiamato *questo mondo*.

Poi, il Mondo della Formazione (*Yetzirah*), dove si elaborano, in Yesod e Netzah, le forme di ciò che può cominciare a esistere, e dove si comprende, in Hod, ciò che ciascuno ha vissuto e sperimentato: e questo secondo «Mondo» corrisponde nel Vangelo di Giovanni alla capacità di comprendere ciò che Gesù chiama il linguaggio dell'Io, e la realtà alla luce di esso.

Poi il Mondo delle Creazioni (*Beriah*), in cui, in Tiphe reth e in Hesed, lo sguardo spazia sul fluire dell'energia divina prima che essa si sia concretata in avvenimenti, situazioni e cose. Questo è detto anche il «Mondo del desiderio», in questo «Mondo» si guarda per «chiedere qualunque cosa», come dice il Vangelo di Giovanni: desiderare e chiedere come insegna Gesù significa cioè essersi elevati al di sopra di Malkhuth, e aver esteso il «Sono Io» al Mondo della Creazione e al Mondo della Formazione al contempo. È come per un artista trovarsi sulla soglia in cui un impulso creativo sta per trasformarsi in idea da realizzare, e poter guidare tale trasformazione attraverso Tiphereth, Hesed e Geburah – l'Equilibrio, il Desiderio e il Giudizio.

A questo stesso grado del rivelarsi dell'Io all'uomo, si riferiscono anche i passi in cui Gesù parla di preveggenza:

Lo Spirito vi guiderà alla verità tutta intera, perché non parlerà da sé ma dirà tutto ciò che avrà udito, e vi annunzierà le cose future.

Giovanni 16, 13 (cfr. 14, 29; 13, 19)

Qui, naturalmente, la ragione di Malkhuth non può giungere, si sperde molto prima; qui arriva e può agire solo la fede di cui parla Gesù, che connette i concetti là dove invece la ragione li divide per poterli comprendere. Per la ragione di questo mondo un'eventuale possibilità di determinare gli eventi, di crearli attraverso il «chiedere e ottenere» di cui parla Gesù, è qualcosa di diverso dall'eventuale possibilità di conoscere «le cose future», ciò che deve avvenire: e le due possibilità possono trovarsi in contrasto – come volontà e destino, aspirazione e predestinazione, libertà e necessità. Anche secondo il cristianesimo, nel suo desiderare e progettare l'uomo deve riconoscere i limiti della «necessità», dell'*eimarmene*, per la quale «tutto ciò che avviene, avviene necessariamente», per l'azione di forze che all'uomo stesso sono precluse. Fin qui arriva la ragione di *questo mondo*.

Per l'Io invece, nel fluire dell'energia-Spirito lungo l'Albero della Vita, il poter «chiedere e ottenere» e la «conoscenza delle cose future» convergono e diventano tutt'uno. Attraverso Tiphereth, il Mondo delle Creazioni è direttamente connesso con Kether, il punto supremo del Mondo delle Emanazioni (Atziluth) e di tutto l'Albero della Vita: e Kether è di nuovo la Volontà – «ciò che il Padre vuole», come dice Gesù nel Vangelo di Giovanni. Qui l'Io e il Padre divengono «una cosa sola», e il Figlio comincia a «compiere le opere del Padre», che è al di sopra di Kether. La libertà, diceva Kant, è «la facoltà di far cominciare da sé, senza cause precedenti, una serie di modificazioni»: ciò di cui il Vangelo parla qui, è la libertà di far cominciare da sé, *in armonia con ogni causa precedente*, una serie di modificazioni. È un paradosso, un controsenso per la ragione; secondo Gesù, è un dato dell'esperienza immediata di chi entra in quella forma di ragione più alta che è la fede. Qui il Figlio, l'Io, letteralmente scende e discende dal Padre; coopera con il Padre; lo fa agire in giù, nel mondo terreno. Dal Padre, da Kether, riceve il potere «di avere la vita in se stesso e di darla in abbondanza» (Giovanni 5, 26; 10, 10; ed è Hesed) e «il potere di giudicare» (Giovanni 5, 27; ed è Gevurah), ed equilibrandoli diventa padrone della propria esistenza, e della propria *eimarmene*, e ha «autorità sopra ogni cosa umana» (Giovanni 17, 2). Per l'Io, dunque, anche ciò che avviene «Sono Io», ovunque. Gli avvenimenti, le situazioni, sono soltanto l'aspetto visibile di ciò che c'è oltre, e oltre c'è il «Sono Io» e il Divino che è in esso; lì è il senso delle cose, che rende immenso, eterno ogni istante di vita. Non rimane più alcuno spazio per la questione del libero arbitrio: l'uomo, nell'Io, «non può far nulla di per sé», cioè non può più essere limitato da tutto ciò che nel destino o nel mondo determinano il suo agire consapevole o inconsapevole, e non esiste più per lui confine tra «le cose terrene e le celesti»:

Il Figlio non può fare nulla di per sé, ma fa ciò che vede fare dal Padre. Il Padre infatti è legato d'amore al Figlio, e gli manifesta tutto quello che fa, e gli manifesterà anche cose più grandi di queste, così che voi ne resterete meravigliati.

Giovanni 5, 19-20

La colonna centrale dell'Albero della Vita illustra queste parole Mentre ai lati, a destra e a sinistra, Hokhmah e Binah rappresentano quel grado di conoscenza che è al di sopra dei desideri («le cose celesti», «la gloria che l'Io aveva presso di Te, Padre, prima che il mondo fosse», Giovanni 3, 12; 17, 5) ma, di nuovo, *non al di sopra della volontà*. Il «far cominciare una serie di modificazioni», questa Volontà-Libertà che agisce e che «chiede e ottiene» da se stessa, viene dunque a trovarsi al punto supremo.

Il desiderare al di là della ragione, nella fede, è la via più diretta per giungervi e, viceversa, la sua più diretta e centrale manifestazione.

*

Il parallelo potrebbe continuare ancora a lungo; e anche altri aspetti del Vangelo di Giovanni possono venir ricondotti agevolmente a questa simbologia dell'Albero della Vita. Anche quando Gesù dice, per esempio, che «l'Io è nel Padre e il Padre è nell'Io» (Giovanni 14, 10) e «l'Io è nel Padre, e il Padre nell'Io, l'Io in voi» (Giovanni 14, 20), tale rapporto di reciproca inclusione appare più evidente se lo si guarda nell'Albero della Vita: il Padre, il Dio ulteriore, è al di là di Kether, ma l'Albero tutto – in cui appunto è l'Io – ne è emanazione, concrezione progressiva, fino alla mente cosciente in *questo mondo*. Un altro modo di raffigurare l'Albero della Vita, nella tradizione cabbalistica medievale, era d'altronde in forma di sfere concentriche, ciascuna delle quali contiene l'altra e al tempo stesso ne è contenuta – come nel diagramma di Moses Cordovero (dal suo libro *Pardes Rimmonim*, Cracovia 1592):

Ma non occorre qui dilungarvisi. È sufficiente per ora aver indicato come uno e il medesimo sia il territorio spirituale che esplorano sia Giovanni sia la mistica ebraica, e come convergano i dati che l'uno e l'altra annotano nell'esplorarlo.

E d'altra parte, caratteristica dei grandi simboli è il loro esplicitarsi sempre più, il loro «produrre frutto», una volta che se ne sia indicata la dinamica, non tanto attraverso ulteriori spiegazioni ma piuttosto autonomamente – come è spiegato nella parabola del seme che è nel Vangelo di Marco:

> [...] è come quando un uomo getta il seme nella terra; che poi egli dorma o vegli, di notte come di giorno, il seme germoglia e cresce: come avvenga, l'uomo non lo sa. Poiché la terra produce spontaneamente, prima lo stelo, poi la spiga, poi il chicco pieno nella spiga.
>
> Marco 4, 26-28

Lascio perciò questo *excursus* cabbalistico alla «terra» di intuizioni e curiosità in cui il lettore l'ha gettato in se stesso, leggendolo; e torno più propriamente al Vangelo.

5

Le parole di *questo mondo* e la lezione di Giuda

> Perché non comprendete il linguaggio dell'Io?
> Perché non potete ascoltare le parole dell'Io.
>
> Giovanni 8, 43

I desideri e le parole

In *questo mondo* ognuno deve capire soltanto ciò che i Noi capiscono e permettono di capire. Chi sa e capisce qualcosa di più, da un lato contrasta con le dinamiche di *questo mondo* e le intralcia, e dall'altro non può dirlo – nemmeno a se stesso – con le parole e i concetti che in *questo mondo* si adoperano per comunicare e pensare. Anche nel linguaggio, in *questo mondo*, si appartiene ai Noi e si condividono i loro orizzonti. Non si può «chiedere qualsiasi cosa», come Gesù esorta i suoi discepoli a fare, quando la mente è ingombra di parole e concetti che esistono soltanto per i Noi di *questo mondo*, e che al di fuori di esso non hanno alcun contenuto reale – parole e concetti come *potere, stato, confine, ricchezza, giuramento, matrimonio, padrone, suddito...* Anche perciò Gesù, nel discorso della montagna, spiega che per pregare e chiedere bisogna essere soli:

Quando pregate non fate come quegli ipocriti che amano pregare stando ritti e ben in vista nei templi... Tu, quando preghi, entra nella tua camera, chiudi la porta e prega il Padre tuo che è nel segreto; e il Padre tuo, che vede nel segreto, ti darà ciò che chiedi. E nel pregare non sprecate parole, come i gentili, che credono di venir esauditi a forza di parole. Non siate come loro, perché il Padre vostro sa di quali cose avete bisogno prima che voi gliele nominiate.

Matteo 6, 5-8

La «camera con la porta chiusa» non va certo intesa alla lettera, come un consiglio per una maggiore concentrazione; ma significa: sepàrati da *questo mondo*, per chiedere davvero; e anche nella tua mente, non usare le parole e i concetti di *questo mondo*, ma impara a chiedere secondo quella fede più alta, più rapida, più coraggiosa, attraverso la quale ti orienterai nell'Aiòn.

Gesù e le parole

Gli innumerevoli, tormentosi equivoci in cui, secondo tutti i Vangeli, si arenavano le dispute tra Gesù e la gente, mostrano ogni volta di più l'insuperabile incompatibilità tra l'Aiòn e *questo mondo*. Gesù lotta fino all'ultimo per spezzarla, ma fin dall'inizio sembra sapere che lo sta facendo invano. Solo «chi ha orecchi per intendere intende» (Luca 8, 8; Matteo 13, 9; Marco 4, 9). E:

[...] a voi è dato intendere il mistero del Regno di Dio, ma per quelli là fuori tutto è in parabole, perché guardino bene e non vedano, e sentano bene, ma non intendano.

Marco 4, 11

E ciò non perché Gesù non volesse spiegare le sue parabole a chi non era suo discepolo, ma perché realmente per «quelli là fuori» tutto – e non soltanto l'insegnamento di Gesù – è in parabole ed enigmi. Il linguaggio di *questo mondo* non li aiuta: anzi, i fantasmi che esso fa esistere, le sue parole vuote, li educano a una sorta di fede non molto diversa da quella del cristianesimo, al costante sforzo di credere nell'esistenza di qualcosa che non solo non ha ragion d'essere se non in determinati Noi, ma impedisce di vedere ciò che vi è.

Nessuno può giungere all'Io, se non attira il Padre che ha mandato l'Io... Sta scritto nei Profeti: «Tutti saranno istruiti direttamente da Dio». Soltanto chi ha udito il Padre e ha imparato da lui, giunge all'Io.

Giovanni 6, 44-46

Solo un intervento superiore può aprire la mente: l'«attrarre», la forza gravitazionale del Padre (ed è in realtà sorprendente come questa idea fisica compaia in un testo di milleottocento anni fa) fa balzare oltre l'ostacolo del linguaggio di *questo mondo*, nell'Aiòn e nella fede-*pistis*. E lì un altro genere di linguaggio agisce: l'evangelista Giovanni lo chiama *la luce*.

A fondamento di tutte le cose c'era la parola
e la parola era davanti a Dio,
e anche Dio era la parola Dio.
Questo era il fondamento di tutto, davanti a Dio.
E una cosa cominciava a esistere solo quando la parola la
                                                                          indicava
e senza la parola non poteva esistere nulla di ciò che esiste.
E anche la vita era la parola vita.
Ma la vita era la luce, per gli uomini.
E la luce splende sempre nel buio,

e il buio, per quanto grande sia, non la può comprimere.
Vi era la luce della verità, che illumina ogni uomo
che viene in questo mondo [...]

Giovanni 1, 1-5.9

Questi versi del Prologo giovanneo sono tradotti e intesi in tutt'altro modo dalla tradizione religiosa e teologica. Si ritiene che nella «Parola» (*logos*, *verbum*) l'evangelista vedesse Gesù stesso, «Parola» di Dio Padre, sua rivelazione e suo strumento creativo. Si giustifica questa idea riferendola ai filosofi alessandrini di quell'epoca, secondo i quali il *logos*, «la Parola» appunto, era una sfera divina nella quale si compiva il mistero della creazione d'ogni cosa; oppure alla personificazione della Sapienza, la Hokhmah della tradizione ebraica, che secondo la Bibbia fu l'architetto della Creazione (*Proverbi* 8, 22-36; *Siracide* 24, 1 sgg.). Ma il Vangelo non sta citando qui gli alessandrini: che bisogno ne aveva? La «filosofia» di Gesù era ben più alta e travolgente. E in nessun luogo Gesù dice mai di essere stato né la Hokhmah, né un creatore del mondo né tantomeno di essere lui un Dio.

Prima di Gesù – così dice – tutto era parole: anche Dio, e tutta quanta la vita erano per gli uomini ciò che le parole di questo mondo riuscivano a esprimere, e null'altro esisteva per gli uomini, al di fuori della gabbia delle loro parole. Ma al tempo stesso vi era la luce, e la vita stessa di ognuno e d'ogni cosa era questa luce, e ogni uomo che viene al mondo ha questa luce in sé, a illuminarlo, e la tenebra non la può «comprimere».*

* Le versioni consuete traducono quasi tutte «accogliere», e non «comprimere», cambiando completamente il senso del verso. Ma nel testo greco il termine è *katalambanein*, cioè «catturare», «mettere a morte», «occupare militarmente», «comprimere», «frenare» e solo in un'accezione rara e metaforica «afferrare con la mente». In latino è tradotto *comprehendere*, cioè

Questa luce è la stessa che, secondo la *Genesi*, dischiuse la creazione dell'universo, «e la luce fu», quando la Divinità creatrice la chiamò per nome. Questa stessa luce è ciò che dischiude un mondo completamente diverso in ogni individuo, in ogni Io, nel «buio» in cui *questo mondo* è cieco.

E di questa luce Gesù parla infatti incessantemente, a chi è in grado di intenderla – a quelli cioè hanno ritrovato in se stessi quella luce che li illuminava quando venivano al mondo.

L'altro linguaggio

L'Io è venuto in questo mondo per compiere un giudizio, perché quelli che non vedono vedano e quelli che vedono diventino ciechi.

Giovanni 9, 39

Così come non cerca mai un compromesso con l'«Arconte di questo mondo», allo stesso modo anche nei suoi tentativi di spezzare l'incomunicabilità con i Noi Gesù non concede mai nulla al loro linguaggio. Anche quando pazientemente spiega, alla gente o ai discepoli, ricorre non soltanto a parabole ma a ragionamenti e immagini paradossali, che il più delle volte stupiscono e scandalizzano, e spingono addirittura molti suoi seguaci ad abbandonarlo – proprio perché il suo linguaggio è «troppo ostico, impenetrabile, e non lo si può ascoltare» (Gio-

«incatenare», «legare», e di nuovo solo per traslato «afferrare con la mente». Che questa accezione metaforica sia da scartare nel verso giovanneo, lo si vede immediatamente dal contesto: una luce splende nelle tenebre, non può venir fermata, incatenata, compressa dalle tenebre stesse, per quanto grandi esse siano; mentre non si vede proprio in quale modo si possa dire che le tenebre «afferrino con la mente» una luce.

vanni 6, 60). Nemmeno Nicodemo, «un maestro di Israele», riesce a seguirlo, pur con tutta la sua buona volontà (Giovanni 3, 4 sgg.). Sia quei seguaci, sia Nicodemo, sia molto tempo dopo numerosi teologi cristiani interpretarono questo programmatico «linguaggio chiuso» di Gesù come un suo tratto barbarico, da profeta arcaico, retrogrado, estatico.

In realtà è tutt'altro. Storicamente, l'uso che Gesù fa del linguaggio, la sua idea che al di là delle parole e dei concetti di questo mondo si apra la dimensione della *luce* e dell'«alito di vento» della Verità, risale a una cultura molto raffinata, alle scuole iniziatiche egiziane e al linguaggio geroglifico; e non per nulla Matteo fa notare che Gesù, come Mosè, era cresciuto in Egitto (Matteo 2, 13 sgg.).

Di questa stessa cultura segreta parla chiaramente il libro dell'*Esodo*, quando narra che Mosè, al suo primo incontro con il Dio abbandonato, per potergli parlare «si velò» (*Esodo* 3, 6), capì cioè che, in *questo mondo*, per poter comunicare con una realtà autentica la sua mente doveva sapere che ogni parola nota è solamente un velo *oltre il quale* diventa possibile la percezione.

Quel «velo» indica appunto il particolare carattere del geroglifico – che non fu soltanto un linguaggio ma una vera e propria *forma mentis*, né fu solamente egiziano, dato che anche l'ebraico antico, in cui era scritta la Torah (che Gesù indubbiamente conosceva, a quel che ne narrano i Vangeli) aveva una componente geroglifica decisiva.

Il geroglifico era una particolarissima lingua a tre livelli: un livello *letterale*, nel quale a ogni parola corrispondeva il significato che essa aveva nel linguaggio corrente (per esempio, il significato che ha la parola «luce» nell'espressione «la luce del sole»); un livello *figurato*, in cui il significato era metaforico (per esempio, il significato che ha la parola «luce» nella frase «ha una luce nello sguardo»); e un livello *sacro*, nel quale ciascuna parola indicava esclusivamente realtà del mondo spirituale, rispetto alle quali i significati dei due livelli precedenti suonavano soltanto come vaghe, ironiche allusioni (per esempio, la parola «luce» nella frase «l'Io è la luce del mondo»). Ciascuno di questi livelli era, nel geroglifico, *un sistema linguistico in sé completo*: Plutarco, quasi negli stessi anni di Gesù, descriveva appunto il geroglifico come una triade di lingue, la prima delle quali, o primo livello, serviva per *parlare*; la seconda, o secondo livello, per *significare*; e la terza, terzo livello sacro, per *nascondere* i significati veri a chi non fosse pronto ad accoglierli. A questa triplice struttura linguistica corrispondeva, tra gli iniziati egizi ed ebrei, una triplice struttura della conoscenza del reale, per la quale la realtà stessa, ogni singolo oggetto di essa poteva essere inteso a tre diversi livelli di realtà; e ciascun livello era un mondo intero.

Questo modello linguistico sembra aver presente Gesù, nel suo insegnamento: e al terzo livello geroglifico corrispondevano l'Aiòn, la fede-*pistis*, lo Spirito.

Probabilmente già negli stessi anni in cui Gesù insegnava, e sicuramente negli stessi decenni in cui vennero scritti e cominciarono a diffondersi i Vangeli, un altro ponte tra le tradizioni iniziatiche egizie ed ebraiche e la cultura greco-romana andava costituendosi nella Gnosi (letteralm., in greco, la «Conoscenza»), ampia e molteplice corrente di pensiero esoterico, sorta non si sa quando, che a partire dal II secolo si compenetrò nel cristianesimo portandovi impulsi spirituali di cui gli evangelisti, Giovanni soprattutto, subirono certamente l'influsso. E buona parte degli autori gnostici insegnavano, appunto, che l'umanità si divide in tre parti, a ciascuna delle quali il mondo appare diverso, e a ciascuna delle quali tocca una diversa sorte spirituale: gli ilici (dal greco *hyle*, materia), in grado di percepire soltanto le evidenze concrete della realtà, e destinati al nulla; gli psichichi (da *psykhe*, anima), in perenne tensione tra la percezione di quelle stesse evidenze, che essi avvertono come insufficienti, e la percezioni di realtà superiori, a cui essi possono giungere soltanto attraverso una domatura delle proprie passioni e lo studio costante; e gli *pneumatikòi* (da *pneuma*, spirito), in grado di percepire senza sforzo le realtà superiori, e perciò liberi dai vincoli di qualsivoglia legge o autorità di questo mondo.

*

Tre livelli, tre gradi d'umanità con tre diversi destini, tre mondi della percezione: si scorge bene la comune matrice egizio-ebraica. Se Gesù non proveniva da una scuola gnostica, di certo non era estraneo alle correnti di cui la Gnosi si alimentò.

Anche Gesù spiega nei Vangeli che «molti vanno per la via larga che conduce alla perdizione, e pochi per la via stretta che conduce al Regno» (Matteo 7, 13-14), e che «non prego per il mondo, ma solo per coloro che Tu hai dato all'Io, perché sono Tuoi» (Giovanni 17, 9). Durante l'ultima cena un discepolo gli domanda addirittura:

«Signore, ma come può avvenire che tu debba manifestarti a noi e non al mondo?»

Giovanni 14, 22

Ma a differenza di ciò che ritennero poi gli gnostici cristiani, secondo Gesù non è tanto l'umanità a dividersi in tre parti, una sola delle quali – gli *pneumatikòi* – si salverà certamente: ma è l'uomo, ogni uomo, ad avere in sé tutte le tre parti, tutte e tre costitutive: l'Io *pneumatikòs*, e la componente psichica in perenne tensione, e la componente ilica, da cui sempre deve imparare a staccarsi, e da cui sempre, al contempo, dipende il suo rapporto con la realtà del mondo. Nessuno è perfetto, addirittura nessuno è buono, secondo Gesù: perciò, al giovane ricco che gli si rivolge chiamandolo «buon maestro» Gesù risponde: «Perché mi chiami buono? Nessuno è buono, all'infuori di Dio» (Luca 18, 19). E perciò spiega ai discepoli:

«L'Io non ha forse scelto voi dodici? Eppure uno di voi è il diavolo!»

Giovanni 6, 70

Dodici sono i discepoli, ma dodici, secondo la tradizione egizio-ebraica, sono anche gli aspetti della personalità di ognuno: e tutti e dodici sono indispensabili – spiega qui Gesù –, in tutti e dodici l'Io si manifesta, e uno dei dodici, ilico, è il *diabolos* che si oppone a tutto quanto è impulso a crescere e ad ascendere; e nondimeno anche quell'aspetto, anche «Giuda», è indispensabile vedere e integrare. Sappiate che è in voi: tra voi, e in ognuno di voi. Lì questo mondo vi tiene, lì le parole di questo mondo frenano la vostra fede e la crescita della vostra conoscenza.

E dal momento che «nessuno è buono», Gesù doveva supporre la presenza di questo elemento ilico anche in se stesso; non per nulla nega sempre la sua approvazione a chi vuole «credere *in lui*»:

Ma Gesù non voleva che si credesse in lui, voleva che tutti conoscessero ciò che era in loro. Non gli occorreva che si rendesse onore all'uomo visibile, ma che ognuno sapesse ciò che vi è in ogni uomo

Giovanni 2, 25

In un uomo non occorre credere, non ce n'è alcuna ragione; a ciò che vi è di più alto *in ogni uomo* bisogna guardare. Ma anche a ciò che vi è di più basso

La lezione di Giuda

È proprio la molteplicità di aspetti e livelli dell'uomo a dare alla fede di cui parla Gesù il modo di «portare frutto» in questo mondo. La parte ilica dell'animo è precisamente il campo d'azione della fede: lì, nella nostra parte «Giuda», ogni nostro limite e impossibilità si possono pienamente riconoscere come tali – e solo se li riconosce possono venire annientati dalla nostra parte spirituale. Non per nulla il Vangelo narra che Giuda «teneva la cassa» (Giovanni 12, 6): l'Io superiore, nell'Aiòn, ha il potere di chiedere e ottenere qualunque cosa, ma da «Giuda» bisogna passare.

E Giuda rubava ciò che vi mettevano dentro [...].

Giovanni 12, 6

Non è un'ingenua accusa dell'evangelista al discepolo traditore, per aggravare ulteriormente la sua posizione. Nulla nel racconto evangelico è mai cronaca fine a se stessa, ma tutto è storia esemplare: specchio in cui il lettore deve riconoscere e scoprire sempre più le dinamiche della realtà sua e di ognuno. Giuda rubava dalla cassa comune; ciò significa: sappi che in te un elemento ilico, tamàsico, sta sottraendo energia vitale a tutti gli altri elementi di te; guardalo, osservalo, è importante, vedrai che cosa precisamente occorra chiedere attraverso la tua fede onnipotente. Se non si guarda in Giuda, il furto continuerà e ben presto nulla avrà più direzione sicura, nulla di ciò che ti avviene sarà comprensibile, perché non avrai energia sufficiente per dirigere e capire. Perciò – come vedremo – i discepoli che durante l'ultima cena non hanno potuto vedere in Giuda il traditore e in se stessi l'impulso a rinnegare Gesù, rimangono poi soltanto sbigottiti e dispersi.

Colpisce sempre molto il lettore il fatto che Gesù, durante l'ultima cena, avesse detto il nome del traditore a un discepolo, al più amato, e gli altri discepoli, non sapendolo, non potessero impedire il tradimento; colpisce ancor più il fatto che poco dopo Gesù desse a Giuda un boccone di pane e che «solo in quel momento satana entrò in lui» (Giovanni 13, 27), quasi che Gesù gli avesse accordato il permesso di tradire. Di solito lo si spiega in termini di psicologia spicciola, supponendo che Gesù fosse ormai stanco di essere un ricercato e volesse farla finita. Si tratta invece, di nuovo, di una lezione essenziale per ciascun lettore.

Gesù e i dodici non sono soltanto un gruppo di persone: rappresentano la molteplice struttura della personalità di ognuno. Gesù rappresenta l'Io e l'accesso allo Spirito. Il «discepolo che Gesù amava» rappresenta quella forma d'intuizione che in noi sa cogliere e meditare ciò che l'Io dice e ispira. Giuda è la parte ilica, nella cui ombra può agire «satana», l'elemento antitetico noto a tutte le tradizioni esoteriche, la forza di negazione e distruzione che in ogni uomo si desta nell'ombra ogni volta che qualcosa di nuovo e di grande comincia ad affermarsi. Gli altri discepoli, e Pietro innanzitutto, rappresentano nel Vangelo la nostra componente «psichica», come avrebbero detto gli gnostici: quella parte di noi che tra tanti ostacoli interiori ed esteriori può crescere e imparare, e non cresce e non impara ancora abbastanza.

L'Io vede l'elemento «Giuda», l'ombra, con i suoi impulsi oscuri. Compito del «discepolo che Gesù amava» è riconoscere quell'ombra. Gli altri discepoli – le nostre parti «psichiche» – possono non udire ciò che ha saputo il «discepolo che Gesù amava»: e allora Giuda può agire. Il Vangelo non dice che Gesù volle rivelare il nome del traditore a un solo discepolo: il Vangelo di Giovanni dice che *un solo discepolo osò domandarglielo*. Gli altri «si guardavano gli uni gli altri, non sapevano di chi parlasse» (Giovanni 13, 22) e non *chiedevano*.

Il Vangelo di Matteo è altrettanto esplicito. secondo Matteo, uno solo chiese, ed era Giuda stesso:

Disse: «Sarei io il traditore, rabbì?» E Gesù rispose: «Tu l'hai detto».

Matteo 26, 25

Chiedete e vi sarà dato: vale anche per ciò che si nasconde nell'ombra della personalità. Se ciascuno degli altri discepoli avesse d'altronde domandato «Sono io?», Gesù avrebbe risposto allo stesso modo, dato che tutti abbandonarono e rinnegarono Gesù. Ma se l'avessero domandato e avessero compreso la risposta, il tradimento non sarebbe avvenuto, perché la luce della consapevolezza avrebbe disperso l'ombra. «Tell the truth and shame the devil», come dice l'adagio. Giuda Iscariota non è il colpevole, e Gesù non commette un suicidio adoperando Giuda come uno strumento: nella nostra vita, bensì, il «discepolo più amato» è il modello da seguire per evitare che l'atto di Giuda continuamente si ripeta, a danno del nostro rapporto con l'Io.

Giovanni il Battezzatore e le sue ombre

Non per questo Giuda può venir scagionato, nel racconto evangelico. In ogni caso, il discepolo Giuda è colui che torna verso il Noi, e dà al Noi l'occasione di prendersi la rivincita su Gesù e di eliminarlo. Giuda è un discepolo inadatto.

Chi ha messo mano all'aratro e poi si volta a guardare indietro, non è adatto per il Regno di Dio.

Luca 9 62

Ma per il lettore, vedere e integrare il proprio elemento «Giuda» significa accorgersi di come e quando sorge l'impulso a «voltarsi indietro» – perché l'Io, in alto, trasformi quegli impulsi oscuri in desideri coscienti, e li capovolga in richieste di fede. Anche perciò, riguardo alla preghiera, Gesù insiste tanto sul «chiedere *qualunque cosa*»: non abbiate paura dei vostri desideri, non lasciatene nessuno nell'ombra – o alimenteranno il vostro «Giuda», diverranno tentazioni dell'ombra. La preghiera così intesa è un potente mezzo di autoconoscenza; e anche il verso del Padre nostro «non indurci in tentazione» significa appunto «fa' che la devozione a ciò che è più alto non ci induca a considerare tentazione psicologicamente pericolosa ciò che in noi è in basso». È come dire: lasciaci desiderare. L'ascesi, la rinuncia per acquistare merito, e ogni forma di severità autoinflitta nell'intenzione di piacere a Dio sono viceversa assai rischiose; non per nulla Gesù non le praticava, e nemmeno i suoi discepoli:

I farisei dicevano ai discepoli di Gesù: «Perché il vostro Maestro mangia e beve con i pubblicani e i peccatori?»

Marco 2, 16

Gli dissero: «Perché i discepoli di Giovanni digiunano spesso, come pure quelli dei farisei, mentre i tuoi mangiano e bevono sempre?» Gesù disse: «Potete far digiunare gli amici dello sposo, quando lo sposo è con loro? Quando lo sposo non c'è più, allora digiuneranno».

Luca 5, 33

Le rinunce autoinflitte sono il segnale della disarmonia interiore; sono rinunce in ogni senso: rinunce alla gioia ma anche rinunce a guardare là dove è buio in noi, dove i nostri «interiori Giuda» possono, se esclusi e ignorati, diventare forze

95

che non solo fanno «voltare indietro» ma ci trascinano indietro senza che ce ne accorgiamo.

Tra i personaggi che nel Vangelo servono da esempio di chi non riesce a non «voltarsi indietro» – il giovane ricco, Nicodemo, Giuseppe di Arimatea, Giuda stesso e i vari altri – il più struggente è di gran lunga il severissimo Giovanni il Battezzatore, il precursore di Gesù, il primo che lo riconobbe e il primo, d'altra parte, che si rifiutò di seguirlo.

Il Battezzatore veniva, dicono i Vangeli, da un'illustre famiglia levita, suo padre era un sacerdote del Tempio di Gerusalemme e tale avrebbe dovuto dunque essere anche lui, secondo la tradizione. Tanto più difficile e disperante dovette perciò essere, per il Battezzatore, farsi profeta e *outsider*, nel suo tentativo di rinnovare il culto ebraico. Il suo atteggiamento lo mostra bene. Quando predicava non parlava, ma gridava e imprecava. Praticava un'ascesi eccessiva, portava abiti di scuoiature di cammello, mangiava insetti come i bedu del deserto: come se avesse voluto espiare. Tagliava così crudelmente i ponti tra sé e la sua ricca casta d'origine, e al contempo crudelmente si puniva per averli tagliati. Giovanni il Battezzatore doveva essere profondamente infelice.

Riconobbe Gesù come profeta, e riconoscendolo ammise, davvero troppo in fretta e con troppa tristezza, che Gesù l'aveva totalmente superato e che la sua carriera di profeta era finita.

Tre sono le differenze tra l'insegnamento del Battezzatore e l'insegnamento di Gesù.

Innanzitutto, il Battezzatore credeva nel rituale – confessava e battezzava – e Gesù no.

In secondo luogo, il Battezzatore credeva nelle parole: era un idealista, diremmo oggi; per lui, le parole erano più alte e più grandi della realtà. Così, «Messia» era per il Battezzatore una parola e un ideale, al quale l'uomo deve tendere ma che l'uomo non raggiungerà mai. Non esisteva per lui il «Sono io». L'Io di ognuno, per il Battezzatore, è infinitamente «una voce che grida nel deserto: preparate la via del Signore» (Giovanni 1, 23). Sempre e soltanto nel deserto: Dio, il suo Regno e la vita eterna sono altrove, l'esistenza terrena è e sarà sempre un deserto in cui purificarsi dagli inevitabili peccati – nei rari corsi d'acqua, mediante un rituale amministrato da un sacerdote. Per Gesù invece l'Aiòn è qui e ora e l'Io di ognuno è qui e ora il Figlio di Dio, il Messia atteso.

Infine, il Vangelo spiega drammaticamente che Giovanni il Battezzatore, quando sacerdoti e leviti vennero a interrogarlo, consentì con loro: ammise appunto che il Messia è un ideale, e che tutto ciò che l'uomo può dire è «Non sono io» (Giovanni 1, 19 sgg.). Ciò tranquillizzò le autorità di Gerusalemme, che infatti, a quanto narra il Vangelo, non perseguitarono mai il Battezzatore.

Egli si perseguitava, d'altronde, già da sé. Le sue parole su Gesù che ha un futuro e un'armonia interiore mentre lui non ha nulla di simile, sono una macerazione interiore:

Chi ha la sposa è lo sposo. E l'amico dello sposo, che sta lì e lo ascolta, esulta di gioia alla voce dello sposo. Ora questa mia gioia è compiuta. Egli deve crescere e io devo diminuire.

Giovanni 3, 29-30

La sua mancanza di slancio davanti ai discepoli che mostrano preoccupazione per il successo di Gesù sono un tormento autoinflitto:

[...] alcuni suoi discepoli [...] andarono da Giovanni e gli dissero: «Rabbì, quello che era venuto da te dall'altra parte del Giordano, e al quale tu hai reso testimonianza, ecco che sta battezzando adesso e tutti quanti accorrono a lui!»

Giovanni 3, 26

E la sua morte appare molto simile a un suicidio. Il Battezzatore andò a sfidare pubblicamente Erode, piccolo re-fantoccio, con l'intento di scatenare una rivolta popolare contro di lui. Perché? Era inutile e folle. Venne decapitato senza alcun costrutto, fu solo il suo modo di togliersi di mezzo.

È un brano di storia, Giovanni il Battezzatore esistette davvero, Giuseppe Flavio ne parla come di un uomo a suo tempo famoso. Ma i Vangeli sono innanzitutto un libro per ognuno, un manuale sacro, e in essi anche la storia di Giovanni il Battezzatore è soprattutto storia esemplare; in cui la tensione del distacco da questo mondo, dalla «casa del padre», è un fattore spirituale che il lettore del Vangelo è esortato a riconoscere in sé, attraverso il Battezzatore, e a risolvere, come il Battezzatore non fece.

Così come secondo Luca ognuno, aprendo il Vangelo, ha da scegliere se entrarvi come il sacerdote Zaccaria o come Maria di Nazareth (e se di conseguenza far nascere in se stesso un Giovanni Battezzatore o un Gesù), allo stesso modo il Vangelo del giovane Giovanni si apre con l'immagine delle esitazioni del Battezzatore e della sua sconfitta, perché *il lettore ne sia messo in guardia*. Il «Non sono io», il legame al passato che il Battezzatore impersona, sono il rischio di fare della propria vita un'esistenza mancata. E tanto più fatale sarà questa esistenza mancata, quanto meno si avrà il coraggio di vedere che cosa ci ha fatto voltare dall'«aratro» – la «lezione di Giuda», di nuovo: che cosa non abbiamo avuto il coraggio di riconoscere o di chiedere, e abbiamo invece represso in noi, per acquistare merito con il dover essere e la rinuncia.

Ciò che il Battezzatore ha represso in sé è ciò che lo uccide. Ciò verso cui il Battezzatore si «voltava indietro» era ancor sempre il padre, la famiglia. Oppresso dalla sua ribellione alla tradizione e potestà paterna, il Battezzatore va proprio a mettersi disperatamente contro Erode, re e *capofamiglia* – e muore dinanzi alla moglie del re, e a una figlia. È la figlia, Salomè, a chiedere al re la testa del Battezzatore, su istigazione della madre. Un esperto di geroglifici non esiterebbe a decifrare qui, nel «secondo livello», la struttura simbolica di questa decapitazione, di questa trappola in cui il Battezzatore finisce, trascinato dai suoi segreti rimorsi e rimpianti. Egli vuole un padre, vuole opporsi a un padre che, questa volta, lo punisca; e vuole una sposa, anche lui, e vuole punirsi perché la vuole; vuole che la sua testa, la sua testa ribelle cada, si separi dal corpo che vuole ciò che la sua testa non osava volere.

Ma la questione del «voltarsi indietro» che trasforma in insidia mortale ciò verso cui ci si volta, ha implicazioni più vaste. Gesù ne parla sempre con durezza: dicendo «lascia che i morti seppelliscano i loro morti» (Matteo 8, 22), o che chi si volta «non ha più scusa per il suo peccato» (Giovanni 15, 22), o addirittura maledicendo intere città: «Guai a te, Corazin! Guai a te, Betsaida! Gerusalemme, Gerusalemme che uccidi i tuoi profeti!...» (Matteo 11, 21 sgg.). E ciò non perché vi sia nel Vangelo una qualche forza di maledizione, ma perché così è davvero quando sopravviene nell'orizzonte umano un superiore *stadio evolutivo* – e tale è infatti tutto ciò che Gesù annuncia e insegna riguardo all'Io, all'Aion e soprattutto alla fede: per chi non lo vede, il nuovo stadio evolutivo non esiste; chi lo vede e vi entra, diventa quello stadio evolutivo e tutta la sua vita cambia; chi lo vede e non vi entra, non è più il soggetto ma soltanto la vittima della vita che condurrà dopo d'allora.

6

Il padre nello specchio

Ma l'Io parla di cose concrete, evidenti, e se
nessun Noi le capisce, in che modo il Noi potrà
capire quando l'Io parla di cose più alte?

Giovanni 3, 12

Figlio di Dio e Figlio dell'uomo

Riassumiamo. Nell'Aiòn, a guardarlo dall'Aiòn, l'Io di
ogni uomo è un'identità infinita, è in ognuno ed è lo stesso in
ognuno, e uno in tutti, e non ha misura che si conosca in *questo mondo*: tutto ciò che è suo è senza limiti, anche le sue possibilità di azione scorgono i propri limiti soltanto per poterli
superare. Lì, il nome di ognuno è veramente «scritto nei cieli»
e non soltanto sul suo personale destino.

Il Padre dell'Io – cioè la sua origine, la sua causa, il modello verso il quale questo Io cresce, e che l'Io diventa, e il limite ultimo del divenire umano – secondo il Vangelo è precisamente ciò che gli uomini chiamano Dio quando intendono
l'infinito Dio creatore, l'Elohim celeste. Perciò Gesù chiama
l'Io: il Figlio di Dio.

E Dio genera l'Io con l'uomo, con quell'aspetto di Maria

bambina che è in ogni uomo. Se l'uomo non è in grado di percepire in sé il proprio Io, l'Io non nasce in questo mondo. Se l'uomo si accorge di essere questo Io infinito, questo Io nasce. Ma è nuovo, un essere nuovo. È come la nuova generazione di ebrei che entrarono nella Terra Promessa, mentre i loro padri cresciuti in Egitto restavano nel deserto: l'Io, in *questo mondo*, è sempre e soltanto ciò che dall'uomo può nascere, che lo supera sempre, e via via si lascia alle spalle le sue certezze, le sue sconfitte e vittorie, le sue decisioni. Perciò, per indicare l'Io, nel Vangelo Gesù usa anche un'espressione cara ai profeti: il Figlio dell'uomo.* È una nuova generazione, una nuova fase di crescita dell'umanità, superiore sia a coloro dai quali nasce, sia al mondo in cui si era fino ad al-

---

* Teologi e filologi sostengono, spesso, che con il termine «figlio dell'uomo» gli evangelisti volessero segnalare un aramaismo caratteristico del linguaggio di Gesù, dato che in aramaico il termine ricorreva per indicare semplicemente l'uomo. Nella critica neotestamentaria capita di trovare simili, assurdi sforzi di non riconoscere alle parole di Gesù un senso compiuto. In realtà, nel termine «figlio dell'uomo» è evidente il riferimento alla letteratura profetica, soprattutto a Ezechiele, che in un passo spiega precisamente cosa significhi diventare «figlio dell'uomo», cioè un uomo nuovo, e in modo che concorda pienamente con l'insegnamento di Gesù: «Mi fu rivolta questa parola del Signore: 'Figlio dell'uomo, tu abiti in mezzo a una genìa di ribelli, che hanno occhi per vedere e non vedono, hanno orecchi per udire e non odono, perché sono una genìa di ribelli. Tu, figlio dell'uomo, fa' il tuo bagaglio da esule e, in pieno giorno, davanti ai loro occhi, prepàrati a emigrare; emigrerai dal luogo dove stai ora, verso un altro luogo, davanti ai loro occhi; e forse comprenderanno che sono una genìa di ribelli. Prepara di giorno il tuo bagaglio, come il bagaglio di un esiliato, davanti ai loro occhi; e uscirai al tramonto, davanti a loro, così come partirebbe un esiliato. Fa' alla loro presenza un'apertura nel muro ed esci da lì. Mettiti alla loro presenza il bagaglio sulle spalle ed esci nell'oscurità: ti coprirai la faccia in modo da non vedere il paese; perché io ho fatto di te un simbolo per gli israeliti'» (*Ezechiele* 12, 1-6). Il «muro» è naturalmente immagine dei limiti di chi non vede e non ode; il coprirsi il volto è la rinuncia a condividere il loro linguaggio. Certo Gesù e gli evangelisti conoscevano bene questo brano, che si direbbe il programma d'azione del Vangelo stesso.

lora vissuti; come Padre ha ciò che gli uomini chiamano Dio e come madre, come Maria bambina, l'uomo attuale: e può nascere in ognuno, senza fine.

Storia sacra dell'Io

Questo Io è d'altronde, immediatamente, ciò che ognuno di noi chiama: io. Farlo nascere è nascere di nuovo, esserlo è essere se stessi. Il che significa, come sappiamo, non riconoscersi più nel Noi, non essere più parte integrante e strumento di un qualsiasi Noi di *questo mondo* e della sua millenaria e sempre uguale illibertà.

In una terminologia più attuale, questa presa di coscienza del proprio Io superiore si chiamerebbe: differenziazione. E la facoltà di differenziare sempre più le componenti della propria realtà e della propria personalità è la chiave dell'evoluzione umana; ogni differenziazione che l'uomo riesce a raggiungere in sé rappresenta cioè un più o meno grande passo avanti nell'evoluzione.

Queste parole, differenziazione ed evoluzione, non esistevano ai tempi di Gesù; ma da un lato, descrivendo l'Io superiore, l'Aiòn, la fede come grado superiore della ragione, Gesù sta evidentemente annunciando e precisando autentiche differenziazioni, proprio nel senso moderno del termine, e sta descrivendo un nuovo processo evolutivo dell'umanità; d'altro lato, sia il concetto di differenziazione sia quello di evoluzione risultano ben chiari già nel libro della *Genesi*, e proprio in base a questi concetti è scandita nella *Genesi* la storia del formarsi dell'uomo. Nelle versioni consuete della *Genesi* è purtroppo impossibile riconoscerne le tappe, sia per gli errori di traduzione, sia per l'effettiva impossibilità di esprimere in altre lingue certe particolarità dell'ebraico antico. Riassumo perciò qui questa storia, che costituisce il diretto e consapevole precedente della differenziazione evolutiva insegnata da Gesù nel Vangelo.

*

Nel libro della *Genesi*, l'uomo è all'inizio un collettivo *'adam*, cioè «l'umanità» (questo significa *'adam* in ebraico), ancora indifferenziata. E *'adam* in ebraico antico è il primo dei quattro termini che indicano l'uomo: lo stadio iniziale della sua evoluzione.

Già nell'Eden, si differenziano nell'*'adam* le due prime componenti: «l'uomo e la donna», dicono le versioni consuete; no: l'*'ish* e la *'ishà*, cioè rispettivamente: la consapevolezza che l'uomo ha di sé come individuo (letteralmente, in ebraico geroglifico, *'ish* è «la capacità di conoscere le cose visibili») e ciò che l'uomo trova in sé oltre a tale limitata consapevolezza individuale (*'ishà* in ebraico geroglifico è «la capacità di conoscere le cose invisibili»).

E YHWH Elohim fece scendere un torpore sull'umanità
che si addormentò.
E spezzò uno dei suoi involucri
e dissimulò con una forma corporea il varco che aveva fatto.
Così YHWH Elohim ricostituì quell'involucro
che aveva tolto all'umanità
per formate la *'isha*,
e condusse la *'isha* dinanzi all'umanità.
E allora l'umanità disse:
«Questa è davvero crescita della mia crescita,
è la forma della mia forma».
E a questa dette il nome di *'isha*
perché era stato il suo *'ish* a discernerla.
Perciò l'*'ish* abbandonerà il padre e la madre

e si riunirà con la sua *'isha*
e nella forma esteriore saranno una cosa sola.

Genesi 1, 21-24

Così, nel testo ebraico antico, è descritta questa prima differenziazione. E *'ish* è il secondo dei quattro termini che nella Bibbia e nella lingua ebraica antica indicano appunto l'uomo. Oggi diremmo: è il secondo stadio evolutivo della coscienza umana, che si va differenziando via via.

*

Dopo che l'uomo ha cominciato ad assaggiare il frutto dell'Albero della Conoscenza, la sua *'isha* – che è in lui – assume anche un altro nome, nel racconto della *Genesi*: *Haoah* o *Hawah*, cioè, in ebraico geroglifico: «l'esistenza», che nelle versioni consuete viene tradotto «Eva» come se fosse il nome di una donna. «E questa Esistenza era la madre di tutto ciò che vive», dice il testo (*Genesi* 3, 20): il che significa che, proprio come poi insegnerà Gesù, l'uomo ha e trova innanzitutto in se stesso la Hawah – il senso, la genesi di tutto ciò che nella sua esistenza c'è e avviene. Hawah qui viene a corrispondere a ciò che Gesù chiama «la via, la verità, la vita»; e Gesù dice appunto che «la via, la verità, la vita» sono l'Io stesso.

Conoscendo e comprendendo sempre più la propria Esistenza – continua il racconto della *Genesi* – l'uomo differenziò, e ogni uomo in ogni tempo differenzia via via in sé, varie facoltà e aspetti della personalità, che prima erano indistinti: Caino, Qain, cioè, in ebraico geroglifico, «l'impulso ad accumulare»; e Abele, Habhel, cioè «il donare»; e dopo che Qain ebbe annullato e inghiottito Habhel, l' *'adam* scorse e differenziò nella propria Esistenza un altro figlio: Sheth, cioè «l'altro Fondamento», che nasce in cielo ed è descritto nella

Genesi come il capostipite di un'umanità celeste, che è nel Grande Tempo e attende di nascere sulla terra.

Il libro della *Genesi* prosegue poi nell'elencare i discendenti di Qain: anch'essi tutti quanti nomi di facoltà umane, e molto terrene, che via via si differenziano: Hanokh, cioè «l'impulso a costruire mura di difesa»; 'Irad, «l'impulso alla perenne attività»; Mehuia'el, «l'impulso a far mostra di sé» e via dicendo (*Genesi* 4, 17 sgg.). E parallelamente elenca i discendenti di Sheth, le facoltà celesti dell'uomo: 'Enosh, cioè «l'uomo capace di sentimento»; Qainan, «il superamento del principio del possesso»; Mahollael, «la forza che produce la gloria» e via dicendo (*Genesi* 5, 6 sgg.). E di questi, 'Enosh era il terzo dei quattro termini che nella Bibbia e nell'ebraico antico indicano l'uomo: è cioè il suo terzo stadio evolutivo, attivato dalla capacità di provare *sentimenti*, che com'è noto non tutti gli uomini provano.

*

E via via che l'umanità terrena, cainita, cresceva e si evolveva – narra la *Genesi* all'inizio del capitolo 6, reso totalmente incomprensibile nelle versioni consuete – anche nell'umanità cainita si delineò la capacità di provare sentimenti: allora l'umanità celeste, la discendenza di Sheth, poté unirsi finalmente a quella terrena, e ne nacquero i *giborim*, «gli uomini illustri dell'antichità» (*Genesi* 6, 4), e un *gibor* era appunto Noè, l'uomo del rinnovamento del mondo. *Giborim*, che nelle versioni consuete viene tradotto generalmente «i giganti», è l'ultimo dei quattro termini che nella Bibbia e in ebraico antico indicano l'uomo: è il suo quarto stadio evolutivo, caratterizzato dalla capacità di riunire in sé – attraverso i sentimenti – caratteri terreni e caratteri celesti.

*

Per la tradizione mosaica dunque l'uomo è veramente se stesso – raggiunge cioè il suo più alto livello di differenziazione – quando la componente del sentimento gli ha permesso di giungere a questa unione tra il principio terreno, cainita, e il principio celeste, sethiano, dell'umanità. Solo dal congiungimento di cielo e terra si forma l'uomo capace, come Noè, di affrontare i cambiamenti, le crisi di crescita, il «Diluvio», e di uscirne intero e nuovo, in un mondo nuovo. Alla prima fase di differenziazione, all'*'adam*, arrivano tutti. Moltissimi arrivano alla seconda, all'*'ish*. Alcuni arrivano alla terza, all'*'enosh*. Ben pochi arrivano alla quarta, ai *giborim*.

Gesù, nato da una fanciulla e da un annuncio angelico, è precisamente un *gibor* che fa compiere un ulteriore passo avanti nell'evoluzione, mostrando la possibilità di differenziare la dimensione superiore dell'Io, al di là dei limiti del Noi. E si rinnova con Gesù il Diluvio – il cambiamento del mondo – con «l'acqua» che dissolve il passato e «l'alito di vento» divino che sull'acqua di nuovo trascorre (Giovanni 3, 5).

L'Albero della Vita e la spada fiammeggiante

Secondo Gesù, la nuova fase d'evoluzione raggiunta con l'Io non è né definitiva né l'ultima, ed è anzi da superarsi presto («farete opere più grandi di queste, perché l'Io conduce al Padre», Giovanni 14, 12).

Ha tuttavia un tratto che la distingue nettamente dagli stadi precedenti: nell'*'adam*, nell'*'ish*, nell'*'enosh*, nel *gibor* l'immagine dell'uomo era divenuta via via sempre più compatta, sempre più pienamente umana; anche l'elemento celeste del *gibor* era una parte dell'umanità, sia pure confinato in cielo, e il *gibor* l'aveva reintegrato all'umanità terrena. L'Io, il Figlio dell'uomo e di Dio stesso, torna invece a varcare soglie del divino, spalancando verso l'alto le vie dell'evoluzione – verso il Padre. E comincia a vivere in quel Grande Tempo da cui l'*'adam* era stato separato uscendo dall'Eden. Là, narra la *Genesi*, era rimasto precluso all'uomo l'Albero della Vita eterna, i cui frutti fanno «vivere nell'*'olam*» (*Genesi* 3, 22). E *'olam*, in ebraico antico, corrisponde a ciò che nel Vangelo di Giovanni Gesù chiama Aion.

*

Due erano i grandi Alberi del Paradiso, narra la *Genesi*: uno era l'Albero della conoscenza del bene e del male, e l'*'adam* vi ebbe accesso; ciò suscitò grande sgomento nel Dio dei limiti, YHWH, che per tutelare la propria superiorità sull'uomo si affrettò a precludergli l'altro Albero straordinario.

YHWH Elohim disse allora: «Ecco, l'umanità è diventata come uno di noi, per la conoscenza del bene e del male. Ora, bisogna che non stenda più la mano e non prenda anche il frutto dell'Albero della Vita, perché se ne mangerà vivrà nel Grande Tempo divino!»... E scacciò l'uomo e pose un Cherubino con la spada fiammeggiante che gira su se stessa, per impedire la via verso l'Albero della Vita.

Genesi 3, 22-24

La «spada fiammeggiante che gira su se stessa», sulla quale tanto (e tanto confusamente!) hanno scritto i teologi, è secondo la tradizione ebraica l'immagine della luce della conoscenza: fiammeggia, perché illumina e spaventa; divide e spezza, come una spada, perché la conoscenza è appunto distinguere, differenziare; ed è, come in realtà lo erano le spade, uno *specchio*: nella spada ben lucidata ci si poteva specchiare

107

– ed è infatti nello specchio, che le figure riflesse girano su se stesse, facendo sembrare destra la sinistra e sinistra la destra. Di nuovo, la soglia da superare era dunque la scoperta di sé, il «Conosci te stesso», il «Sono io»: e a questa scoperta guida appunto Gesù, nel Vangelo (cfr. Matteo 10, 34: «Io sono venuto a portare la spada»); in questo specchio tutto si vede nuovo: terra e cielo, se stessi e il Padre, «destra e sinistra» – e rimando qui a quanto abbiamo visto riguardo alle dinamiche segrete dell'Albero della Vita – e ora l'*'olam* ritorna, e ha inizio l'Aiòn per l'uomo, di nuovo.

L''*olam*, l'Aiòn, il Presente, il Grande Tempo che contiene ogni tempo in sé: nel «Sono io» l'Io umano-divino diviene un principio veramente universale, in ogni uomo – tanto da scoprire in se stesso anche la propria causa e origine.

Tu, Padre, sei in me e io in Te.

Giovanni 17, 21

E in questo Presente non ha fine.

L'origine infinita

Dio «ha mandato l'Io in questo mondo», ripete Gesù nel Vangelo di Giovanni (3, 17 sgg.; 5, 23; 6, 39 ecc.) e «agire secondo Dio è cominciare a capire chi Dio abbia mandato» (Giovanni 6, 29). E il senso è chiaro: ogni fase evolutiva è un crescere verso la propria origine, da cui tutto, anche la crescita stessa, proviene; è comprendere sempre più questa origine e causa prima, al di là della limitata ragione di questo mondo.

Se invece, come avviene nel cristianesimo, ci si sforza di vedere in quell'Io il solo Gesù, e d'interpretare il Figlio come la sua persona, e il Padre come una vera e propria persona divina, come un Dio, cioè, distinto dall'uomo e assiso in alto come uno Zeus greco, le ragioni della sua decisione di mandare l'Io nel mondo rimangono un imperscrutabile mistero o capriccio, misteriosamente indifferente alle sofferenze che all'Io nel mondo tocca subire. E in tal modo la vicenda narrata nel Vangelo non dice molto di più del mito greco di Eracle, anche lui figlio di Zeus, mandato nel mondo a compiere dure opere salvifiche.

Ma Gesù non intende Dio come una Persona. «Padre», per Gesù, è quell'origine, quella X primaria a cui da sempre l'uomo cerca definizioni. Prima di Gesù tali definizioni erano i miti della creazione o i primi elementi; ai tempi di Gesù erano le psico-cosmogonie degli alessandrini e degli gnostici; oggi sono le ipotesi sull'origine della vita e la sua evoluzione, sul *Big Bang* o su provenienze extraterrestri. Gesù elimina la necessità di tali ipotesi, stabilendo che ogni tentativo in tal senso contiene già in sé e *a priori* la soluzione che vuole raggiungere, e se ne allontana se non si accorge di contenerla: quell'origine di tutto è nell'Io stesso – «Sono io» – e non perché l'uomo non possa conoscere veramente nulla all'infuori di sé, ma perché ciò che si può conoscere di una causa ultima è in colui che si interroga su di essa.

Il ragionamento di Gesù sembra essere il seguente: una cosa non esiste se non la si percepisce in qualche modo. E in ogni loro percezione, gli uomini percepiscono innanzitutto la loro stessa facoltà di percepire. Dunque conoscendo una qualsiasi cosa, conoscono innanzitutto se stessi. E ciò, secondo Gesù, a cominciare da Dio stesso:

Chi ha visto l'Io ha visto il Padre.

Giovanni 14, 9

E ciò perché quando l'uomo percepisce una determinata cosa, in realtà percepisce e conosce se stesso attraverso la mediazione di quella determinata cosa; con Dio, invece, la mediazione non c'è, la percezione di Dio è nell'uomo immediata, secondo Gesù: là dove tra l'uomo e il suo Io non si interponga più nulla (più nessun residuo dei Noi di questo mondo), Dio è immediatamente conoscibile nell'Io stesso, che l'uomo immediatamente è. Qui è l'origine di tutto, secondo il pensiero dei Vangeli.

La dottrina cristiana afferma che Dio è onnipresente, in cielo, in terra e in ogni luogo. E Gesù mostra qui la ragione di ciò: Dio è in qualunque luogo celeste o terreno che l'uomo percepisca come che sia, proprio perché Dio è nell'Io, nell'uomo che percepisce come che sia quel qualunque luogo.

E Dio è infinito: e lo è perché l'Io, nell'uomo, ha la percezione dell'infinito divino, che l'Io è.

E se Dio è in ogni luogo ed è infinito, in ogni luogo l'Io percepisce innanzitutto quell'infinito che l'Io stesso è. Così il presente dell'Io è infinito. In ogni goccia di pioggia c'è tutta la pioggia del mondo. In ogni lembo di cielo c'è l'azzurro di tutti i cieli del passato, del presente e del futuro. In un amore c'è ogni amore, in ogni attimo ci sono tutti gli attimi dell'universo. La ragione non lo comprende solo perché è impedita a ogni passo dai suoi vincoli con il Noi. L'Io lo sente e lo comprende vivendolo.

Nel Noi questo non è possibile, per il Noi un io è solamente un io, che non può né fare né capire né esprimere quasi nulla se non adeguandosi al Noi a cui appartiene. L'Io, dal canto suo, sa bene di poter dire «Sono io» anche riguardo al Noi. Anche l'origine del Noi è nell'uomo, nella paura che l'uomo prova dinanzi all'infinito che è in lui. Il Noi è solo la sua resistenza a riconoscerlo. E gli altri, da cui ogni Noi ci sembra costituito, non sono affatto quei Noi. Anche gli altri «Sono io» («in chi è ostile a un aspetto di te, tu vedi un altro aspetto di te stesso», Luca 6, 29), l'Io è in ciascuno, e uno in tutti, e conoscendo gli altri io conosco sempre di nuovo me stesso, ritrovando in me la causa, l'origine, «il Padre» di tutto ciò che per me esiste.

Il Padre lontano e la creazione di Dio

Quanto al fatto che il Padre abbia mandato l'Io in questo mondo, ciò non significa che prima, in una qualche precedente era, l'Io non fosse stato qui. Gli antichi, e gli ebrei in particolare, avevano un senso del tempo talmente diverso dal nostro, che si ha spesso l'impressione che non lo sentissero affatto, o che almeno non sentissero come determinante la differenza tra un verbo al presente e un verbo al passato. Così, dire che l'Io sia stato mandato in questo mondo significava innanzitutto, per loro, che il centro della sfera di esistenza dell'Io non è in questo mondo ma altrove, più in alto; ed è nel Padre stesso.

Il Padre, dice infatti Gesù, ha mandato l'Io in questo mondo e continuamente lo manda in questo mondo. L'Io «esce dal Padre e conduce al Padre» e «viene nel mondo e se ne va dal mondo» (Giovanni 16, 28). L'Io è nel Padre e si estende fino a questo mondo; e questo mondo è soltanto una piccola periferia, i cui problemi sono piccoli, e appaiono grandi soltanto a chi a questo mondo è insensatamente aggrappato per paura del resto.

Ciò implica, nondimeno, che anche secondo i Vangeli Dio sia lontano da questo mondo: e questa lontananza di Dio ha sempre colpito sia la mentalità religiosa sia i mistici. In tutte le religioni compare in un modo o nell'altro il motivo del *deus otiosus*, della Divinità suprema che si è allontanata dal mondo umano e ha cessato di intervenirvi direttamente.*

* Per il motivo religioso e mitologico del *deus otiosus* e l'ampia biblio-

Anche nella Gnosi, all'epoca in cui vennero scritti i Vangeli, questo motivo tornava insistentemente e spesso con tratti disperanti. Il Dio supremo, per gli gnostici di Basilide e Valentino, è remoto e irraggiungibile; tra lui e il mondo vi è la lunga labirintica serie degli intermediari, Eoni, emanazioni, Arconti, le cui barriere non possono venir superate dalla grande maggioranza degli uomini, ma solo da quanti sapranno volgersi via, sprezzantemente, dal mondo che Dio s'è lasciato lontano.

La Grande Chiesa, invece, preferì costruirsi il ruolo di mediatrice esclusiva tra Dio e gli uomini, per placare quello sgomento che la lontananza di Dio faceva pesare nell'animo dei fedeli: Dio è lontano dal mondo e anche Gesù Cristo è salito al cielo e siede alla destra del Padre, da dove in un giorno molto lontano verrà a giudicare i vivi e i morti; e fino ad allora vicario divino, sua rappresentanza plenipotenziaria nel mondo, è il clero dell'unica religione vera – la nostra, appunto. Questa fu fin dal II secolo la posizione della Grande Chiesa, pragmatica fino all'ingenuità – ma proprio per questo adatta, evidentemente, a quella mentalità religiosa a cui si rivolgeva, e della quale già sappiamo.

*

Anche nel Vangelo la lontananza del Padre ha un'importanza determinante, ma è risolta in tutt'altro senso. Della lontananza di Dio Gesù spiega:

Il Padre non giudica nessuno, ma ha affidato ogni giudizio al Figlio, perché tutti onorino il Figlio come onorano il Pa-

grafia in proposito, vedi M. Eliade, *Trattato di storia delle religioni*, I, 14, Torino 1976.

dre... Il Padre ha la vita in se stesso, e allo stesso modo ha concesso al Figlio di avere la vita in se stesso, e gli ha dato il potere di giudicare, perché è il Figlio dell'uomo.

Giovanni 5, 22.26-27

Parole oscurissime, per un cristiano: la teologia tenta di risolverle con l'immagine di Cristo Giudice, che ha il potere di premiare con la vita eterna. Ma non è un'interpretazione, è solo un idolo, che non chiarisce nulla ed è soltanto schermo di ciò che in queste parole non si arriva a capire.

Oscure sono e rimangono, nel cristianesimo, appunto perché disgregano ancora una volta sia il cristianesimo stesso, sia ogni altra religione tradizionale. Gesù intende dire qui che Dio è il «Padre», la causa prima, che «ha in sé la vita»: *ma non è nulla, se l'uomo non lo percepisce*. Così, davvero, tutto viene a dipendere dall'uomo: il Padre ha affidato tutto all'Io, perché in *questo mondo* è l'uomo, l'Io, a scoprire e creare Dio, e non viceversa. Così è per lo Spirito, così è per la Verità, che sono Dio anch'essi, e che a loro volta non esistono se l'uomo non li fa esistere.

Questo mondo è un livello di realtà, e Dio ha bisogno di realtà. Ciò che è Spirito non ha forma, o «carne», come si diceva in ebraico (*BaSHaR*, letteralmente «forma corporea», in ebraico geroglifico, v. *Genesi* 2, 21) e ha bisogno di esistere nel *bashar* di *questo mondo*. È in un certo modo l'altro aspetto del «chiedere e ottenere» su cui insiste Gesù, e che appunto perciò è tanto essenziale non soltanto per l'uomo che sta scoprendo l'Io e le Sephiroth superiori, ma anche per Dio stesso, per lo Spirito che lungo le tre colonne discende. Deve diventare reale: e d'altronde, fin dai primi capitoli della *Genesi* e dell'*Esodo*, e nei Profeti, la teologia ebraica ripete che non è tanto l'uomo ad aver bisogno di Dio, quanto piuttosto Dio ad aver bisogno dell'uomo. Se l'uomo non lo fa esistere, Dio entra in agonia e muore, e di lui non rimane nulla. Di quanti Dei non è rimasto più nulla, nella storia dell'uomo. Dio non può agire, senza l'uomo.

Il Dio salvato

Dio è infinito, e perciò anche infinitamente imperfetto e manchevole. L'uomo lo salva, quasi che la sua finitezza ponesse un limite all'infinita imperfezione di Dio. Nel Vangelo, il Padre manda l'Io in *questo mondo* anche per essere salvato – perché non avvenga che *questo mondo*, con i suoi Arconti e le sue logiche ottuse, prenda per sempre il posto di Dio per coloro che vi abitano.*

* È il motivo biblico del «Dio geloso», che teme continuamente che il cuore degli uomini si volga altrove. «Mi fu rivolta questa parola dal Signore: 'Figlio dell'uomo, vi erano due donne, figlie della stessa madre, le quali si erano prostituite in Egitto fin dalla loro giovinezza, dove venne profanato il loro petto e oppresso il loro grembo verginale. Esse si chiamano Oola la maggiore e Ooliba la più piccola, sua sorella. L'una e l'altra divennero mie e partorirono figli e figlie. Oola è Samaria e Ooliba è Gerusalemme. Oola mentre era mia si mostrò infedele: arse d'amore per i suoi spasimanti, Assiri, suoi vicini, vestiti di porpora, principi e governatori, tutti giovani attraenti, cavalieri montati su cavalli. Concesse loro i suoi favori, al fiore degli Assiri, e si contaminò con gli idoli di coloro dei quali si era innamorata. Non rinunciò alle sue relazioni amorose con gli Egiziani, che avevano abusato di lei nella sua giovinezza, avevano profanato il suo seno verginale, sfogando su di lei la loro libidine...

'Sua sorella Ooliba la vide e si corruppe più di lei nei suoi amoreggiamenti; con le sue infedeltà superò la sorella. Spasimò per gli Assiri suoi vicini, principi e capi, vestiti di porpora, cavalieri montati su cavalli, tutti giovani attraenti. Io vedevo che si era contaminata e che tutte e due seguivano la stessa via. Ma essa moltiplicò le prostituzioni. Vide uomini effigiati su una parete, figure di Caldei, disegnati con il minio, con cinture ai fianchi, ampi turbanti in capo, dall'aspetto di grandi capi, rappresentanti dei figli di Babilonia, originari di Caldea: e se ne innamorò non appena li vide, e inviò loro messaggeri in Caldea. I figli di Babilonia andarono da lei, al letto degli amori, e la contaminarono con le loro fornicazioni ed essa

Anche questa componente va vista là dove Gesù spiega che il Padre alleva e prepara amorevolmente l'Io: «l'Io è la vera vite e il Padre è il vignaiolo» (Giovanni 15, 1); o dove dice «Glorifica tuo Figlio, perché il Figlio glorifichi te» (Giovanni 17, 1-2, 4-5). Ciò che Gesù porta non è solo un rinnovamento della realtà terrena in *questo mondo*, ma anche un rinnovamento della realtà celeste, di per sé lontana e insufficiente. E l'Io, secondo Gesù, è al centro di tutto ciò, da lui dipende ogni cosa: ogni aspetto della vita umana come anche la gloria stessa di Dio. Nessuna religione dice nulla del genere. Una tale religione non è ancora sorta.

Il Diluvio

Ma probabilmente non sorgerà mai: non come religione. Ciò che nel Giudaismo era atteso come l'avvento del Messia e d'un totale rinnovamento, viene mostrato da Gesù come una fase della coscienza umana talmente diversa dalle precedenti, che le religioni così come le conosciamo noi non potrebbero trovarvi più posto.

È davvero come un nuovo Diluvio. Perciò Gesù ha tanto cara l'immagine della rinascita «dall'acqua e dallo Spirito»:

> In verità, in verità ti dico, se uno non nasce dall'acqua e dallo Spirito non può entrare nel Regno di Dio.

Giovanni 3, 5

si contaminò con loro finché ne fu nauseata. Poiché aveva messo in pubblico le sue tresche e scoperto la sua nudità, mi allontanai da lei come mi ero allontanato dalla sorella'» (*Ezechiele* 23, 1-18). Oola e Ooliba, Samaria e Gerusalemme, rappresentano l'umanità in ogni epoca, per questo Dio ferito che si allontana.

Il Regno di Dio è la nuova realtà che quel mutamento spalanca. Acqua e Spirito sono l'immagine del Diluvio in piena, che riporta il mondo all'inizio, quando

[...] lo Spirito di Dio passava sulle acque [...].

Genesi 1, 2

Così appariva il mondo agli occhi di Noè, dall'Arca:

Dio fece passare uno Spirito sulla terra e le acque si abbassavano [...].

Genesi 8, 1

Così è con Gesù. Un Diluvio è in corso; e occorre essere nell'Arca. Quando un mutamento profondo sopravviene nella coscienza, la coscienza deve divenirne consapevole: poiché, se lo ignora, quel mutamento produrrà le sue conseguenze comunque, e la coscienza sarà incapace di comprenderle. Chi non ha un'Arca, viene sommerso dal Diluvio e la realtà va avanti senza di lui. Se è la maggioranza a non avere un'Arca – e questo Gesù spiega più volte ai suoi discepoli – la realtà va avanti senza che la maggioranza abbia più i mezzi per seguirla, e il mondo diviene un luogo ancor peggiore dove vivere.

*

Così, un modo per non intendere il mutamento annunciato da Gesù e per restare travolti dal Diluvio, è sforzarsi di mantenere le strutture della religione tradizionale, con la fede-obbedienza e l'autorità di padri spirituali e sacerdoti, anche dopo il Vangelo. Il loro tempo è passato, nell'animo non destano più nulla, se non a condizione di manipolare e sfigurare il proprio animo al punto da guastare ogni rapporto con la realtà.

La religione diventa allora museo, e tale infatti è oggi. Le parole della religione sono formule che richiedono veri e propri stati depressivi o ossessivi, per essere ascoltate con una qualche devozione. Conoscenza e sentimento autentico non possono più cooperare, se non diventando eresia o emancipandosi del tutto dalla religione – che finisce per avvertire sia il sentimento sia la conoscenza come minacce alla sua sopravvivenza.

La religione, in tal modo, non può che perdere potere reale: non è più in grado di fornire risposte e guida, e si vede costretta – per non scomparire come avvenne al fariseismo – a ricorrere prepotentemente al potere politico ed economico: non perché l'uomo sia di per sé sordo ad altre istanze, ma perché la religione non ha altro modo di reggersi se non convincendosi e convincendo i suoi fedeli che l'uomo sia così sordo.

E il Dio allontanatosi diventa sempre più lontano: per credere che esista così come la religione riesce a descriverlo diventa necessario volgersi via non già da questo mondo, ma dai testi sacri che ne parlano – proprio come avveniva ai tempi di Gesù, quando quasi nessuno conosceva la Bibbia se non per sentito dire, e come avviene anche oggi. *Questo mondo*, il mondo della paura e dell'incertezza, è viceversa tanto più solido quanto più si aggrava tale molteplice spossessamento spirituale, che il Diluvio ha prodotto in chi ne è rimasto sommerso.

*

Così è inevitabile che avvenga, e così è sempre avvenuto quando non si è riusciti a considerare passato ciò che è passato. Il passato che non si riesce a riconoscere come tale divora la vita degli uomini, inesorabilmente, come la Sfinge divora chi non sa rispondere ai suoi enigmi. Si legge nel Vangelo gnostico di Tomaso:

Nei giorni in cui mangiavate ciò che è morto, lo rendevate vivo [...],

proprio perché ciò è morto mangiava voi; e

[...] cercatevi un luogo dove stare in pace, perché non siate ridotti anche voi a un cadavere e mangiati.

Tomaso 11. 60*

Gesù nel Vangelo mostra di condividerlo appieno. L'unica differenza tra gli gnostici e Gesù era appunto che essi cercavano un luogo dove stare in pace, e Gesù no, se non in se stesso: per il resto, Gesù era tutto nell'azione.

* Vedi *I Vangeli gnostici*, a cura di L. Moraldi, Milano 1984.

7

Come agisce l'Io.
I miracoli secondo Gesù

> Il Padre dell'Io non smette mai di agire, e nean-
> che l'Io smette mai.
>
> Giovanni 5, 17

Le intermittenze dell'Io

L'Io, secondo Gesù, ha una serie di compiti precisi, e con
precisi ritmi di attività.

Gesù insiste su queste fasi:

> Finché è giorno dobbiamo compiere le opere di chi ha
> mandato l'Io; poi viene la notte, e allora nessuno può più
> fare nulla.
>
> Giovanni 9, 4

Solo a tratti, in *questo mondo*, si aprono nell'uomo varchi nei quali l'Io diviene percepibile e può agire. E abbiamo
già citato il passo: «Ancora un poco e non mi vedrete più, e
poi un poco ancora e mi vedrete di nuovo» (Giovanni 16,
16). Se lo riferiamo al cristianesimo dei tempi di Giovanni,
il senso appare anche storicamente chiaro: nell'intrecciarsi

di correnti diverse, di diverse aree di predominio di questa o quella diocesi o comunità, non si poteva mai sapere per certo dove si serbasse davvero la verità insegnata da Gesù, e, se questa verità vi era in qualche comunità, per quanto tempo vi sarebbe durata. E così è bene che sia!, sembra dire qui il Vangelo. Ovunque vi sia un Noi – e le comunità erano i Noi dei cristiani – c'è da attendersi che l'insegnamento di Gesù si eclissi prima o poi: «il Figlio dell'uomo non ha dove posare il capo!» (Luca 9, 58), e là dove è diventato una realtà pubblica, a tutti nota e da tutti approvata, argomento di una scuola che vuole afferrarlo e tenerlo per sé, l'Io ben presto non si trova più, esce «per altre porte» (Giovanni 7, 30; 10, 39; v. oltre p. 248).

Se dunque vi diranno: «Ecco, è nel deserto!» voi non andateci. Oppure: «È in una casa!» voi non credeteci. Come la folgore viene da oriente e brilla fino all'occidente, così sarà la venuta del Figlio dell'uomo. Dove sarà il cadavere, lì si raduneranno gli avvoltoi.

Matteo 24, 26-28

Difficile trovare un insegnamento più individualista. Ciò che in *questo mondo* è incertezza e ricerca di maestri, nell'insegnamento di Gesù si trasforma immediatamente in criterio di libertà. La verità è come il sentimento: c'è quando c'è, e può scomparire d'un tratto, e questo è ciò che lo rende tanto prezioso.

Verità e libertà sono per Gesù inseparabili.

E quando in tale libertà la via si perde e non si vede più, l'Io provvederà a ricostituirla più avanti: occorre solo aspettare. Nulla avviene a caso, neanche la solitudine, la tristezza, lo sgomento. Ogni fase d'eclissi dell'Io, spiega Gesù, è come una gestazione:

«Sarete sgomenti, ma il vostro sgomento sarà mutato in gioia. La donna quando partorisce è sgomenta, perché è giunta la sua ora: ma quando ha dato alla luce il bambino, non si ricorda più dello sgomento, per la gioia che è nato un uomo. Così anche voi ora siete nella tristezza; ma l'Io vi vedrà di nuovo e nessuno vi potrà più togliere la vostra gioia. In quel giorno non domanderete all'Io più nulla che non capiate».

Giovanni 16, 20 sgg.

Il fine di queste intermittenze è la sempre maggiore scoperta di come l'Io sia davvero ciò che ognuno chiama io: e che soltanto conoscendo sempre meglio se stessi lo si può trovare; e trovarlo è esserlo.

Le opere dell'Io

Ed esserlo è agire. A volte nel Vangelo Gesù mostra esitazioni: a Cana (Giovanni 2, 3); a Nazareth, durante un soggiorno dai suoi famigliari (Giovanni 7, 6); a Gerusalemme, all'incontro con alcuni greci (Giovanni 12, 27). Vorrebbe tenersi da parte, convincersi che «il suo tempo non è ancora arrivato» ma poi sempre agisce. «Fare la volontà del Padre» è indispensabile, per l'Io, come il cibo (Giovanni 4, 34). L'Io, cioè, proprio come il Padre, esiste realmente solo quando lo si manifesta; è come la genialità: può essere soltanto *un rapporto* tra l'uomo, la sua arte e altri uomini; è troppo grande, per poter essere contenuta nella sola coscienza di sé. Così l'Io deve spiegarsi, mostrarsi, «venire innalzato» perché tutti lo vedano (Giovanni 3, 14-15).

*

Per far ciò, l'Io innanzitutto giudica. Reagisce cioè alla il-libertà di *questo mondo*: la condanna e la aggredisce. Questo mondo, a sua volta, non può non reagire all'Io, per lo più odiandolo apertamente. E di continuo Gesù si fa odiare, rischia più volte la lapidazione. Il Padre stesso gli ha affidato il compito di giudicare: le sue provocazioni sono cioè un fatto inevitabile, come una legge di natura.

*

E giudicando distrugge. Abbatte le convenzioni, viola pubblicamente la Legge, i confini tra puro e impuro. Secondo il cristianesimo Gesù istituì rituali e sacramenti per il Noi: in realtà, stando al Vangelo, non fece che abolirne: raccomandava di non pregare in pubblico, di non giurare fedeltà, di evitare le sacre abluzioni, di non rispettare il sabato – tutte bestemmie gravissime, all'epoca, per il Noi ebraico.

*

E distruggendo dà scandalo. Gesù adopera lo scandalo, lo shock, come uno strumento didattico: quasi che per imparare da lui fosse indispensabile passare ogni tanto attraverso un senso di smarrimento – scegliere se indignarsi per le immagini forti che usa, o restarne semplicemente storditi.

Dice che bisogna mangiare la carne e bere il sangue dell'Io; dice che uno «beve» il suo insegnamento, «fiumi di acqua viva sgorgheranno dal suo grembo» (Giovanni 7, 38); e che in tre giorni saprà ricostruire il tempio distrutto (Giovanni 2, 19); chiama «figli del Diavolo» i suoi compatrioti (Giovanni 8, 58), e così via. È convinto che un profeta che in questo mondo si senta in patria, approvato e capito, non sia un profeta degno di attenzione: e infatti lo disapprovano, e lo abbandonano tutti.

*

Così deve essere, per Gesù. Dando scandalo, voleva escludere. Ciò che importava a Gesù era molto più l'impatto del suo insegnamento che non la quantità dei suoi seguaci. La sua strategia mirava a «innalzare» l'Io come un segnale che rimanesse visibile a tutti (Giovanni 3, 14-15) e non a costituire una scuola o una comunità numerosa e compatta. Meglio un solo seguace che abbia davvero cambiato modo di pensare, che non novantanove giusti che ti diano ragione (Luca 15, 7).

Non sopportava, in realtà, i giusti consapevoli e contenti di essere tali. I farisei lo irritavano proprio per la loro certezza di aver ragione, di essere, con la loro religione, sulla giusta via (Luca 18, 9 sgg.). Nulla è più lontano dalla Verità: la Verità è Verità solo quando è nuova, quando ti fa sentire a ogni passo la necessità di una *metànoia*, di un mutamento radicale del pensiero – e ti fa scoprire di avere altre orecchie per intendere, un altro sistema di connessioni, la fede-*pistis* che continuamente supera la ragione con la quale comunica con *questo mondo*.

E attraverso la *pistis*, la sua fede, Gesù praticava e insegnava il miracolo.

La funzione d'enigma dei racconti di miracoli

Un miracolo, nei Vangeli, è innanzitutto un racconto.

Ci si può sforzare, per tante ragioni, di credere che i miracoli di Gesù siano dei *fatti*: ma non lo sono. Ripeto: nulla nei Vangeli è semplicemente un fatto, ma tutto è racconto che guida il lettore, e che gli fa compiere scoperte ogni volta nuove in se stesso e intorno a sé.

Nei Vangeli si hanno tre forme di racconto: la narrazione

simbolica – come i racconti dell'Annunciazione, della Nascita, del viaggio in Egitto, e della Resurrezione di Gesù – in cui gli evangelisti danno particolari informazioni al lettore, formulate in modo da risultare comprensibili soltanto agli iniziati; i *discorsi* e i *dialoghi* di Gesù, in cui il lettore è come guidato, tenuto per mano, con tante precise indicazioni che, nella sintassi o addirittura nel tono, lo conducono al senso principale dell'insegnamento di Gesù, se il lettore riesce a farsene condurre; e appunto i *racconti di miracoli e prodigi*, che vengono posti dinanzi al lettore come enigmi da sciogliere per poter proseguire e per comprendere sempre di più il senso del Vangelo: e come tutti per gli enigmi, vale anche qui la regola per la quale se trovi la soluzione prosegui, mentre se non la trovi l'enigma ti ingoia, e vi rimani rinchiuso. E la caratteristica dei racconti di miracoli, rispetto alle altre due forme di narrazione usate nei Vangeli, è che sono formulati in modo che il lettore dinanzi a essi sia solo, e debba risolverli da solo, senza poter contare né su spiegazioni di Gesù stesso, né su una qualche sua sapienza esoterica.

*

Queste tre forme di narrazione corrispondono alle tre parti costitutive dei rituali iniziatici antichi: *dromena* (le «cose che si fanno»), cioè i gesti e in genere le azioni rituali; *legomena* (le «cose che dicono»), ciò le parole pronunciate durante l'iniziazione; e *deiknumena* (le «cose mostrate»), cioè gli oggetti sacri e i simboli che vengono come che sia mostrati all'iniziato durante l'iniziazione.

E precisamente, nei Vangeli, i racconti simbolici corrispondono ai *dromena*, i discorsi e i dialoghi di Gesù corrispondono ai *legomena*, e i racconti di miracoli ai *deiknumena*. In quella specialissima iniziazione che i Vangeli indubbiamente danno a chi li legge con attenzione, i *legomena*, i discorsi, rappresentano «l'ingresso» al percorso iniziatico, e alle varie fasi di esso; i *deiknumena*, i racconti di miracoli, hanno il ruolo dei «guardiani» delle varie soglie del percorso; e i *dromena*, i racconti simbolici, rappresentano ciò che il lettore stesso sarà in grado di capire e di vivere nella propria vita, una volta che l'iniziazione si sarà davvero compiuta.

La funzione dei racconti di miracoli appare dunque la più delicata di tutte.

D'altra parte, non soltanto per il lettore i racconti di miracoli sono enigmi da risolvere, ma lo furono prima ancora per gli stessi evangelisti. I Vangeli comparvero, come sappiamo, almeno un secolo dopo la morte di Gesù, e non furono semplici rielaborazioni di memoriali scritti da testimoni oculari, da discepoli di Gesù o da discepoli dei discepoli. A giudicare dai testi cristiani del I, del II e del III secolo – sia canonici, sia soprattutto apocrifi, scampati ai roghi di libri della Grande Chiesa – gli evangelisti ebbero a loro disposizione soprattutto raccolte di «detti» (*logia*) di Gesù, cioè di suoi discorsi più o meno brevi, con brevi didascalie, e in più un ampio materiale d'argomento prodigioso, sulle meraviglie che la tradizione cristiana aveva ben presto ascritto a Gesù, prendendone anche a prestito da altre tradizioni taumaturgiche: da Apollonio di Tiana, dai miracoli di Asclepio, o anche da culti locali greci, com'è per la trasformazione di giare d'acqua lustrale in giare di vino, celebre miracolo che avveniva nei templi di Dioniso in Asia Minore.

Di questo materiale mirabolante gli evangelisti dovevano assolutamente tenere conto. Inserire *deiknumena*, aspetti prodigiosi, nelle loro narrazioni era ben più importante che inserirvi dati biografici, perché, da un lato, nel II e III secolo non era in alcun modo ammissibile nell'Impero romano che un profeta, quale che fosse il suo insegnamento, non desse prove sufficientemente impressionanti di qualche suo potere soprannaturale; e d'altro lato, perché la biografia di Gesù, di un ebreo cioè vissuto e morto in una provincia remota, antipatica e sempre sconfitta, avrebbe avuto di certo un effetto scoraggiante sui lettori, quanto più fosse stata particolareggiata.

Così, mentre i dati biografici appaiono ridotti al minimo in tutti i Vangeli (e non vi si rileva alcuno sforzo di ricercare o magari immaginare vicende degli anni vissuti da Gesù prima della sua vocazione), le notizie sui suoi miracoli sono date in abbondanza. E che queste notizie siano precisamente racconti, *opera letteraria* e non di cronisti, è mostrato da due tratti rilevanti. Innanzitutto, in alcuni Vangeli sono narrati miracoli importanti, di cui gli altri Vangeli non fanno menzione: in Giovanni per esempio vi è la resurrezione di Lazzaro a Betania, cioè a pochi chilometri da Gerusalemme, e vi si narra che tale prodigio suscitò scalpore, ma gli altri evangelisti non ne fanno parola; e il solo Luca parla della resurrezione del figlio della vedova di Nain (Luca 7, 11 sgg.).

In secondo luogo, ogni evangelista dà una spiegazione diversa del potere taumaturgico di Gesù: secondo Luca, Gesù operava miracoli grazie a certe sue speciali *dynameis*, o «forze», che potevano anche essergli sottratte da altri (Luca 8, 46); secondo Matteo la forza operante nei miracoli di Gesù è invece una sua «autorità», *exousia*, propria a lui solo (Matteo 9, 8), ma tale *exousia* non aveva alcuna efficacia se non era assecondata dalla fede dei presenti (Matteo 13, 58); Marco appare incerto, dà ragione ora a Luca e ora a Matteo, mentre secondo Giovanni tutto ciò che è miracolo avviene grazie all'Aiòn, ed è *ergon tou Theou*, opera di Dio direttamente (Giovanni 5, 20; 9, 34; 10, 25).

Queste discordanze e le inconciliabilità su un punto tanto delicato come la causa efficiente della taumaturgia di Gesù fa davvero pensare che gli evangelisti si fossero trovati nella necessità di formulare ciascuno le proprie supposizioni, per spiegare quel potere a se stessi e ai propri lettori: se fosse esistita una reale memoria dei miracoli di Gesù – e se dunque le informazioni fornite dagli evangelisti potessero aver preteso una qualche attendibilità storica – le loro versioni sarebbero state molto più omogenee.

Un'altra differenza significativa è nel ruolo che la taumaturgia assume, secondo i vari evangelisti, nella predicazione di Gesù. Matteo, Marco e Luca sembrano aver subìto più nettamente l'influsso di quell'esigenza di prodigi che contrassegnava la loro epoca. Diedero ai miracoli di Gesù ampio spazio, lo mostrarono intento a insegnare ai discepoli come si fanno i miracoli, e per lunghi tratti dei loro Vangeli Gesù appare più come un taumaturgo che predica, che non come un predicatore che fa miracoli. Nondimeno, nella maggior parte dei miracoli narrati da Matteo, Marco e Luca rimane ben chiara la funzione di enigma: il compito cioè affidato al lettore di scorgere ciò che in un determinato racconto prodigioso riguarda lui personalmente, in questo o quell'aspetto della sua scoperta spirituale.

Nel Vangelo di Giovanni, invece, Gesù è soprattutto un rabbì, un Maestro: i suoi miracoli sono pochi, compiuti occasionalmente e per lo più controvoglia. Ma soprattutto, nel Vangelo di Giovanni, lo stile cambia decisamente quando vengono narrati miracoli.

Altri autori intervengono, molto diversi da chi scrisse i *legomena*, i discorsi e i dialoghi di Gesù, o descrisse la triste vicenda umana del Battezzatore.

Ai più rozzi di tali «coautori» del Vangelo si devono certamente il miracolo di Lazzaro e il miracolo del funzionario del re – e a giudicare dalla sintassi e dal lessico di questi due racconti, non vi è dubbio che vennero inseriti da copisti-redattori della Grande Chiesa. Nel secondo di questi racconti la funzione di enigma è del tutto assente, e il miracolo sembra voler servire soltanto a strabiliare il lettore; nel miracolo di Lazzaro si riduce a una sorta di allegoria: il rinascere a una nuova vita grazie a Gesù viene raffigurato nella magica resurrezione d'un cadavere dal sepolcro; ma anche qui l'intento di strabiliare prevale di gran lunga.

In altri due episodi prodigiosi del Vangelo di Giovanni – entrambi legati all'acqua – interviene invece un autore diverso, più poetico, e i suoi racconti sono evidentemente tratti da altri Vangeli, ma diventano nella sua versione come racconti di sogni. E la funzione d'enigma, in questo altro autore sognante, resta intatta ed efficace.

Esaminiamo prima questi.

Gesù e la barca nella notte

Nel capitolo 6 del Vangelo di Giovanni Gesù raggiunge la barca dei suoi discepoli camminando sulle acque, in una notte di forte vento. La fonte di questo episodio miracoloso è negli altri Vangeli canonici, che narrano accuratamente come Gesù fosse capace di placare le tempeste e di percorrere grandi distanze camminando sulle onde (Luca 8, 22 sgg.; Matteo 14, 28 sgg.). Ma nel racconto che compare nel Vangelo giovanneo, tutto è onirico. Proprio come nei sogni, l'episodio ha inizio da una situazione inspiegabile: si fa sera e i discepoli salpano, in barca, senza Gesù. Perché dovevano partire senza Gesù? I discepoli non lo abbandonavano mai. «Era buio, e Gesù non era ancora venuto da loro», continua il narratore, nella sua prosa strana, illogica e al tempo stesso incantevole. E d'un tratto Gesù li raggiunge camminando sulle onde in tempesta, i discepoli lo prendono in barca e «subito la barca toccò la riva alla quale erano diretti».

Rispetto ai miracoli lacustri degli altri evangelisti, il racconto è qui più breve, essenziale: un limpido sogno davvero, in cui si esprime lo stato d'animo di smarrimento e paura che Gesù avrebbe in seguito descritto parlando delle intermittenze

128

dell'Io nel corso della vita; e al tempo stesso, proprio in tale espressione è indicata la soluzione dell'enigma che i miracoli della camminata sulle acque e delle tempeste placate ponevano ai lettori di Matteo, Marco e Luca.

Ci si ritrova su acque in tempesta, da soli, senza maestri: è buio, l'Io non si avverte più, si è di nuovo e soltanto un Noi, una barca fragile in un mondo ostile. Poi di nuovo, e senza che si capisca come, l'Io ritorna e d'un tratto si è a riva, e la tempesta non fa più paura. Così doveva avvenire ai discepoli, proprio perché così avviene a ognuno, nel seguire il proprio Io; il sogno lo mostra, lo annuncia, come i sogni d'altronde fanno tanto spesso.

La pesca miracolosa

Matteo, Marco e Luca narrano che Gesù all'inizio della sua predicazione fece fare una pesca prodigiosa a Simon Pietro e ai suoi amici (Matteo 4, 18 sgg.; Marco 1, 16 sgg.; Luca 5, 1 sgg.); e Luca narra che Gesù risorto comparve a due discepoli in cammino verso Emmaus, ed essi per un po' non lo riconobbero (Luca 24, 13 sgg.).

Il narratore di sogni che interviene nel Vangelo di Giovanni sembra prendere spunto da entrambi questi episodi per comporre un nuovo, intensissimo racconto enigmatico – nel capitolo 21, dove Gesù risorto compare ai discepoli, i quali «non vedono che è lui», e li aiuta a fare una inverosimile pesca nel lago.

Anche qui il tono è onirico, e vi è l'acqua e vi è il buio. Dopo una notte di pesca infruttuosa, ai discepoli compare Gesù sulla riva, proprio mentre fa giorno, ed essi lo vedono ma al tempo stesso è come se non lo vedessero – come capita appunto nei sogni. Gesù consiglia ai discepoli di gettare le reti *a destra* della barca: e la rete si riempie talmente che non riescono a tirarla a bordo, e devono perciò trascinarla a riva.

Il significato, fin qui, è lo stesso del precedente episodio-sogno, ma in più viene posto in evidenza il problema del successo della predicazione – che la tradizione cristiana associava comunemente all'immagine della pesca, al «pescare uomini».

Proprio come in un sogno, Gesù dà qui la chiave di tale successo, nel folgorante enigma del pescare *a destra* della barca: il riferimento è evidentemente alla colonna di sinistra e alla colonna di destra dell'Albero della Vita, nel quale la sinistra rappresentava tutto ciò che frena la crescita, e che lega al passato e alla Legge; e la destra tutto ciò che toglie alla crescita ogni ostacolo e confine.* Il messaggio del sogno è anche qui ben chiaro: per avere successo nella pesca, nella predicazione, volgetevi via da ciò che già sapete, dai vincoli della tradizione in cui siete stati educati severamente, e attingete a destra, dove nessun vincolo o tradizione esiste in voi.

Dopodiché l'episodio-sogno continua, con l'attenzione sempre più puntata su Pietro e sul discepolo senza nome – «il discepolo che Gesù amava», che la tradizione cristiana tentò poi di identificare nell'evangelista stesso.

Mentre Pietro sta trascinando a riva la rete, il «discepolo che Gesù amava» gli grida che colui che ha dato i consigli per la pesca è Gesù.

---

* È, d'altro canto, questa raffigurata nell'Albero della Vita, una struttura psichica talmente profonda che riappare identica (evidentemente inconscia) come ipotesi della neurologia attuale, nella descrizione delle funzioni dei due emisferi, sinistro e destro, del cervello umano. Tanto che il sogno del «gettare le reti a destra» potrebbe benissimo venir sognato oggi, e risultare del tutto attuale, anche a chi non conosca nulla della struttura dell'Albero della Vita.

Pietro, appena udì che quello era il Signore, si cinse ai fianchi la tunica, perché era nudo, e si gettò in mare. Gli altri discepoli invece vennero a riva con la barca.

Giovanni 21, 7-8

È strano – onirico, di nuovo – quel cingersi la tunica *prima* di gettarsi in acqua per raggiungere Gesù a nuoto. Non lo si può intendere alla lettera. Pietro nei Vangeli rappresenta sempre la Grande Chiesa; nel Vangelo di Giovanni «il discepolo che Gesù amava» rappresenta invece l'altro cristianesimo, quello gnostico, autonomo dalla Grande Chiesa di Roma. Il senso del racconto è qui che la Grande Chiesa riceveva in realtà le sue ispirazioni migliori proprio da quell'altro cristianesimo, con cui apparentemente era in contrasto. E Pietro «si cinge»: la Grande Chiesa amava i rituali; e si getta in acqua: la Grande Chiesa era coraggiosa, già agli inizi del II secolo si era gettata nell'acqua tempestosa delle tensioni con il potere imperiale e lì si dibatteva, nuotando e imponendosi sempre più, ai più alti livelli dell'amministrazione dello Stato (risalgono addirittura all'anno 96 le prime notizie di conversioni al cristianesimo da parte di membri della famiglia imperiale). Pietro, continua il narratore, contò poi i pesci pescati, «ed erano centocinquantatré grossi pesci»: la Grande Chiesa aveva ben organizzato la sua predicazione, i rapporti tra le varie diocesi, sapeva «contare» ciò che era suo.

Ma qui il tono onirico comincia già a trasformarsi in un altro tipo di racconto, non di miracoli, e diventa uno dei *dromena* di Gesù risorto, che esamineremo tra poco, e che non contrasta in alcun modo con le pagine più autentiche del Vangelo di Giovanni. È molto probabile che quel narratore di sogni, autore dei due episodi, fosse stato vicino all'evangelista, o personalmente o magari in spirito; e che le sue aggiunte fossero state soprattutto un gesto d'amore verso il suo Vangelo e verso di lui

Non così le altre aggiunte, quelle dei copisti-redattori della Grande Chiesa, dalle quali alita invece soltanto disagio.

I racconti di miracoli dei copisti-redattori

Nei loro interventi sul testo, i copisti-redattori della Grande Chiesa sono grossolani in tutto. Nell'inserire il racconto del miracolo di Lazzaro, uno di questi copisti-redattori scrisse – in una sintassi mal manovrata, da subito diversissima dalla semplicità giovannea:

> Era allora malato un certo Lazzaro di Betania, il villaggio di Marta e Maria sua sorella.
> Questa Maria era quella che aveva cosparso di olio profumato il Signore e gli aveva asciugato i piedi con i suoi capelli; suo fratello Lazzaro era malato.
>
> Giovanni 11, 1-2

Ma l'episodio in cui Maria cosparge di olio profumato i piedi di Gesù è narrato *dopo*, nel capitolo 12:

> Sei giorni prima della Pasqua, Gesù andò a Betania, dove si trovava Lazzaro, che egli aveva resuscitato dai morti. E qui fecero una cena per lui: Marta serviva e Lazzaro era uno dei commensali. Maria allora prese una libbra di olio profumato di vero nardo...
>
> Giovanni 12, 3

Nessun narratore potrebbe tollerare in una propria opera un passo che mostri tanto chiaramente la sua incompetenza nel dominare la sequenza temporale degli avvenimenti. E che non sia una «anticipazione» intenzionale, è ben evidente:

«Questa Maria era quella che aveva...» eccetera. Non è tentativo d'arte, è solo goffaggine nell'inserire un brano.

Non meno evidente e non meno goffo, nel racconto del miracolo di Lazzaro, è il tentativo di imitare la precisione delle osservazioni psicologiche che caratterizza in genere il Vangelo di Giovanni: i copisti-redattori riescono, qui, soltanto ad accumulare dettagli inutili e soprattutto continue ripetizioni. Il Gesù che essi così tratteggiano non ha d'altronde nulla a che vedere con il rabbì energico e scandaloso delle pagine precedenti e seguenti; si direbbe piuttosto un uomo vanitoso e crudele: quando apprende che Lazzaro è malato, rimanda apposta la partenza di due giorni, per lasciare che muoia – per apprestare cioè la propria *performance* (Giovanni 11, 6). È anche un Maestro ben strano: giunto a Betania ha insensate crisi di pianto all'udire che Lazzaro è morto e poi di nuovo davanti al sepolcro; e il copista osserva per ben due volte che Gesù era«sconvolto» (Giovanni 11, 33) e «profondamente agitato» (Giovanni 11, 33-38).

Quale grande verità può insegnare un uomo che si turba tanto profondamente davanti alla morte? E perché doveva piangere, se sapeva da tempo che Lazzaro era morto e che la sua resurrezione stava per avvenire? Questi pianti dovevano evidentemente servire, nelle intenzioni dei copisti-narratori, non tanto a dare un volto più umano al loro Gesù, quanto piuttosto a uno scopo dottrinario: a mostrare cioè l'avversione di Gesù per la morte e di conseguenza per tutto quanto il mondo naturale, di cui la morte è parte. Tale avversione concordava con la dottrina della Grande Chiesa, con i suoi tabù, con le sue ossessioni riguardo al male insito nella natura. Un evidente ossequio alla Grande Chiesa è anche il modo in cui Gesù usa qui le parole «io» e «fede»: dicendo «io» intende soltanto se stesso, ed esortando le sorelle di Lazzaro a «credere» parla proprio di quello *sforzo di credere* che veniva raccomandato ai cristiani romani (Giovanni 11, 26-40). Pochi istanti prima del miracolo, questo Gesù arriva addirittura a contraddire tutto ciò che ha insegnato fino a quel momento, riguardo al «credere» e al Padre:

> Padre, ti ringrazio che mi hai ascoltato. Io sapevo che mi dai sempre ascolto, ma dico questo per la gente che mi sta attorno, perché credano che tu mi hai mandato [...]
>
> Giovanni 11, 41-42

Nel Vangelo, Gesù aveva sempre insegnato che la fede, la *pistis*, è il criterio per entrare e orientarsi nell'Aiòn, nei superiori poteri dell'Io, e deve dunque precedere un miracolo, e non venirne prodotta, come Gesù farebbe intendere qui; e riguardo al Padre, Gesù insegna che l'Io e il Padre sono uno, che l'Io fa sempre ciò che il Padre vuole, e non viceversa. Da questo racconto risulterebbe invece che Gesù intrattiene una comunicazione riservata con il Padre, al quale può chiedere particolari favori, come qui, a vantaggio di alcuni suoi amici.

E in tale «favore» prodigioso nel miracolo stesso che qui viene narrato, non solo non vi è enigma che conduca dove che sia, ma vi è flagrante contraddizione. Tutto ciò che Gesù dice o fa nel Vangelo ha valore universale, è per tutti, riguarda tutti coloro che possono destare in sé l'Io: qui, invece, che significato può avere una simile vittoria ottenuta contro la morte, se poi tutti gli altri uomini e Lazzaro stesso moriranno comunque? E tutti, a cominciare dalla «gente attorno», sono qui esclusi, semplici spettatori di un essere divino che sembra avere solamente in se stesso «la resurrezione e la vita» e concederle con sorprendente avarizia – dato che nel Vangelo di Giovanni fa risorgere Lazzaro soltanto. Buffo è infine il dettaglio di Lazzaro che esce dal sepolcro «con i piedi e le mani avvolti nelle bende» (Giovanni 11, 44). Chi ha piedi e mani avvolti in bende non può uscire da un sepolcro, né camminando né strisciando. Se con questo dettaglio delle bende che impedivano i movimenti i copisti intendevano accentuare l'aspetto prodigioso della scena, il risultato è deprimente, da messinscena di attori girovaghi.

*

Un po' meno grossolano, ma solo perché più breve, è il racconto della guarigione del figlio del funzionario (Giovanni 4, 46-54). Anche qui all'inizio compare la traccia dell'inserzione: «Andò di nuovo a Cana di Galilea, dove aveva cambiato l'acqua in vino». La precisazione è superflua; quando narrano che Gesù torna in qualche luogo, gli evangelisti non precisano cosa vi aveva fatto quando c'era stato la volta precedente: qui invece il narratore tradisce il bisogno di *connettersi* al testo, appunto perché non vi è connesso affatto. Nel racconto, Gesù rifiuta dapprima il miracolo, lo fa sospirare, diciamo – proprio come nel caso di Lazzaro – e dice: «Se non vedete segni e prodigi, non credete», usando ancora la parola «credere» nell'accezione propria della Grande Chiesa. Poi finalmente accorda il miracolo, e il narratore nota con meraviglia l'efficacia della tecnica di guarigione a distanza: il figlio del funzionario, che è lontano, guarì proprio nell'ora in cui Gesù aveva detto che sarebbe guarito. Il lettore può trarne soltanto la conferma che Gesù avesse più poteri di altri uomini: che fosse dunque diverso da ogni altro uomo, e che ciò che insegnava e di cui dava l'esempio valesse dunque per lui e non per chiunque altro. Così predicò la Grande Chiesa, non certo Gesù nel Vangelo.

*

Questa differenza tra Gesù e chiunque altro, e il conseguente impulso *a venerarlo e non a mettere in pratica le sue*

135

parole, vengono ulteriormente evidenziati da una circostanza che accomuna i due racconti: sia il funzionario che Gesù incontra a Cana, sia Lazzaro sono persone *agiate* (il funzionario ha dei servi e Lazzaro era ben noto a Gerusalemme, secondo Giovanni 11, 19), e sia il funzionario sia Lazzaro «credettero» in Gesù, *ma non lo seguirono*. Continuarono ad abitare l'uno a Cafarnao e l'altro a Betania, limitandosi evidentemente a quel tranquillo culto della sua persona, che nei lunghi intervalli tra i periodi di persecuzione caratterizzava appunto aree sempre più vaste della popolazione agiata dell'impero romano, nel II e nel III secolo. Per il conforto di tale popolazione qualche presbitero a esse legato scrisse e aggiunse al Vangelo questi due miracoli, non soltanto mostrando indifferenza per l'insegnamento autentico del Vangelo, ma addirittura con l'intento di far passare quell'insegnamento in secondo piano, oscurandolo con la prodigiosità, con l'*inimitabilità* dell'immagine di un Gesù divino.

Le apparizioni

Chi scrisse il racconto del miracolo di Lazzaro è, a giudicare dallo stile e dal lessico greco, la stessa persona che inserì nel Vangelo il vacuo racconto delle due apparizioni di Gesù risorto ai suoi discepoli, a Gerusalemme.

Va detto d'altronde che anche in Matteo, Marco e Luca i racconti sui fatti che seguirono alla resurrezione di Gesù sono di livello assai inferiore, rispetto a quelli del periodo della sua predicazione. Sostanzialmente, dai racconti sul risorto non si capisce perché, a quale scopo Gesù fosse dovuto risorgere.

In Matteo, è solo per dare un appuntamento ai discepoli in Galilea (perché proprio in Galilea, non è detto) e, una volta giunti lì, Gesù si limitò a esortarli a predicare i suoi insegnamenti, il che aveva già fatto tanto spesso in vita (Matteo 28, 10.18 sgg.).

Secondo Marco, Gesù risorto apparve più volte ai discepoli, anche «sotto altro aspetto» (ma non è detto quale altro aspetto, né come) e nessuno dei discepoli credette a tali apparizioni; alla fine apparve ai discepoli e li rimproverò per non aver «creduto», e pose loro alcune strane condizioni:

Andate in tutto il mondo e predicate il Vangelo a ogni creatura. Chi crederà e sarà battezzato, sarà salvo, ma chi non crederà sarà condannato. E questi saranno i segni che accompagneranno quelli che credono: nel mio nome scacceranno i demoni, parleranno nuove lingue, prenderanno in mano i serpenti e se berranno del veleno non farà loro del male, imporranno le mani sui malati e i malati guariranno.

Marco 16, 15-18

Dopodiché «fu assunto in cielo e siede alla destra del Padre». Anche qui, sia lo stile sia la simbologia diventano grossolani: questo Gesù che rimprovera, promette condanne ed esige strampalate prove di fede non è il Maestro, è una figura vaga, che non riesce più, nella narrazione, a trovare altro contenuto all'infuori dell'ansia del prodigioso, alimentatasi nell'ambiente e nel periodo in cui venne redatta questa aggiunta a Marco.

Nel Vangelo di Luca i racconti sul risorto sono più numerosi, ma mantengono le stesse caratteristiche: Gesù apparve a due discepoli sotto altre spoglie, e per qualche sua ragione non si fece riconoscere se non dopo aver percorso con loro un lungo tratto di cammino (Luca 24, 13 sgg.). Comparve poi agli undici, e per dimostrare di non essere un fantasma mangiò in loro presenza «una porzione di pesce arrostito» (Luca 24, 42). Dopo mangiato spiegò loro alcune cose che aveva già spiegato prima di morire, li condusse fuori, verso Betania (perché verso Betania?), li benedisse e «mentre li benediceva si staccò da loro e fu portato verso il cielo. Ed essi, dopo averlo adorato, tornarono a Gerusalemme con grande gioia, e stavano sempre nel Tempio lodando Dio» (Luca 24, 50 sgg.). Gesù che si camuffa apposta, Gesù che mangia pesce arrosto, l'inutile passeggiata verso Betania e l'improvviso decollo verso il cielo, davvero, non lasciano altro da fare se non «adorare» un incomprensibile fenomeno semidivino e «stare sempre nel Tempio lodando Dio» – due cose che Gesù nel Vangelo raccomanda sempre esplicitamente di non fare.

*

I racconti sul risorto non potevano contare, evidentemente, su nessuna tradizione *autentica* dell'insegnamento di Gesù – sia che si intenda *autentica* come originaria, sia che si intenda autentica come veramente toccata dallo «Spirito di Verità». Sono sforzi religiosi e narrativi compiuti in confusi periodi di transizione, esprimono o smarrimento o oblio dello spirito dei Vangeli.

Così è anche nel racconto della duplice apparizione del risorto ai discepoli, nel Vangelo di Giovanni (20, 19 sgg.).

Il copista-redattore insiste qui (due volte, come suo solito) che Gesù non aprì la porta per entrare nella stanza in cui si trovavano i discepoli: passò attraverso le porte chiuse. La prima volta, ripeté (due volte) «Pace a voi!» e impose loro un compito sacramentale che nel vero Gesù avrebbe suscitato indignazione:

«A chi rimetterete i peccati saranno rimessi, e a chi non li rimetterete, non saranno rimessi».

Giovanni 20, 23

Tutto ciò che Gesù aveva insegnato riguardo ai peccati fa apparire questa frase come un sopruso. Inoltre

[...] alitò su di loro e disse: «Ecco, ricevete lo Spirito Santo».

Giovanni 20, 22

Il che suona addirittura grottesco, se lo si confronta ai precedenti discorsi di Gesù sullo Spirito. Durante la seconda apparizione, Gesù rimprovera il discepolo Tomaso per la sua incredulità, lo costringe stizzosamente a infilare le dita nelle ferite dei chiodi e non si calma fino a che Tomaso non esclama: «Mio Signore e mio Dio!» Segue un commento del copista-redattore:

Molti altri segni fece Gesù in presenza dei suoi discepoli, ma non sono stati scritti in questo libro. Questi sono stati scritti perché voi crediate che Gesù è il Cristo, il Figlio di Dio, e perché credendo abbiate la vita nel suo nome.

Giovanni 20, 30-31

In tono autoritario, brusco, al lettore viene nuovamente ingiunto di credere nel contrario di ciò che Gesù aveva predicato da vivo. Gesù aveva detto che ognuno può scoprirsi Figlio di Dio, e che l'Io è il vero Cristo in ognuno; qui tutto ciò è annullato: Gesù è l'unico Figlio di Dio e voi potete soltanto credere che lo sia, e rallegrarvi per lui.

Le ragioni delle aggiunte

È d'altro canto impossibile che interventi tanto pesanti sul testo si siano potuti compiere soltanto per un impulso creativo di alcuni scribi, o solo per «normalizzare» e avvicinare alle tendenze della Grande Chiesa il Vangelo di Giovanni: sarebbe stato infatti molto più comodo non includerlo in alcun canone di scritture sacre cristiane, bollarlo come «gnostico», se presentava l'insegnamento di Gesù in modo tanto inconciliabile con il cristianesimo romano – e se d'altra parte risultava così difficile emendarlo, data l'inettitudine degli scribi di allora. No: questo Vangelo doveva contenere qualche altro aspetto, per altri versi inammissibile dalle autorità della Grande Chiesa, e doveva trattarsi di un aspetto già noto a troppe comunità cristiane, perché fosse possibile cancellarlo semplicemente bandendo il libro che ne parlava. Inoltre, per la sua bellezza e straordinaria profondità, è verosimile che il Vangelo di Giovanni si andasse rapidamente diffondendo tra i cristiani e apparisse subito destinato a diventare un'opera fondamentale.

Alla Grande Chiesa si ponevano evidentemente due scelte: o respingere il libro di Giovanni, e privarsene perciò, e lasciare così che venisse usato come splendido testo sacro da altre correnti cristiane, che non temevano in esso quegli aspetti che la Grande Chiesa non poteva tollerare; oppure togliere dal libro, per quanto possibile, o manipolare come che sia, quegli aspetti talmente imbarazzanti. La Grande Chiesa scelse la seconda via, pur disponendo di *litterati* tanto mediocri. Ma il più imbarazzante di quegli aspetti si riconosce, e si può ricostruire ancora con buona approssimazione.

8

Maria Maddalena

> Il discepolo che Gesù amava era disteso in seno a Gesù.
>
> Giovanni 13, 23

Il discepolo che Gesù amava

Il Vangelo di Giovanni narra che durante l'ultima cena «il discepolo che Gesù amava era disteso in seno a lui» (*anakeimenos en to kolpo tou Iesou, recumbens in sinu Iesu*; Giovanni 13, 23).

Ma nelle versioni consuete quelle parole di Giovanni vengono tradotte: «si era trovato a fianco di Gesù», che significa tutt'altra cosa.

E quando poco dopo Gesù annuncia che uno dei Dodici lo tradirà, e Pietro fa cenno a quel «discepolo amato» di chiedere a Gesù chi sia il traditore, quel discepolo «si adagiò all'indietro sul petto di Gesù» (*anepesen epi to sthenos autou, recubuit super pectus eius*; Giovanni 13, 25) per domandarglielo; e le versioni consuete traducono abbastanza correttamente: «si reclinò così sul petto di Gesù». Ma questo «reclinarsi» o adagiarsi all'indietro sono comprensibili soltanto se le due persone erano appunto distese vicine, e non se si trovavano a fianco l'una dell'altra.

Per comprendere come mai a un brano tanto semplice sia toccata una traduzione tanto zoppicante, occorre tener presente che a quel tempo si cenava distesi su triclini, e i coniugi o gli amanti stavano distesi vicini – in quella tenera posizione del corpo leggermente piegato, accogliente, che il greco dice *en to kolpo* e il latino *in sinu*. Gesù era disteso, lì, accanto a una donna: lei era il «discepolo che Gesù amava» (il termine greco *mathetes*, «discepolo», non avendo il femminile poteva d'altronde venir riferito sia a un uomo sia a una donna, come l'italiano «medico») e l'evangelista usa questa espressione, «il discepolo che Gesù amava», non certo perché Gesù non amasse gli altri suoi, ma perché teneva evidentemente a sottolineare il carattere a sé stante di quell'amore *per lei*.

Ma questo non poteva in nessun modo venire ammesso dal cristianesimo, in cui già nel III secolo l'incomprensione per l'elemento femminile aveva generato un tabù abissale; alla metà del III secolo uno dei Padri della Chiesa, Origene, ne sviluppò una tale ossessione che lo spinse a evirarsi, tanto minacciato si sentiva dalla forza della donna. E il tabù ancor oggi dura. Per la Chiesa Gesù non poteva, ancor oggi non può aver avuto un'amante, una sposa.

E anche all'epoca di Gesù non dovette esser stato semplice. Narra il Vangelo di Giovanni che quando trovarono Gesù intento a parlare con la Samaritana i discepoli «si meravigliarono che si intrattenesse con una donna» (Giovanni 4, 27). Narra Matteo che quando Gesù spiegava che le norme del ripudio della moglie vanno contro il senso di fratellanza e di dignità della persona, i discepoli obbiettarono: «Ma se tale è il rispetto che l'uomo deve alla donna, è meglio non ammogliarsi!» (Matteo 19, 10). La donna era sentita come un essere infido, imprevedibile, pericoloso, da tenere sottomesso. Gesù anche in questo, evidentemente, volle infrange-

re una consuetudine, un limite di questo mondo. Luca lo no-
tava, senza commentarlo (o i suoi commenti vennero censurati dai copisti):

> Vi erano con lui i Dodici e alcune donne, che erano state
> guarite da spiriti malvagi e da infermità: erano Maria di
> Magdala, dalla quale erano usciti ben sette demoni, Gio-
> vanna moglie di Cusa, amministratore di Erode, Susanna
> e molte altre, che li assistevano con i loro beni.

Luca 8, 2-3

Non è un'annotazione marginale; all'epoca era una notizia
clamorosa, e anche il testo sconnesso lo dimostra: dice «alcune» prima, e «molte» poi – strana contraddizione. In ogni caso, «molte donne»: alcune ex indemoniate, e una, anche, che
per seguire Gesù aveva abbandonato il marito. Imprevedibile,
inaffidabile elemento femminile.

E d'altra parte, là dove per un timore del Noi alcuni vengono tenuti in sospetto, e subordinati o esclusi del tutto, avviene puntualmente che di questi ultimi qualcuno venga a trovarsi d'un tratto al di sopra del Noi stesso che lo emarginava.
Così è appunto nell'episodio del traditore svelato: lei, «la discepola che Gesù amava», fu in quel momento l'unica che
osò domandare a Gesù il nome del traditore, e solo a lei Gesù
lo disse. Lo disse a lei sola perché lei, una donna, non avrebbe
avuto la prontezza d'intervenire per fermare Giuda, mentre i
discepoli maschi se l'avessero saputo l'avrebbero fermato e
punito? È improbabile. Piuttosto – già l'abbiamo detto – lei
capiva e poteva sapere, lei era «il discepolo che Gesù amava»;
gli altri, i maschi, con i loro timori e tabù, no, non avrebbero
capito ancora; perciò non chiesero nemmeno. Lei sì.

Giovanni il Battezzatore l'aveva predetto, del resto (e «Tutto ciò che il Battezzatore aveva detto di lui era vero!» Giovanni 10, 41): aveva visto in Gesù l'immagine di uno «sposo»:

Chi possiede la sposa è uno sposo; e l'amico dello sposo, che è lì e lo ascolta, esulta di gioia alla voce dello sposo...

Giovanni 4, 29

«Sposo» della Chiesa, come potrebbe sostenere qualche teologo cristiano? No, non regge. Il Battezzatore – l'asceta! – parla qui del *coraggio* di possedere la sposa, di abitare davvero nel mondo: vede in Gesù un uomo che ha a tal punto superato le tensioni tra i due sessi da essere al tempo stesso un profeta e un amante affettuoso, con la stessa dolcezza e naturalezza dei patriarchi biblici, che avevano avuto tutti memorabili storie d'amore.

I discepoli di Gesù, a quanto pare, giunsero ad accettare questo suo essere anche «sposo», se a tavola davanti a loro lei stava distesa *in sinu Iesu*. Ma da nessun Vangelo risulta che avessero accettato lei.

Nel testo gnostico intitolato Il Vangelo di Maria (datato attorno alla metà del II secolo) la questione viene affrontata con forza: dopo la morte di Gesù, mentre i discepoli sono affranti e soprattutto impauriti al pensiero di dover predicare, Maria Maddalena prende la parola e li conforta.

E Pietro disse a Maria: «Sorella, noi sappiamo che il Salvatore ti amava più delle altre donne. Comunicaci le parole del Salvatore che tu ricordi, quelle che tu conosci e noi no: quelle parole che noi non abbiamo neppure udito».

Maria Maddalena accoglie la richiesta di Pietro, ma via via che parla l'agitazione cresce tra i discepoli, e alla fine Pietro stesso esclama:

«Il Salvatore ha forse parlato realmente in segreto e non apertamente a una donna, senza che noi lo sapessimo? Ci dobbiamo dunque ricredere tutti, e ascoltare lei? Forse che egli l'ha anteposta a noi?»

E Levi cerca di calmarlo:

«Tu sei sempre irruente, Pietro! Ora vedo che ti scagli contro la donna, proprio come fanno gli avversari. Se il Salvatore l'ha resa degna, chi sei tu per respingerla? Non c'è dubbio che il Salvatore la conosca bene. Perciò amava lei più di noi».*

Nel Vangelo di Giovanni fa eco a questo passo gnostico la perplessità dei discepoli che vedono Gesù intrattenersi con la Samaritana. Quanto agli «avversari» menzionati da Levi, è facile capire che il riferimento era alla Grande Chiesa – la Chiesa di Pietro, appunto – e alla sua ostilità per le donne.

Dove fu cancellata e dove non si riuscì

Nei Vangeli di Matteo, Marco e Luca, del «discepolo che Gesù amava» non è rimasta traccia – a eccezione di quella menzione della Maddalena ex posseduta, in Luca. Forse Matteo, Marco e Luca vennero scritti in ambienti più vicini alla Chiesa, almeno per quanto riguardava l'atteggiamento verso

* Vedi *I Vangeli gnostici*, a cura di L. Moraldi, cit.

le donne, o forse vennero censurati in modo più accorto; nel Vangelo di Giovanni invece le tracce sono rimaste, ben visibili, sotto i tentativi di cancellarle.

*

Significativamente, quasi tutti i principali interventi dei copisti-redattori si trovano, nel testo attuale del Vangelo di Giovanni, *accanto a riferimenti all'elemento femminile*.

Il primo intervento ben riconoscibile dei copisti-redattori è subito dopo il miracolo di Cana – il primo dei miracoli di Gesù, che egli compì durante un matrimonio e su insistenza, se non addirittura su ordine della madre. Anche l'inizio dell'episodio è d'altronde problematico:

> La madre di Gesù gli disse: «Non hanno più vino». E Gesù rispose: «Che importa a me e a te, donna? Non è ancora giunta la mia ora». Ma la madre dice ai servi: «Fate quello che lui vi dirà».
>
> Giovanni 2, 3-5

Che davvero si trattasse qui della madre, è infatti legittimo dubitare: in nessun Vangelo infatti Maria di Nazareth si mostra mai favorevole alla carriera di predicatore del figlio; negli altri Vangeli si dice anzi che tra Gesù e la madre doveva essere intervenuta una frattura, non si parlavano più (Matteo 12, 46 sgg.; Luca 8, 10 sgg.) e, secondo Marco, la famiglia di Gesù riteneva che fosse impazzito (Marco 3, 21 sgg.).

Probabilmente le parole «la madre» servivano a coprire un'altra figura femminile. E la funzione d'enigma, nel racconto intensamente simbolico del miracolo di Cana, si incentra proprio su questo intervento d'una donna: è grazie all'approvazione e alla cooperazione di lei che Gesù non solo trasforma in vino pregiato l'acqua destinata alle abluzioni ri-

tuali, ma «dà inizio ai suoi miracoli», e comincia a trasformare davvero l'«acqua» del vecchio culto e della vecchia spiritualità in qualcosa di ben più forte. E sullo sfondo, per di più,
c'è una festa di nozze: come a significare che Gesù – e con lui
ogni altro – trova in sé la forza di passare all'azione solamente quando l'elemento maschile e l'elemento femminile rag-
giungono in lui un'armonia e operano nella medesima direzione. E subito dopo interviene il copista-redattore:

> Così si manifestò la sua Gloria e i suoi discepoli credettero
> in lui. Dopo questo fatto andò a Cafarnao, con sua madre, i
> fratelli e i suoi discepoli e si fermarono lì solo pochi giorni.
>
> Giovanni 2, 12

«Credettero in lui» è infatti un'espressione della Grande
Chiesa. Questa annotazione non ha alcun senso, non è detto
cosa fece Gesù quella volta a Cafarnao: e appunto perciò suona falso, fa irresistibilmente supporre che qui il racconto in
realtà fosse diverso, e dovesse esserci qualcosa che urtava la
sensibilità della Grande Chiesa. Era veramente la madre di
Gesù? Già era difficile ammettere che a una donna si dovesse
l'esordio del Salvatore; se si fosse trattato semplicemente di
una donna sarebbe stato addirittura allarmante: mentre la Madre, la Vergine, già oggetto di un culto tabuizzante, sottratta
dalla sua sacra verginità a una piena identità sessuale, poteva
ancora essere tollerabile. Così, in contrasto con la tradizione
evangelica, si fece comparire qui una Maria di Nazareth sorprendentemente favorevole alla vocazione di Gesù.

L'ampio intervento successivo dei copisti-redattori, il miracolo non autentico del funzionario del re, è inserito subito
dopo l'incontro con la Samaritana.

L'inserto del miracolo di Lazzaro comincia con l'accenno
scoordinato a Maria di Betania che aveva unto con il balsamo
i piedi di Gesù.

147

L'inserto della duplice apparizione ai discepoli «a porte chiuse» viene subito dopo l'apparizione di Gesù risorto a Maria Maddalena.

E in ciascuno di questi inserti si avverte chiaramente, e tristemente, che qualche parte del testo è stata derubata, è scomparsa; ogni inserto dei copisti, nei Vangeli, è come una cicatrice.

*

Quanto al «discepolo che Gesù amava», per non ferire l'insofferenza della Grande Chiesa verso le donne, non dovette certo essere difficile manipolare il testo sostituendo il pronome maschile al pronome femminile là dove di quel discepolo si parlava. Ma alcune di queste sostituzioni si lasciano cogliere davvero in flagrante.

Così, il Vangelo di Giovanni precisa che sul Calvario vi erano soltanto donne ad assistere all'agonia di Gesù; ed è comprensibile, i discepoli maschi si tenevano a distanza per timore di venire anch'essi arrestati e immediatamente crocifissi insieme con il Maestro. Se qualcuno di essi ne avesse avuto il coraggio, sicuramente l'evangelista l'avrebbe nominato subito con ammirazione.

Stavano accanto alla croce di Gesù sua madre, la sorella di sua madre, Maria di Cleofa e Maria Maddalena. Gesù, vedendo dunque lì la madre e accanto a lei il discepolo che egli amava, disse alla madre: «Donna, ecco tuo figlio!» Poi disse al discepolo: «Ecco tua madre!» E da quel momento il discepolo la prese ad abitare con sé.

Giovanni 19, 25-27

Ma non c'erano discepoli maschi, lì, in quel momento; e la Maddalena è nominata immediatamente prima del riferimento al «discepolo amato», con il «dunque» (*oun*, *ergo*) a servire da nesso logico. La frase che Gesù disse alla madre doveva dunque essere: «Donna, ecco tua figlia», e alla Maddalena affidò la vecchia madre, prima di morire.

*

Due giorni dopo, Maria Maddalena giunse al sepolcro e lo trovò vuoto. Nel testo attuale del Vangelo l'episodio è narrato così:

Maria di Magdala si recò al sepolcro di buon mattino, quando era ancora buio, e vide che la pietra era stata ribaltata dal sepolcro. Corse allora e andò da Simon Pietro e dall'altro discepolo, quello che Gesù amava, e disse loro: «Hanno portato via il Signore dal sepolcro e non si sa dove l'abbiano messo!» Uscì allora Simon Pietro, e con l'altro discepolo andò al sepolcro. Correvano insieme tutti e due, ma l'altro discepolo corse più veloce di Pietro e giunse per primo al sepolcro. Chinatosi, vide le bende per terra, ma non entrò. Giunse intanto anche Simon Pietro, dopo di lui, ed entrò nel sepolcro e vide le bende per terra... Allora entrò anche l'altro discepolo, che era giunto per primo al sepolcro, e vide e credette [...]. I discepoli intanto se ne tornarono a casa. Maria invece rimase davanti all'ingresso del sepolcro e piangeva. Mentre piangeva, si chinò verso il sepolcro e vide due Angeli in bianche vesti.

Giovanni 20, 1-12

L'episodio, così narrato, è molto strano: è del tutto superflua la descrizione della corsa, e di Pietro più lento mentre l'altro discepolo è veloce; non aggiunge nulla al racconto la precisione eccessiva con cui viene riferito l'ordine d'ingresso nel sepolcro; e, viceversa, contrasta con tale eccessiva preci-

149

sione il silenzio sul ritorno della Maddalena al sepolcro: di lei è detto soltanto che andò da Pietro e che d'un tratto ricomparve, non si sa come, accanto al sepolcro, mentre gli altri erano andati via. È evidente che il testo fu manipolato: un narratore magistrale come Giovanni non si sarebbe smarrito qui al punto da non poter seguire le diverse linee di un racconto così semplice, tanto da dimenticarsi della Maddalena, che è qui il personaggio principale.

Come andò in realtà, secondo il testo del Vangelo prima che venisse manipolato? La Maddalena è al sepolcro all'inizio del racconto e lì è di nuovo alla fine. Da lì si allontana per correre da Pietro e lì torna con Pietro: lei era arrivata al sepolcro per prima, all'alba, vi aveva guardato dentro ed era corsa via. Pietro, condotto lì da lei, vi entra, e soltanto allora anche la Maddalena trova il coraggio di entrare, e comincia a capire. Poi Pietro torna a Gerusalemme, e lei rimane lì a piangere, e ha una visione. Così il racconto torna a essere coerente, e così doveva essere prima che i copisti-redattori vi intervenissero, inquietati dall'importanza che una donna vi assumeva, e non potendo ammettere in nessun caso che fosse una donna il «discepolo che Gesù amava». È addirittura facile ricostruire il probabile testo originale:

Maria di Magdala si recò al sepolcro di buon mattino, quando era ancora buio, e vide che la pietra era stata ribaltata dal sepolcro. Corse allora e andò da Simon Pietro e disse: «Hanno portato via il Signore dal sepolcro e non si sa dove l'abbiano messo!» Uscì allora Simon Pietro, e con la discepola che Gesù aveva amato tornarono al sepolcro. L'altra discepola era giunta per prima al sepolcro, quel mattino: chinatasi, aveva visto le bende per terra, ma non vi era entrata. Vi giunse ora con Simon Pietro, e lui entrò nel sepolcro e vide le bende per terra... Allora entrò anche la discepola, che era giunta per prima al sepolcro, e vide e cominciò allora a capire... Pietro tornò verso casa. Maria invece rimase davanti all'ingresso del sepolcro e piangeva. Mentre piangeva, si chinò verso il sepolcro e vide due Angeli in bianche vesti.

E così via.

Il Graal e gli gnostici

Nelle storie sacre, come anche nei sogni, è d'altronde impossibile censurare o manipolare, reprimere cioè qualche elemento, senza che questo elemento represso riemerga per altre vie – o producendo altre storie e sogni, o determinando un disagio psichico e spirituale tanto più forte, quanto più urgente era sembrata la necessità di reprimerlo. Ed entrambe le cose avvennero anche nel caso della *discepola* che Gesù amava.

Da un lato, dalla follia di Origene in poi l'incapacità della Grande Chiesa di comprendere l'elemento femminile nel Vangelo – e *quindi al contempo in ogni individuo* – produsse com'è noto molte forme di nevrosi ossessive e fobiche, più o meno gravi e tutte molto diffuse tra i fedeli; alcune, particolarmente pericolose, vennero addirittura istituzionalizzate a lungo, come la persecuzione delle streghe, o le clausure.

D'altro lato, e al tempo stesso, la figura della Maddalena dispiegava per altre vie il suo immenso contenuto *creativo*, che nel cristianesimo ecclesiastico non poteva trovare espressione. E tale contenuto diveniva sempre più intenso. Dalla tradizione ebraica confluì in lei, innanzitutto, la potente, antichissima struttura mitica della Shekhinàh, lo Spirito femminile della «presenza divina» nel mondo, vero e proprio Volto femminile di Dio.

Secondo la tradizione ebraica, la Shekhinàh era l'immagine della dolce sollecitudine di Dio per l'uomo, l'accesso all'umanità di un vivificante amore celeste – e nell'umanità esso poteva perdersi, i guasti di questo mondo potevano far sì che i poteri del male se ne impadronissero. Secondo Luca, Gesù aveva «scacciato sette demoni da Maria Maddalena»; secondo la tradizione cristiana (da Gregorio VII in poi) è Maria Maddalena la donna «impura» che bacia e bagna di lacrime i piedi di Gesù, e che Gesù riscatta spiegando che lei ha più energia d'amore di chi la disprezza.

Il che non significa che gli evangelisti o le comunità cristiane fossero ricorsi *consapevolmente* alla struttura mitica della Shekhinàh, adoperandola per arricchire la propria spiritualità, più o meno così come la Grande Chiesa adoperò le forme cultuali della religione romana per arricchire i propri rituali.

Nessuna utilizzazione consapevole di un mito regge mai per più di qualche decennio. I miti, le storie sacre, hanno bensì un loro destino, autonomo dal consapevole intento degli individui. I contenuti profondi della Shekhinàh poterono confluire nell'immagine della Maddalena, per due ragioni: in primo luogo, perché la spiritualità del Giudaismo si era impoverita, vicende storiche e politiche avevano determinato nel I secolo una fase di vera e propria depressione spirituale, come anche Gesù rileva più volte nei suoi discorsi, e come dimostrò del resto la rapidità con cui il movimento cristiano prese piede in tutta la Palestina; per le strutture mitiche, e in particolare per una struttura mitica «alta», come era appunto la Shekhinàh, non vi era allora alimento sufficiente nella tradizione d'Israele – mentre poteva trovarsene in abbondanza in un movimento nuovo, *in statu nascendi*, come era appunto quello originato dalla predicazione di Gesù.

In secondo luogo, se la Shekhinàh e la Maddalena mantennero e consolidarono, con il passare del tempo, la loro fusione, fu per un'analoga ragione in ambito cristiano. Nella Grande Chiesa, così misogina, ogni valore psichico o spirituale in grado di alimentare questa immagine di *donna* (e non di Vergine tabuizzata) era sistematicamente represso – e acquistava dunque tanta maggiore forza mitica. Tanto più la Maddalena accresceva la sua vitalità, quanto più la Grande Chiesa tentava di ridurne il ruolo; e alimento del suo mito divenne proprio quell'altra componente spirituale del cristianesimo, di cui la Grande Chiesa voleva rapidamente e definitivamente liberarsi: la componente ebraica – sempre più imbarazzante e pericolosa in una Roma in cui, sotto Tito e Adriano soprattutto, la tensione antisemita era divenuta proverbiale.

Già prima dei Vangeli, questo rinnovato destino della Shekhinàh si era annunciato nella vicenda di Simon Mago, uno dei primi epigoni palestinesi di Gesù e fondatore di una delle prime sette cristiane, che durò fino alla metà del II secolo: i seguaci del Mago davano grande importanza al fatto che egli avesse come compagna Elena, una prostituta da lui redenta.

Nei Vangeli, divenne Maddalena. E la sua storia varcò il mare. La Shekhinàh, secondo il Talmud, segue sempre il popolo eletto in ogni suo esilio, così come segue sempre ciascuno, anche in ogni errore ed esilio da se stesso (il che ha lo stesso significato delle parole del padre nella parabola del figlio prodigo «ma tu sei sempre con me e ciò che è mio è tuo», Luca 15, 31; la Shekhinàh è appunto questa perenne condivisione divino-umana). E nella Diaspora, dopo la distruzione di Gerusalemme, quando sia gli ebrei sia i cristiani palestinesi si stabilirono sulle altre rive del Mediterraneo, la Maddalena-Shekhinàh era con loro. Secondo la tradizione cristiano-ecclesiastica la Maddalena lasciò la Palestina dopo la morte di Gesù, approdò in Provenza e lì visse a lungo, eremita sulla collina della Sainte-Baume, dove morì in tarda età, assistita dal vescovo Massimino, poi beatificato.

Secondo altre tradizioni cristiane Maria Maddalena giunse

in Provenza con i figli avuti da Gesù, e da quei figli procedette la dinastia del «San-Graal», ovvero *Sang-Real*, «sangue regale», la discendenza del re dei re, in cui vollero identificarsi la dinastia Merovingia e i re di Settimania (Narbona). Negli ulteriori sviluppi di questa vicenda mitica, il San-Graal si cristallizzò tutto quanto nella sua formula simbolica, perdendo l'elemento femminile e riducendosi a un oggetto: il «Graal», la coppa che aveva raccolto il sangue di Cristo – e come tale comparve nei racconti della Tavola Rotonda, nella storia di re Artù che abbandonato dalla donna amata perde ogni vigore, e ha bisogno del Graal per ritrovarsi. In origine, nel mito, la donna amata e il «San-Graal» erano state tutt'uno – nella Maddalena stessa. Artù può forse raffigurare la Chiesa, che senza l'elemento femminile si avviava a un fatale impoverimento interiore? Il mito – un po' come la fede di cui parla Gesù – ha sistemi di connessione più ampi e profondi di quegli stessi individui che lo avvertono, e ascoltandolo e rinarrandolo contribuiscono a crearlo. Più avanti nei secoli, il mito e la storia si intrecciarono d'un tratto, quando quell'elemento femminile ispiratore e rinvigorente andò a nutrire la vicenda di Giovanna d'Arco – estrema incarnazione illegittima, lei pure, della Shekhinàh maltrattata.

Alla connessione tra la fase originaria palestinese del mito della Maddalena-Shekhinàh e questo ampio sviluppo in area celtica, si situa il contributo determinante che vi diedero gli gnostici di Provenza: qui, su entrambi i lati del Rodano, erano fiorite nel II e III secolo varie correnti di *haereses*, «eretici» appunto, gnostici, aspramente denunciate dal vescovo Ireneo di Lione nei suoi trattati.

C'è tra di loro gente che si abbandona senza freno ai piaceri della carne, sostenendo che bisogna dare le cose carnali ai carnali, e le cose spirituali agli spirituali; e alcuni corrompono segretamente le donne, alle quali insegnano le loro dottrine, e spesso donne ingannate da essi e poi convertite alla Chiesa di Dio hanno confessato questa colpa, insieme con tutti gli altri loro errori; altri, messo da parte ogni pudore, ostentano addirittura le loro sregolatezze e sposano le donne che amano, e che hanno magari tolto ai loro mariti; altri infine, dopo un inizio pieno di riserbo, han finto dapprima di abitare con queste donne come con delle sorelle, e si sono poi traditi da sé, poiché si è scoperto che la cosiddetta sorella era incinta del cosiddetto fratello.

Adversus haereses (*Contro gli eretici*), I 6, 3

Impossibile non pensare a Luca, a «Maria di Magdala, dalla quale erano usciti ben sette demoni, Giovanna moglie di Cusa, amministratore di Erode, Susanna e molte altre, che li assistevano con i loro beni...» A un vescovo della Grande Chiesa, come sant'Ireneo, l'assenza di prevenzioni degli gnostici verso le donne doveva necessariamente apparire come l'indizio di «sregolatezze» d'ogni genere.

Gli gnostici, l'abbiamo visto nel Vangelo di Tomaso, ritenevano la Maddalena il discepolo migliore, il discepolo amato da Gesù, la autentica depositaria della verità del suo insegnamento. La tradizione popolare celtico-cristiana parla dei figli che la Maddalena aveva avuti da Gesù, attesta che erano con lei in Provenza: non è difficile vedere in quei «figli», in quel *Sang-real*, il reale, legittimo futuro dell'insegnamento dell'Io, che nella Grande Chiesa si era perso; e in tutte quelle donne appassionate e incinte che Sant'Ireneo vedeva o immaginava nelle comunità gnostiche, il timore nei riguardi di quel futuro.

Lì, in Provenza, si andava formando indubbiamente in quel tempo un *Sang-real* della spiritualità ebraico-cristiana, che per secoli continuò poi a rigenerarsi e produsse frutti in quella stessa area, dal Passo della Maddalena alla Catalogna, con gli gnostici dapprima, poi con la Kabbalah e il catarismo – che dagli gnostici trassero tanti elementi, se non ne derivarono addirittura molti loro aspetti. E proprio come lo gnosticismo, anche i catari e la Kabbalah rimasero sempre agli occhi della Chiesa di Roma quegli altri, inopportuni «discepoli più amati» dalla Verità, dai quali la strada di Pietro si era divisa.

La doppia identità del discepolo che Gesù amava

Questi miti della Maddalena trovano una diramazione quasi speculare nelle leggende cristiane sul «discepolo amato» identificato dalla Grande Chiesa nell'evangelista Giovanni.

Alla fine del Vangelo i copisti-redattori annotano infatti:

E lui è il discepolo che rende testimonianza di questi fatti e che li ha scritti; e noi sappiamo che la sua testimonianza è vera.

Giovanni 21, 24

«Costui» era per loro il discepolo Giovanni. «E lui è il discepolo che ha scritto, e *noi* lo sappiamo»: già per il tono, un'affermazione tanto ottusamente perentoria sembrerebbe fatta apposta per suscitare dubbi in qualsiasi mente equilibrata. Per di più, come immaginarsi che un uomo tanto preso di sé, al punto da definirsi senz'altro «il più amato», avesse potuto scrivere un Vangelo degno di considerazione? Nutriva astio per i confratelli da sminuirli così parlando di sé? Prima di insegnare ad altri, un uomo simile avrebbe senza dubbio dovuto consolidare molti aspetti della propria personalità.

No, una simile identificazione non può considerarsi né vera, né come il prodotto di un'immaginazione collettiva. Venne costruita, e porta impressa nella sua mancanza di purezza tutta l'inquietudine che spinse a costruirla – di contro a un Vangelo che non la confermava in alcun modo. Osserviamo da vicino questa inquietudine.

Del presunto apostolo-evangelista la tradizione cristiano-ecclesiastica narra che prese con sé la madre di Gesù: a lui infatti – secondo tale identificazione tradizionale – Gesù dovette dire dalla croce «Questa è tua madre», indicandogli Maria. Visse con lei nell'isola di Pathmos, e a Efeso. Fu dunque l'unico degli apostoli ad avere una donna accanto a sé – l'unico in grado di convivere con l'elemento femminile. Degli altri Dieci apostoli si narra che vissero sempre soli e casti, dopo che il Cristo fu asceso al cielo.

Se si trattasse di un dato biografico, questa devozione dell'apostolo-evangelista alla madre del Maestro avrebbe mostrato soltanto il suo buon cuore. Ma un mito non è una biografia, un santo evangelista e la Vergine sono figure mitiche; e nel mito, come nei sogni, «accanto» non vuol dire solamente «accanto». L'evangelista con accanto la madre di Gesù sono due volti che la tradizione della Grande Chiesa diede a un suo incubo: alla compresenza, all'interazione di elemento maschile e di elemento femminile nel Vangelo – nell'origine stessa, cioè, di quel che nella Grande Chiesa era divenuto una religione.

In quale misura fosse un incubo, l'abbiamo visto. Questa religione della Grande Chiesa non aveva ancora la capacità, la profondità necessaria per comprendere le dinamiche dell'interazione tra i due sessi; l'elemento femminile la terrorizzava. Promanava dal Vangelo di Giovanni con una forza che, evidentemente, le censure operate sul testo non bastavano ad arginare: e su questa forza vennero applicati i volti della Vergine e del buon apostolo, come per esorcizzarla – allo stesso modo in cui si erigevano templi cristiani sui luoghi sacri dei precedenti Dei, per frenarli e respingerli giù.

Che fosse un incubo, e un incubo potente, lo dimostra il formarsi delle altre leggende cristiane, provenzali, speculari a questa: Maria Maddalena con accanto Massimino vescovo, e Maria Maddalena con accanto i figli di Gesù. Anche in queste coppie mitiche assistiamo a una ricerca di volti che potessero definire la forza maschile-femminile dell'origine prima del cristianesimo. E in questi volti e tentativi di definizione si muovono le stesse tessere di mosaico che riconosciamo nella coppia Giovanni evangelista-Maria di Nazareth: una donna amata, una donna che sapeva, una madre, una donna con accanto un uomo che la aiutasse, un uomo scriveva accanto a lei, da lei traeva sapienza, da lei era nato Gesù, da lei veniva la discendenza di Gesù...

I miti spesso somigliano a composizioni di tessere di mosaici il cui vero disegno continua a sfuggire. Se si confrontano, per esempio, taluni racconti della *Genesi*, come *'ish* e *'isha* («Adamo ed Eva»), Noè, Giuseppe Egizio, con i miti greci di Orfeo ed Euridice, di Deucalione re di Tessaglia, di Bellerofonte, si scorgono bene i medesimi gruppi di tessere, che ebrei e greci ricomponevano ciascuno a suo modo, tentando di individuarne i mosaici originari. È un gioco bellissimo, e di solito riesce quando ci si accorge che una parte delle tessere sono in realtà specchi in cui le altre si riflettono: ponendole accanto e riconoscendo che l'immagine in esse è una sola, il mosaico originario – cioè l'autentico contenuto del mito – comincia a prendere forma. Così avviene in particolare in ogni mito in cui compaia una coppia: in realtà sono un'immagine sola: *'ish* e *'isha* sono un unico *'adam*, e così Orfeo ed Euridice, e Bellerofonte e Pegaso. Caino e Abele sono uno. E così Castore e Polluce, e via dicendo. Ciò che ha fatto sì che uno diventasse due, era stata l'incapacità della coscienza di cogliere la grandezza o la novità di quell'uno – perché in esso coesistevano due aspetti che la coscienza aveva bisogno di considerare contrapposti, come l'elemento umano e quello divino nella coppia Castore e Polluce, o come l'elemento razionale e quello irrazionale nella coppia Bellerofonte e Pegaso. Così è anche nei miti formatisi su quella forza femminile tanto ingombrante nel cristianesimo. La figura era una sola: la Maddalena e il vescovo erano lei sola, lei per gli gnostici era un'autorità; la Maddalena e la discendenza di Gesù erano lei sola, lei per gli gnostici era la discendenza, l'erede di Gesù; e l'evangelista e Maria erano, ancora una volta, lei sola – ma non la Vergine Maria, imposta lì in funzione esorcizzante, bensì Maria Maddalena, donna, e «madre» della vera immagine di Gesù e del suo Vangelo.

La coscienza della Grande Chiesa non poteva sopportarlo: era già impossibile che una donna insegnasse, e lei avrebbe insegnato addirittura un Vangelo! «Forse che Gesù l'ha anteposta a noi?» come fa dire a Pietro il Vangelo di Tomaso. Così la figura di lei si scisse, andò in pezzi, nella tradizione cristiano-ecclesiastica.

Il giovane Giovanni

Che sia stata Maria di Magdala a scrivere materialmente il Vangelo e che la sua opera fosse sopravvissuta intatta per quasi un secolo prima di diffondersi, è molto improbabile: se fosse stata lei, ebrea, mai avrebbe scritto che «in ebraico» *golgotha* significa «cranio» (Giovanni 19, 17), dato che *golgotha* è una parola aramaica e l'ebraico non era parlato ai tempi di Gesù; né avrebbe detto che Betania era «oltre il Giordano» (Giovanni 1, 28), dato che Betania era trenta chilometri *al di qua* del Giordano, rispetto a Gerusalemme – e Gerusalemme era, come Roma per l'Impero, il centro da cui ci si orientava nella geografia della Palestina. Ma molto lascia pensare che la fonte, o almeno la tradizione alla quale questo Vangelo risale sia da far risalire veramente a lei, «che il Maestro amava più di noi»: «Madre» – come appunto emerge dall'immagine mitica –, madre spirituale di chi materialmente provvide alla stesura del Vangelo detto di Giovanni.

Come influsso materno, fu indubbiamente forte. Il Vangelo di Giovanni è intensamente femminile.

Fin dal Prologo, dove dice:

> [...] e allora sono nati non dalla loro stirpe,
> né dalla volontà della forma esteriore
> o *dal volere del maschio*,
> ma da Dio stesso [...].
>
> Giovanni 1, 13

Come suonano strane, femminili appunto, le parole «dal volere del maschio» (*ek thelematos andros*, *ex voluntate viri*), invece di un più semplice «dal volere dell'uomo» (*ek thelematos anthropou*, *ex voluntate hominis*). E i maschi nel Vangelo di Giovanni sono tutti ottusi, deboli, malvagi, malati o vili. Con i maschi, Gesù non riesce mai a conversare in modo soddisfacente; l'unica che sappia ascoltarlo fino alla fine e porgli domande sensate, è la Samaritana; a spingerlo ad agire è all'inizio una donna, forse non la madre; accanto a lui nel momento della morte vi sono soltanto donne; a una donna, alla Maddalena, appare e parla dopo la resurrezione, prima che agli altri discepoli maschi. Da una donna, Maria di Betania, riceve l'unica dimostrazione di appassionato amore, l'unzione dei piedi – che subito un maschio, Giuda, critica acidamente (Giovanni 12, 4-5). E chi sa capirlo, e parlargli sempre, è quel «discepolo che Gesù amava», di nuovo lei, la Maddalena.

E in questo Vangelo molto più che negli altri, Gesù parla di «amore» e «amore appassionato» (*agape*). Mentre negli altri Vangeli le nuove leggi di Gesù sono decine, in questo Vangelo è una sola: «amatevi intensamente gli uni gli altri» (Giovanni 15, 12). Nessuna ricerca di disciplina, di norme: se una donna avesse dovuto immaginare un movimento spirituale, così l'avrebbe immaginato.

E anche per sé e per il proprio insegnamento Gesù non chiede altro, in questo Vangelo, se non quell'appassionato amore che per lui è tutt'uno con Dio stesso, e con l'Io dell'uomo. Anche a Pietro chiederà questo amore, ma invano, per tre volte, sul lago di Tiberiade, in un passo che già la versione latina rese irriconoscibile e che nelle versioni consuete è più irriconoscibile ancora:

«Simone di Giovanni, mi ami più di costoro?» Simon Pietro gli rispose: «Sì, Signore, tu lo sai che ti amo».

Giovanni 21, 15

Ma nel testo era:

«Simone di Giovanni, mi ami più di costoro?» Simon Pietro gli rispose: «Signore, sì, tu lo sai che ti voglio bene»...

Agapas me? domanda infatti Gesù; *philo se*, risponde Pietro. *Agapao* in greco indica l'amore di un amante, *philo* l'affetto di un buon amico. E così due volte Gesù domanda e Pietro risponde, di delusione in delusione; e poi:

[...] gli disse per la terza volta: «Simone di Giovanni, hai dunque molto affetto per me?» Pietro rimase addolorato che questa terza volta gli dicesse soltanto «Hai dunque molto affetto per me?» e disse: «Signore, tu sai tutto, tu lo sai che io ho, sì, molto affetto per te». Gli rispose Gesù: «Perciò pasci le mie pecorelle».

Giovanni 21, 1

Pietro non sa dare più di questo, il suo animo è altrove, la sua ambizione era soltanto di «pascere le pecorelle di Gesù». Il riferimento, nel testo greco, era ancor sempre alla Grande Chiesa, incapace, secondo questo Vangelo, di provare vero amore per l'Io e la Verità: e nel denunciare ciò, l'immagine che il testo dava al lettore era quella della profonda solitudine di un uomo generoso, in un mondo di maschi intorpiditi dai loro conflitti e dai loro bisogni di potere. Non che occorra necessariamente essere una donna o un seguace di una madre spirituale, per veder le cose in questo modo. Ma il testo aggiunge che Pietro, subito dopo il suo dialogo con Gesù, si voltò inquieto, e vide lì il «discepolo che Gesù amava» – lei – a cui Gesù annunciava un futuro immenso, che durerà «fino a che l'Io arrivi» (Giovanni 21, 22).

In contrasto con un discepolo maschio tanto limitato, l'evangelista aveva bisogno di porre ancora una volta una figura femminile, confortante, radiosa. E che poi quest'altro «discepolo che Gesù amava» dovesse rappresentare nel Vangelo l'altro cristianesimo contrapposto a quello romano, non toglie nulla a tale contrapposizione: dato che l'altro cristianesimo era appunto a così forte componente femminile.

*

È impresa vana, certamente, ed è solo un passatempo, cercare nelle parole del Vangelo più o meno sottili probabilità di scorgere l'immagine vera dell'autore delle frasi. E non occorrerebbe nemmeno: solo il testo conta, e il suo *sacrum*. Ma in un testo il *sacrum* prende forma, diventa una realtà psichica che investe e abita l'animo e la mente dei lettori; e di questa sua realtà, la tradizione cristiana si è sempre imposta di cogliere soltanto l'elemento maschile: e ciò le ha permesso di comprendere il testo stesso solo in parte – come d'altronde era sua intenzione – in troppo piccola parte.

Perciò riconoscere l'elemento femminile di questo Vangelo è invece indispensabile – tanto quanto capire di quali strumenti dispone un'orchestra quando la si ascolta.

È, questo, il Vangelo dell'intuizione e del sentimento, in essi il *sacrum* si esprime qui. È tutto slancio, coraggioso, provocatorio: sia Gesù nei discorsi, sia l'autore nelle sue narrazioni detestano – e deridono – più ancora di quanto accada negli altri Vangeli le autorità spirituali del tempo di Gesù e di ogni epoca, i sapienti, i farisei benpensanti, il Sinedrio e i suoi servi. Mostrano addirittura le guardie del Tempio talmente paurose, pur nelle loro corazze, da cadere a terra inciampando gli uni negli altri, al solo udire Gesù che dice: «Sono io» (Giovanni 18, 6). E ogni volta che attaccano la religiosità del Giudaismo, i discorsi di Gesù attaccano scopertamente, di nuovo, anche la Grande Chiesa, con determinazione costante e con totale indifferenza per le conseguenze a cui il libro, a causa di questi attacchi, sarebbe andato incontro.

Troppo improbabile che questo evangelista fosse invecchiato nel cristianesimo, al punto da ricevere da una diocesi l'incarico di redigere un Vangelo. Non cercava sicuramente autorità, potere tra i cristiani. Era un *outsider*. Nell'iconografia, qualcosa impedì sempre ai pittori di dipingere l'evangelista Giovanni con la barba: appare sempre così giovane. Incontrollabile e pericoloso, come i giovani lo sono, e come le donne.

E infatti non parlava in pubblico – come all'epoca non parlavano in pubblico i giovani, e le donne. Questo lo si può affermare con sicurezza: chiunque abbia scritto i discorsi di Gesù in questo Vangelo, non aveva idea di cosa significasse rivolgersi a gruppi di persone. Entra infatti più e più volte in discorsi ampi e densi come foreste – e qui soprattutto si sente la sua gioventù, nell'ansia di dire tutto insieme, nell'indifferenza sia per le regole retoriche, sia anche per gli equilibri strutturali del racconto, che nessun altro autore della sua epoca sa interrompere e dimenticare con altrettanta disinvoltura. È come se avesse in mente

163

un'altra forma d'arte, diversa da quelle che le parole rendono possibili: come se con milleseicento anni di anticipo avesse immaginato la musica sinfonica, e avesse cercato di plasmarla in parole. Discorsi di trenta e più versetti; centootto i versetti del discorso dell'ultima cena: in un incessante procedere e inanellarsi dei ragionamenti di Gesù, con poche, brevissime metafore o similitudini che permettano alla mente di riprendere fiato – a differenza degli altri Vangeli, che in metafore e parabole abbondano abilmente, ad agevolare l'attenzione e la memoria di chi legge. I discorsi di Gesù in questo Vangelo non si ascoltano, come discorsi che vogliano persuadere o argomentare: ci si perde in essi, nelle loro strane involuzioni a spirale, e via via che ci si perde in essi *li si diventa*. È un effetto che l'autore raggiunge con grande maestria: quanto più cerchi, in quei discorsi-foreste-sinfonie, di trarne una sintesi, tanto più smarrisci il confine tra ciò che hai letto e ciò che hai pensato leggendo. È il contrario della razionalità della retorica, è una comunicazione «senza misura», impaziente e irregolare.

Era un giovane.

E cosa voleva? Come voleva che la sua «Madre», il suo «discepolo che Gesù amava» tornasse a vivere sempre tra i cristiani «fino a che l'Io arrivi» (Giovanni 21, 22)? In nessun modo preciso. Così come Luca poneva a modello del lettore, all'inizio del suo Vangelo, Maria bambina che non ha nessun passato, allo stesso modo il giovane Giovanni, alla fine del Vangelo suo, lascia che l'immenso futuro del discepolo da seguire sia aperto, vuoto, libero. Pietro e la Grande Chiesa si perderanno, volendo guidare altri e guidati da altri «dove tu non vuoi» (Giovanni 21, 18). Nessuna guida, nessuna indicazione che limiti. Se il Vangelo ha senso – sembra pensare il giovane Giovanni – lo ha proprio perché spiega all'uomo non come deve essere, ma come realmente è. E per essere se stessi non occorrono né formule né Chiese. Solo il coraggio di accorgersi come davvero «senza misura» sia tutto ciò che essendo se stessi si conosce e si vive.

PARTE SECONDA

Il Vangelo di Giovanni

La traduzione del Vangelo che do qui non può essere definita filologicamente rigorosa. Nelle mie intenzioni, è di più: elimina dal testo le incrostazioni di cui ho parlato all'inizio, spiega i termini che il Vangelo usa, scioglie le involuzioni sintattiche là dove si incontrano, e utilizza un linguaggio in tutto e per tutto comprensibile oggi – così come lo era il greco neotestamentario nel II secolo.

Nondimeno, non è una «traduzione libera». Non ho tralasciato una sola parola del testo: al contrario, per chiarire meglio alcuni termini o passaggi è stato necessario, a volte, aggiungere parole che nel testo non ci sono – il lettore le riconoscerà facilmente, confrontando questa traduzione con una qualsiasi delle versioni consuete del Vangelo. E di nessuna parola ho dato una traduzione di cui non avessi spiegato le ragioni nelle pagine precedenti.

Così, per esempio, nell'Introduzione ho illustrato estesamente i motivi per cui ogni volta che Gesù dice «io» sia opportuno leggere «l'Io».

E ogni volta che compare la parola «credere» l'ho tradotta con «capire» o «capire secondo l'Io», appunto perché la fede, la *pistis* di cui parla Gesù, non ha nulla a che vedere con l'attuale «fede» come la si intende nel cristianesimo, ma indica una forma di intelletto superiore, che permette di comprendere in modo nuovo, potenziando e non accantonando la ragione.

Quanto agli errori di traduzione che compaiono nella maggior parte delle versioni consuete in lingue moderne (come per esempio «Che c'è tra me e te, donna?» mentre nel testo greco e latino è scritto «Che importa a me e a te, donna?» in Giovanni 2, 3), ho preferito per lo più non dilungarmi nel commentarli. Anche questi, il lettore potrà riconoscerli subito confrontando la mia traduzione con quelle in suo possesso. Personalmente, nel parlare delle «versioni consuete» ho fatto riferimento alle già citate Versioni Ufficiali della Conferenza Episcopale per Uso Liturgico (*La Sacra Bibbia*, Versione Ufficiale C.E.I., Roma 1996), e alla Oxford Standard Revised Edition.

1. A fondamento di tutte le cose c'era la parola
   e la parola era davanti a Dio, tra l'uomo e Dio,
   e anche Dio era soltanto la parola Dio.

2. Questo era il fondamento di tutto, davanti a Dio.

3. E una cosa cominciava a esistere solo quando una parola la
   indicava, e senza la parola non poteva esistere nulla di ciò
   che esiste.

4. E la vita era la parola vita.
   Ma la vita era la luce, per gli uomini.

5. E la luce splende sempre nel buio,
   il buio, per quanto grande sia, non può comprimerla.

6. (*Vi era un uomo, di quelli che sentono che l'Io proviene da Dio,
   e il suo nome era Giovanni.*

7. *Era di quegli uomini che vengono per farci accorgere della luce,
   perché tutti possano cominciare a capire nella luce.*

8. *Ma non sono essi stessi la luce: solo, esistono per farci accorgere
   della luce.*)

9. Vi era la luce della verità,
    che illumina ogni uomo che viene in questo mondo.

Nelle versioni consuete il Prologo appare molto più complicato: le versioni consuete sono costruite sul presupposto che Gesù stesso dovesse essere questa «Parola» (*logos*, *verbum*), nel senso di Parola rivelatrice di Dio, personificata e incarnata. Le versioni consuete cercano perciò di far sembrare un inno ciò che l'evangelista dice qui della «parola».

Ma Gesù nei Vangeli non dice mai di aver fatto esistere il mondo, come è detto qui al verso 3.

Sicuramente l'evangelista parla qui di una parola che genera realtà: e ricalca esplicitamente l'inizio della *Genesi*: comincia dicendo *En arkhe* (*in principio*): anche la versione greca della Bibbia già allora in uso tra gli ebrei della Diaspora cominciava così; e quel *En arkhe* ha qui il significato sia di «All'inizio» sia di «A fondamento di tutto», proprio com'era secondo la tradizione ebraica. Ma poi la «parola» viene esplicitamente *contrapposta* alla «luce»: e l'evangelista *reinterpreta* il racconto della Creazione: vuol superarlo e dargli un seguito – come d'altronde dichiara egli stesso poco più avanti al verso 17. La Divinità creatrice – vuol dire qui l'evangelista – aveva detto «Sia la luce!» per dare inizio all'universo (*Genesi* 1, 3), aveva usato il potere delle sue parole per crearlo tutto quanto: ma lì si era fermata, e così era rimasto, in cielo come in terra: anche per la mente umana *far esistere* aveva sempre significato *poter indicare con parole*! Ma le parole umane erano quelle del Noi, e in ciò era il limite principale della conoscenza, prima di Gesù: in *questo mondo* esisteva soltanto ciò che il Noi poteva definire con le proprie parole; e anche Dio, per gli uomini, era soltanto una delle parole del Noi; e tutta la forza vitale dell'universo era *chiusa*, per gli uomini, nei limiti delle loro parole.

Ma, continua il Prologo, nel mondo vi era anche la luce della

Verità: e ogni uomo ne è per sua stessa natura illuminato fin dalla nascita, e...

E in questo punto qualcosa manca, nel testo.

Il discorso si spezza: si stava parlando della «luce» (*to phos*, neutro in greco) e d'un tratto compare un'altra figura, non definita né introdotta da nulla:

10. Egli era da sempre nel mondo; e se questo mondo esiste, in realtà, è proprio grazie a lui; eppure in questo mondo non si riusciva ad accorgersi di lui.

11. Così egli veniva a coloro che erano suoi, agli uomini, ma coloro che erano suoi non lo potevano accogliere.

Questo «egli» non è la parola, il *logos* di cui era detto all'inizio: il nesso sintattico è troppo lontano e incerto; se avesse ripreso a parlare del *logos*, l'evangelista l'avrebbe nominato di nuovo: «E il *logos* era nel mondo» eccetera. Inoltre, a confondere ancor di più le cose, venne inserito un frammento del discorso su Giovanni il Battezzatore (vv. 6-8), che non c'entrava qui, faceva parte del brano seguente; e lo esamineremo infatti nel prossimo capitolo.

Evidentemente il testo del Prologo fu manipolato; ne venne tagliato un brano in cui l'evangelista annunciava una nuova personificazione della «luce», o un nuovo aspetto del *logos* e della luce congiunti insieme, che ai copisti-redattori non pareva ammissibile.

Era la definizione dell'Io, del Figlio, di cui Gesù parlerà poi per tutto il Vangelo? Tutto lo lascia supporre. Nel seguito del Vangelo Gesù dirà che «l'Io è la luce del mondo» (9, 5), e che i Noi «non possono accogliere, ascoltare il linguaggio dell'Io» (8, 47), e che l'Io è il Figlio di Dio, e chi lo avverte in sé lo vive e lo diventa (6, 57). E proprio all'Io e al Figlio come li intende Gesù sembrano riferirsi i versi seguenti del Prologo:

12. Ma a quelli che l'hanno accolto,
    ha dato il potere di diventare figli di Dio:
    hanno cominciato a capire secondo lui

13. e allora sono nati non dalla loro stirpe,
    né dalla volontà della forma esteriore
    dal volere del maschio,
    ma da Dio stesso.

14. Così, tutto ciò che prima era soltanto parole
    è diventato soltanto quella forma esteriore che è,
    e ci siamo accorti che era soltanto in noi
    e abbiamo cominciato a vedere ciò che davvero esiste,
    la Gloria che ha il Figlio che è della stessa sostanza
    del Padre, nella pienezza della gioia e della verità.

16. Dalla sua pienezza di significato noi tutti riceviamo significato
    e da lì ci viene tutto ciò che ci dà gioia.

Questo Io-«luce di verità» è ciò che permette di vedere le cose come sono davvero, e tutti la conoscono da sempre in se stessi; ma in *questo mondo* nessuno riesce ad «accoglierlo». E chi lo accoglie, cioè si accorge di averlo in sé, impara di essere «figlio di Dio», cioè un nuovo tipo di uomo, diverso dallo stadio evolutivo a cui *in questo mondo* si giunge.

In questo mondo si nasce da e in una stirpe, e si appartiene al Noi della propria stirpe. Si comincia a esistere così come impone la forma esteriore delle cose (nel testo è detto «la carne»; e «carne», nella tradizione ebraica, significa appunto «forma esteriore»). Si nasce, *in questo mondo*, dal desiderio di un maschio: la nascita *in questo mondo* è soltanto l'atto fisiologico del nascere. Ma l'Io, in ognuno, ha una nascita più grande di questa. L'Io nasce da Dio; e per chi sperimenta questo, il mondo diventa diverso: allora lo si vede oltre «le parole di *questo mondo*», che sono descrizioni di forme di conoscenza limitate. Si vede il mondo com'è, con gli occhi dei «figli di Dio» e di Dio, nella gioia e nella pienezza della sua Gloria.

17. La Legge delle Parole ci è stata data ad opera di Mosè,
     ma la gioia e la verità le abbiamo capite ad opera del Messia.

18. E Dio non lo si può vedere:
     solo il Figlio che è della stessa sostanza del Padre,
     che è sempre in seno al Padre,
     lui soltanto ce l'ha spiegato.

Mosè (che era ritenuto l'autore della *Genesi* e di tutta la Torah) ci ha dato la Legge: i «comandamenti» di Mosè sono chiamati in ebraico *Debharim*, cioè le *Parole*, di nuovo. Mosè, intende dunque l'evangelista, nella *Genesi* e in tutta la Torah ci ha dato la storia e la definizione delle «parole» soltanto. E ora ciò appartiene al passato: ora la gioia, la pienezza della verità sono state mostrate da ciò che gli ebrei attendevano come il Messia, il Figlio di Dio, e che è quell'Io che ognuno può scoprire in sé. Questo Io è il legame di ognuno con il Padre, con l'origine di tutte le cose, che nessuno ha mai veduto.

Così dice il Prologo, in quel che ne è scampato agli interventi dei copisti.

I copisti vi intervennero perché distruggeva ogni necessità di mediazione sacerdotale tra ogni uomo e Dio – la luce *illumina ogni uomo che viene al mondo*, l'Io dà a ognuno il potere di diventare Figlio di Dio – e ciò andava contro i fondamenti della Grande Chiesa, e bisognava sabotarlo, ingarbugliarlo.

Del resto l'intento consapevole di non far comprendere il Prologo fu mantenuto anche in seguito, a giudicare dagli errori di traduzione che si trovano nelle versioni consuete, troppo grossolani per non essere voluti: al verso 5, dove le parole *skotia auto ou katelaben* (in latino *tenebrae eam non com-prehenderunt*) vengono tradotte «e le tenebre non l'hanno *accolta*», a significare che l'umanità non sarebbe in grado di per sé di comprendere la «luce», se qualche sacerdote non la guidasse; mentre *nel testo originale* significano l'esatto contrario: «e le tenebre non l'hanno potuta *comprimere*», cioè nulla, per quanto grande sia, può comprimere e soffocare la luce che è nel mondo e in ogni uomo. E al verso 9, che nell'originale è

en to phos to alethinon	*Erat lux vera*
ho photizei panta anthropon	*quae illuminat omnem hominem*
erkhomenon eis ton kosmon	*venientem in hunc mundum,*

le versioni consuete traducono: «Veniva nel mondo la luce vera, che illumina ogni uomo». Sbagliano, stravolgono cioè la sintassi stessa della frase, eliminandone parole (*en*, *erat*; *ho*, *quae*) pur di non approvare e non far capire un testo in cui si dice che la luce della verità riempie e fa splendere ogni uomo nell'attimo stesso in cui viene al mondo, prima di qualsiasi rituale di battesimo, o di iniziazione o altro.

GIOVANNI IL BATTEZZATORE
1, 6-7, 15, 19-28

6. Vi era un uomo, di quelli che sentono che l'Io proviene da Dio, e il suo nome era Giovanni.

7. Era di quegli uomini che vengono per farci accorgere della luce, perché tutti possano cominciare a capire nella luce.

8. Ma non sono essi stessi la luce: solo, esistono per farci accorgere della luce.

15. Di queste cose parlava appunto Giovanni, e doveva gridare per farsi udire: «Ecco ciò che vi dico: che colui che trovo in me dopo aver trovato me stesso è più avanti di me, è più grande, perché esiste da prima che esistessi io».

Giovanni il Battezzatore, dunque, «non era la luce» e ne preparava soltanto l'arrivo; e questo tipo di uomini, spiega il Vangelo, sono sempre esistiti. Sono grandi uomini, ma manca loro qualcosa. Il Battezzatore aveva capito cos'è l'Io: una dimensione interiore, un «uomo interiore», un Io più grande di ciò che ognuno sa di se stesso. Diceva che questa dimensione è preesistente, c'è già prima che l'uomo nasca: il Giudaismo ammetteva la reincarnazione, e l'«uomo interiore» era dunque,

175

secondo il Battezzatore, quell'identità sovratemporale che nell'uomo si incarna, dopo essersi incarnata altre volte; e ognuno può scoprirla in sé, quando comincia a scoprire se stesso.

Ma, prosegue il Vangelo, Giovanni il Battezzatore non resse al confronto con il Noi, raffigurato qui in una delegazione di dotti e sacerdoti inviati dai farisei:

19-20. Così Giovanni parlava di queste cose. Ma quando i giudei gli mandarono sacerdoti e altre autorità da Gerusalemme, a domandargli «Tu chi sei?», Giovanni ragionò come loro, non si oppose, e consentì con loro, e disse: «Non sono io il Messia».

21. Gli domandarono: «E dunque? Sei una reincarnazione di Elia?» Giovanni disse: «Non sono io». Gli domandarono: «Sei un profeta?» E Giovanni diceva: «Non lo sono».

22. «Insomma chi saresti?» insistevano, «dobbiamo pur portare una risposta a quelli che ci hanno mandato. Che cosa dici di te stesso?»

23. Rispose: «L'Io è una voce che grida nel deserto, in ognuno di noi: aprite strade al Signore, all'Infinito Dio».

24. Quei sacerdoti e autorità erano lì per ordine dei farisei.

25. E continuavano a interrogarlo: «Allora perché battezzi la gente, se non sei il Messia, né un'incarnazione di Elia e nemmeno un profeta?»

26. Giovanni rispose: «Ciò che faccio io è soltanto un rituale, è simbolico: serve a far avvertire quell'Io più grande che è in ognuno di voi e che voi non conoscete.

27. «E lo si scopre dopo aver scoperto se stessi, e a suo confronto tutto ciò che potete esser stati prima di averlo scoperto è come il legaccio d'un sandalo rispetto all'uomo che lo calza».

28. Questo avveniva a Betania, ancora di là del Giordano, e là Giovanni restava, ad amministrare il suo rituale, sulla riva del fiume.

È una conversazione di grande intensità drammatica. Dinanzi al piccolo Noi di quei sacerdoti e dotti – semplici strumenti di un altro Noi – il Battezzatore pronuncia più volte la frase della resa: «Non lo sono», che segnerà la sua grande distanza da Gesù. Il Battezzatore vive ancora nel mondo della «Parola»: Messia per lui è una parola, e così Elia, e anche il dono della profezia, e Dio stesso; sono tutte realtà esclusivamente astratte, ideali, a cui l'Io deve aprire la strada nel desolato deserto di questo mondo, ma senza poter mai sperare di raggiungerli – di dire «Sono io». Per il Battezzatore l'uomo è solo l'uomo, il mondo è il mondo, e il cielo è il cielo, sempre troppo lontano.

Giustamente gli inviati dei farisei gli domandano: «E allora perché battezzi?» dato che evidentemente il Battezzatore non ha nulla di nuovo da dire, rispetto alle convinzioni religiose del suo tempo – che sono anche quelle del tempo nostro. In risposta, il Battezzatore spiega che il suo battesimo è soltanto un rituale di purificazione: è utile, dice, perché purificandosi così l'uomo prende coscienza dei suoi limiti e intravede quell'infinita possibilità di autosuperamento che è l'unica via, secondo il Battezzatore, per sottrarsi alla desolazione del mondo. Gli altri evangelisti spiegano che Giovanni il Battezzatore praticava anche la confessione dei peccati; e la confessione, nelle Chiese attuali, ha lo stesso scopo purificatorio che il Battezzatore descrive qui.

«Tutto ciò era ancora al di là del Giordano», osserva il Vangelo, con una imprecisione geografica: Betania era infatti al di qua del fiume, rispetto a Gerusalemme; ma evidentemente intende dire che il Battezzatore era ancora al di là del confine della Terra Promessa, e stava sulla riva, soltanto.

IL BATTEZZATORE SCOPRE DI AVER SBAGLIATO
1, 29-34

29. Poi giunse un altro giorno, un nuovo periodo della vita. Giovanni cominciò a vedere Gesù, a capirlo, e disse: «Ecco l'Agnello di Dio, ecco chi toglie davvero la peccaminosità di questo mondo, perché ha il coraggio di prendersi il peso del mondo.

30. «Ecco», continuava, «io dicevo che l'uomo interiore che scopriamo in noi quando troviamo veramente noi stessi è più avanti di noi, e più grande, perché esiste da prima di noi.

31. «E prima non lo si sa, ma tutto ciò che uno fa di importante, lo fa perché si riveli ciò che è più grande. Così è stato anche per me: non lo sapevo, ma anch'io ho cominciato a battezzare con l'acqua, solo perché questo qualcosa di più grande fosse conosciuto in Israele.

32. «Ma ora ho visto lo Spirito discendere dal cielo e fermarsi su quest'uomo: ed era così semplice, come una colomba! L'Infinito può dimorare nell'uomo, ed esserlo pienamente, non soltanto come uomo interiore!

33. «Io non sapevo che potesse avvenire, ma quell'impulso che mi ha spinto a battezzare con l'acqua è lo stesso che

ora mi fa capire che lo Spirito può discendere e fermarsi su di un uomo, e che allora un uomo può immergere tutto nello Spirito, come in un diluvio.

34. «E ora ho visto e capisco che l'uomo può essere realmente Figlio di Dio».

Il Battezzatore riconosce che Gesù è giunto più avanti di lui. Quando il Vangelo venne scritto, Gesù nella tradizione cristiana era già l'Agnello di Dio, nel senso iniziatico del Dio immolato e risorto. Ciò lo collegava a Osiride, a Dioniso, a varie atmosfere religiose dell'epoca. Qui tale simbolo viene precisato dal Battezzatore in base alla sua dottrina – o meglio, in base agli aspetti ancora irrisolti della sua dottrina. Per il Battezzatore, Gesù è l'Agnello che si carica del peso di *questo mondo*, così come il capro espiatorio veniva ritualmente caricato del peso dei peccati della comunità e poi mandato nel deserto (*Levitico* 16, 7 sgg.). Giovanni battezzava per purificare gli uomini dalla inevitabile, desolante «peccaminosità» del mondo, perché – sempre secondo lui – solo lavandosene ritualmente potevano cominciare a percepire la loro più grande dimensione spirituale.

Secondo Gesù, invece, l'uomo è questa più grande dimensione spirituale, lo è e può esserlo sempre e ovunque, senza bisogno di nessun rituale: questo mondo non gli fa paura, non occorre tentare di tenersene distanti nemmeno attraverso l'ascesi, ma lo si può affrontare, ed essere in mezzo a esso senza che lo Spirito ne sia diminuito. Questo era precisamente il senso del Messia atteso nella tradizione del Giudaismo: la fine della separazione tra la dimensione dello Spirito e la vita quotidiana. Giovanni il Battezzatore l'aveva sempre interpretato come un ideale astratto. Ma per Gesù non ci sono astrazioni. Per il Battezzatore, è una rivelazione.

35-36. Era un altro giorno della vita, ma Giovanni era ancora
là. Era con due dei suoi discepoli e, parlando di Gesù,
che in quel giorno attraversava la sua vita, Giovanni
diceva: «È lui, sì, l'Agnello di Dio. Da lui comincia la
vera Pasqua, il passaggio a un nuovo modo di vivere».

37. E quei due discepoli, sentendolo parlare così, seguirono
Gesù.

38. Gesù allora si voltò, e vedendo che lo seguivano domandò: «Che cosa cercate?» Quelli gli dissero: «Maestro, se sei un vero Maestro come puoi abitare qui, in
un mondo simile?»

39. Gesù rispose: «Venite avanti e lo vedrete da voi». Così
andarono e videro come Gesù potesse abitare in questo
mondo. E in quel giorno della loro vita rimasero con
lui; ed era quasi l'ora decima.

I primi discepoli, si noti, sono due. Sono un Noi, cioè: non
vi è ancora in loro la forza di essere uno, «Io». Poi ci sarà, solo alla fine del Vangelo. Qui, un piccolo Noi formato da due
discepoli riesce a staccarsi dal Noi dei giovanniti, e a seguire

Gesù per imparare come uno possa essere «Io» in questo mondo.

«Come puoi abitare qui?» gli domandano. «Il Battezzatore dice che tu sai come vivere nel mondo senza perdere il contatto con lo Spirito. Ma questo mondo è odioso, malvagio, è un deserto pieno di forze oscure e scadenti. Noi giovanniti pratichiamo l'ascesi, ci teniamo lontani dal mondo per cercare di essere noi stessi. Forse non abbiamo capito qualcosa di questo mondo, della materia, della carne. Puoi spiegarcelo?»

«Lo potete vedere da voi», risponde qui Gesù, «basta che veniate più avanti di dove siete ora.» Sono le prime parole che pronuncia nel Vangelo, un'esortazione a «vedere» da soli: da subito annuncia che la Verità è in ognuno e ognuno la può scoprire. Ed è al contempo la risposta ai due discepoli: proprio perché la Verità è in ognuno si abita in questo mondo, perché la Verità sia e operi in questo mondo.

*

«Ed era quasi l'ora decima», precisa poi il narratore. Ma è un'annotazione troppo contraddittoria perché la si possa leggere come un semplice dettaglio narrativo: se infatti i due discepoli «rimasero lì tutto il giorno», non si capisce a quando si riferisca questa precisazione riguardo all'ora. Tanto l'ora che il giorno hanno bensì un valore metaforico, qui: «giorno» significa un periodo della vita, e «l'ora decima» (le quattro del pomeriggio) si riferisce alla vita di Gesù stesso. Era già *l'ora decima della sua vita*, mancava poco alla fine della sua esistenza.*

* Nel passo parallelo del Vangelo di Luca, dopo l'incontro con il Battezzatore viene precisato che Gesù era oltre la trentina (Luca 3, 23).

181

40.   Andrea, fratello di Simon Pietro, era uno dei due che avevano ascoltato le parole di Giovanni e avevano seguito Gesù.

41-42.   Poco dopo incontrò suo fratello Simone e gli disse: «Abbiamo trovato il Messia». E lo condusse da Gesù. Gesù intuì bene l'animo di Simone e gli disse: «Ti si addice il soprannome di Kepha, cioè Pietra, tanto sei ottuso e tutto d'un pezzo: così sei tu, Simone, figlio di Giovanni».

43-44.   L'indomani, quando già stava per tornare in Galilea, Gesù incontrò Filippo e gli disse: «Vieni con me». Anche Filippo era di Betsaida, la città di Andrea e Pietro.

45-46.   Filippo incontrò Natanaele e gli disse: «Abbiamo trovato quello di cui hanno scritto Mosè e i Profeti. È Gesù figlio di Giuseppe, di Nazareth». Natanaele gli disse: «E tu credi davvero che un uomo tanto grande possa venire dal villaggio qui accanto?» Filippo gli rispose: «Be', vieni a vedere tu stesso».

47   Gesù squadrò Natanaele e subito lo capì, e disse: «Ecco
      qua un vero israelita, uno che crede sinceramente di
      appartenere a una nazione».

48.   Natanaele gli disse: «E tu come lo sai?» Gesù gli rispo-
      se: «Non sei di quelli che sognano la pace sotto il fico,
      come dice il profeta? Si vede bene che eri così, fino a
      che Filippo ti ha chiamato».

49   Natanaele si riconobbe in quelle parole e disse, com-
      mosso: «Rabbì, tu sei il Figlio di Dio, il Re di Israele».

50.   Gli rispose Gesù: «Hai cominciato a capire perché ti
      dico che sei uno che sogna la restaurazione? Pensa più
      in grande, e vedrai ben più di questo».

51.   E gli disse: «Amèn, amèn, cioè: è così, è così, è l'Io stes-
      so che ve lo dice: voi vedrete il cielo aprirsi e gli Ange-
      li salire e scendere sul Figlio dell'uomo».

Nelle versioni consuete questo brano appare assai misterioso: Gesù cambia nome a Simone e non è spiegato perché,
vede Natanaele «sotto il fico» e non è detto come e che senso
abbia.

In realtà la spiegazione non è difficile, è solo imbarazzante
per il mondo dei Noi.

All'epoca in cui venne scritto il Vangelo, Pietro era già il
simbolo della Grande Chiesa: e nel cristianesimo la Grande
Chiesa rappresentava la solidità, la compattezza, sì, ma anche
la chiusura e soprattutto l'ottusità – e tutti i Vangeli attribui-
scono a Pietro un'ottusità talvolta anche comica. Il giovane
Giovanni spiega in tal senso, qui, l'origine del soprannome
«Pietra», che Gesù diede a Simone.

Natanaele rappresenta invece l'orgoglio di Israele, l'uomo
che è fiero di appartenere alla sua nazione; Gesù rapidamente
lo ridimensiona: «Sogni davvero la restaurazione e la gloria

del tuo popolo? E ti basta, appartenere a un Noi?» domanda a Natanaele. Il «fico» è infatti un riferimento a Michea, uno dei profeti della rinascita di Sion:

> [...] dalle loro spade forgeranno vomeri, dalle loro lame falci. Nessuna nazione alzerà la spada contro un'altra nazione [...] siederanno ognuno tranquillo sotto la vite e sotto il fico e più nessuno li spaventerà [...].
>
> *Michea* 4, 3-4

E Natanaele è davvero un nazionalista, vede subito in Gesù «il Re di Israele»; ma Gesù gli spiega che l'Io può appartenere soltanto all'universo intero, e non a un Noi, quale che sia.

LE NOZZE
2, 1-11

1-2. Tre giorni dopo vi era una festa di nozze a Cana di Galilea e vi era lì la madre di Gesù. Anche Gesù fu invitato alle nozze, con i suoi discepoli.

3. E venne a mancare il vino, la madre di Gesù gli disse: «Non hanno più vino».

4. Le disse Gesù: «Che importa a me e a te, donna? Qui non è certo il tempo dell'Io. È un matrimonio, questo».

5. Ma sua madre disse ai servi: «Fate ciò che vi dirà».

6-8. Vi erano là sei grandi giare, di quelle che i giudei usano per l'acqua delle abluzioni rituali. Gesù disse ai servi: «Riempite d'acqua le giare».
Le riempirono fino all'orlo. Poi disse: «Attingetene e portatene al maestro di tavola, che l'assaggi». E così fecero.

9-10. Il maestro di tavola assaggiò l'acqua diventata vino, e poiché non sapeva da dove venisse (ma i servi lo sapevano) chiamò subito lo sposo e lo lodò, perché, disse, alle feste tutti servono prima il vino buono e poi quel-

lo meno buono, mentre qui avete conservato il vino
buono fino ad ora.

11.   Questo fu l'inizio e il fondamento che Gesù diede ai suoi
       segni, a Cana di Galilea.

L'ultimo versetto ha una sua particolare importanza: non
dice semplicemente che «così Gesù diede inizio alla serie dei
suoi prodigi» ma che questo fu l'*arkhé* (che in greco significa
sia «inizio» sia «fondamento») che Gesù pose ai suoi «segni», alle sue azioni cariche di significato.

Ciò avvenne, innanzitutto, a una festa di nozze e per volere e con la benedizione di una figura femminile (se fosse la
madre, o se la figura della madre venne imposta qui per
«esorcizzare» un'altra figura femminile, oggi è impossibile
saperlo) mentre fino a quel momento Gesù era stato tra maschi, «con i suoi discepoli».

In secondo luogo, in questo suo primo segno e *arkhé* Gesù
trasforma in vino l'acqua che doveva essere usata per il rituale purificatorio prescritto dalla tradizione. Simbolicamente,
Gesù diventa d'un tratto colui che *rende meravigliosamente
impossibile la tradizione*, e invece della vecchia purificazione
offre una bevanda forte.

In terzo luogo, ciò avviene tardi, come il Vangelo fa dire al
maestro di tavola: gli ospiti hanno già bevuto molto altro vino. È un tema caratteristico del giovane Giovanni: tardi, troppo tardi forse i Vangeli hanno cominciato ad agire nel cristianesimo – più d'un secolo dopo la morte di Gesù, quando
davvero «molto altro vino» era già stato bevuto.

Forse è giusto così; la verità comincia ad agire sempre tardi, nella vita dell'uomo.

Ma tra le ragioni del ritardo di questo risveglio dello Spirito evangelico, l'attaccamento alla tradizione e l'ostilità del
cristianesimo dominante per l'elemento femminile furono de-

terminanti – sembra intendere qui l'evangelista, nella struttura di questo episodio.

E come a confermarlo, nella maggior parte delle versioni consuete vi è qui un altro clamoroso errore di traduzione: al verso 4 Gesù dice *Quid mihi et tibi est, mulier?* (*ti emoi kai soi, gunai?* in greco) cioè «Che importa a me e a te, donna?»; invece anche la Versione Ufficiale della Conferenza Episcopale Italiana traduce: «Che c'è tra me e te, donna?» E il senso ne è stravolto.

DISTRUGGETE QUESTO TEMPIO
2, 11-24

11-12. Così manifestò la sua Gloria e i suoi discepoli credettero in lui. Dopo questo fatto andò a Cafarnao, con sua
madre, i fratelli e i suoi discepoli e si fermarono lì solo
pochi giorni.

Questi due versetti, così privi di significato narrativo, vennero probabilmente aggiunti per colmare il vuoto lasciato da
un episodio censurato.

La mano d'un copista si riconosce nelle parole «credettero in lui», formula che era caratteristica della Grande Chiesa,
e che, come vedremo tra poco, non concorda con il pensiero
dell'evangelista.

L'episodio seguente è la rissa nel Tempio di Gerusalemme, durante la quale Gesù aggredì con una «frusta di cordicelle» i mercanti che affollavano i cortili sacri.

13-14. Si avvicinava intanto la Pasqua dei giudei e Gesù andò
a Gerusalemme. Trovò nel Tempio gente che vendeva
buoi, pecore e colombe, e i cambiavalute seduti ai loro
banchi.

15-17. Fece allora una sferza di cordicelle e li scacciò tutti fuori dal Tempio, con le loro pecore e i loro buoi; gettò a terra il denaro dei cambiavalute e ne rovesciò i banchi, e ai venditori di colombe disse: «Portate via queste cose e non fate della casa del Padre mio un luogo di mercato». I discepoli si ricordarono che sta scritto: «Lo zelo per la tua casa mi divora».

18. I giudei allora vennero e gli dissero: «Che segno mostri a noi, per convincerci che hai il diritto di fare queste cose?»

19. Gesù rispose: «Distruggete questo Tempio, e l'Io ridesterà tutto ciò in tre giorni».

20. Allora i giudei dissero: «Quarantasei anni ci sono voluti per costruire questo Tempio, e tu lo rialzeresti in soli tre giorni?»

21-22. Ma Gesù stava parlando del tempio che ogni uomo ha in sé, nella propria vita. E ogni volta che l'Io si desta dalla sua condizione di morte i discepoli di Gesù si accorgono del significato di queste parole e cominciano a capire sia le Scritture sia i discorsi di Gesù.

23. Mentre era a Gerusalemme per quella Pasqua, molti cominciarono a vedere il significato di ciò che egli faceva e a credere in lui.

24. Ma Gesù non voleva che si credesse in lui, voleva che tutti conoscessero ciò che era in loro. Non gli occorreva che si rendesse onore all'uomo visibile, ma che ognuno sapesse ciò che vi è in ogni uomo.

Indubbiamente, dopo Cana anche in Gesù l'acqua si era trasformata in vino, e Gesù aveva il vigore per agire. Questo episodio è tuttavia costituito da due parti che si contraddicono l'un l'altra: nella prima, Gesù si scaglia contro i mercanti che profanerebbero il luogo sacro; nella seconda, esorta a distruggere senz'altro il luogo sacro.

La prima parte (vv. 13-17) non è autentica, non è il modo di fare di Gesù: malmenare povera gente, frustare venditori di colombe non è da lui. Per spiegare un simile comportamento bisognerebbe supporre un suo accesso isterico davanti alla banalizzazione del culto pubblico: ma Gesù non è un isterico, e riguardo al culto pubblico dice, nel Vangelo di Matteo, «non fate come gli ipocriti che amano pregare nelle sinagoghe... tu, quando preghi, entra nella tua camera, chiudi la porta e prega il Padre tuo nel segreto» (Matteo 6, 5-6), e riguardo al Tempio: «Vedete tutti questi edifici? Non resterà qui pietra su pietra che non sia diroccata» (Matteo 24, 2).

Un copista-redattore inserì, molto probabilmente, questo episodio della rissa prendendolo da qualche apocrifo, solo per introdurre quella che è ora la seconda parte dell'episodio, e che è invece autentica.

Qui Gesù dice ai giudei: «Distruggete il Tempio e tutto ciò che per voi è monumento sacro, e sacra scrittura, e memoria sacra della religione, e in tre giorni quell'Io che è in ognuno di voi lo riedificherà» perché ciò che conta davvero per lo Spirito è solamente nell'Io stesso, e non nelle memorie sacre del passato a cui il Noi è legato. Non lo capirono, nota il Vangelo, non riuscivano proprio a capire che il vero Tempio è il «corpo», la realtà dell'uomo.

Ma – continua il Vangelo – ogni volta che l'Io si ridesta in un uomo, costui capisce bene che è così come diceva qui Gesù.

E a questo Io, e di questo Io, parlava sempre Gesù; ma lì pensavano che parlasse di sé, e ancora oggi lo si pensa.

*

Quanto ai tre giorni, non li si legga come un periodo di tempo definito e come un riferimento alla resurrezione di Gesù. «Tre giorni» era a quell'epoca un'espressione proverbiale, tratta dai profeti di apocalissi, per indicare la rapidità con cui Dio e il Messia avrebbero trasformato il mondo, quando sarebbe giunto il momento.*

* Così nel profeta Malachia, per esempio: «Un libro di memorie fu scritto davanti a lui per coloro che lo temono e che onorano il suo nome. Essi diverranno, dice il Signore delle schiere, mia proprietà nel giorno che io preparo. Avrò compassione di loro come il padre ha compassione del figlio e vedrete la differenza tra chi serve Dio e chi non lo serve. Ecco infatti, sta per venire il *giorno* rovente come un forno. Allora tutti i superbi e tutti coloro che fanno ingiustizie saranno come paglia; quel *giorno* verrà e li incendierà – dice il Signore delle schiere – in modo da non lasciarne né radice né germoglio. Per voi invece, cultori del mio nome, sorgerà con raggi benefici il sole di giustizia e uscirete, saltellanti come vitelli di stalla. Calpesterete gli empi ridotti in cenere sotto le piante dei vostri piedi, nel *giorno* che io preparo, dice il Signore delle schiere» (*Malachia* 3, 16-21).

1. Vi era tra i farisei un uomo chiamato Nicodemo, un capo dei giudei.

2. Costui, nella sua notte interiore, venne da Gesù e gli disse: «Rabbì, noi sappiamo che sei un Maestro venuto da Dio, dato che nessuno può fare i segni che fai tu, se Dio non è con lui».

3. Gesù in risposta gli disse: «Ascolta, è così, è l'Io stesso a dirlo: se uno non si accorge di nascere continuamente da ciò che è più in alto, non può vedere il Regno di Dio».

4. Nicodemo gli dice: «Ma come può uno rinascere, se è vecchio? Può forse entrare di nuovo nel grembo della madre e rinascere?»

5. Gli risponde Gesù: «È così, è così: se uno non rinasce dall'acqua e dal vento non può entrare nel regno di Dio.

6. «Ciò che è nato dalla forma e dalla necessità, è solo forma e necessità, e ciò che è nato dal vento è vento.

7. «Non bloccarti stupito davanti a questo mio modo di parla-

re, quando dico che bisogna nascere dall'alto, o quando parlo del vento.

8. «Lo Spirito è davvero come un alito di vento: soffia dove vuole, e tu ne senti la voce soltanto, ma la tua mente non arriverà mai a capire da dove viene e dove va. E da questo Spirito occorre che tu nasca, e che ti accorga che il tuo io vero è della stessa natura dello Spirito».

Nelle versioni consuete, davanti a questo brano il lettore si smarrisce completamente. Qui, così riadattato, penso sia più chiaro. A Nicodemo, perplesso «maestro di Israele» che esordisce dicendo «Noi» e non semplicemente «io», Gesù spiega in che modo l'uomo, l'Io, può intendere il Regno di Dio ed entrarvi: «Giovanni il Battezzatore aveva ragione, a suo modo, ad affermare che bisogna rinascere attraverso l'acqua, per evolversi», dice qui in sostanza Gesù, «ma bisogna comprenderlo meglio. Innanzitutto, è vero che l'uomo può rinascere, e rinnovare totalmente se stesso e la propria vita, ed è come all'inizio della creazione, quando 'lo Spirito di Dio passava come un alito di vento sulle acque' e come dopo il Diluvio, quando 'Dio fece passare un alito di vento e le acque si abbassarono'.

«Così è: l'acqua di cui parlava il Battezzatore è l'immagine di quel rinnovamento interiore che dissolve il passato, mentre l'alito di vento di cui parlo io è lo Spirito immenso che tu senti e ascolti in te stesso, e che pure è tanto più grande di te. Ma è in te: e solo il tuo Io può percepirlo».

9. Gli rispose Nicodemo: «Ma com'è tutto ciò in pratica? Non riesco a capirlo...»

10. Gesù in risposta gli disse: «Sei maestro in Israele e non sai queste cose?

11. «È così, è così, l'Io stesso te lo dice: nel mondo, un Noi parla di ciò che sa e conferma ciò che ha visto, e ciò che un Noi dice non viene accolto da un altro Noi.

12. «Ma nessun Noi capisce l'Io, né quando parla di cose concrete, evidenti, né tantomeno quando parla di cose celesti. Tu impara perciò ad ascoltare l'Io, invece di farti maestro d'Israele, maestro d'un Noi.

13. «Perché quel che nell'uomo può salire in cielo è soltanto quell'Io, quel Figlio dell'uomo che dal cielo è disceso, e che appartiene al cielo».

Rimando qui a ciò che nell'Introduzione accennavo riguardo alla Volontà e alla libertà dell'Io secondo l'Albero della Vita (p. 79). «Cose terrene, concrete» e «cose celesti» erano per Gesù tutt'uno, nel mondo che la nascita dell'Io ha trasformato.

E il salire e discendere dell'Io è precisamente quella scoperta e utilizzo delle colonne dell'Albero simbolico, che dicevamo. Non per nulla Gesù sta usando proprio queste allusioni, nel parlare con un «maestro di Israele» come Nicodemo: dovrebbe essere pane per i suoi denti.

Infine, Gesù spiega il senso e il metodo della sua predicazione:

14. «È come quando Mosè nel deserto innalzò su un palo il serpente, l'immagine del pericolo. Allo stesso modo occorre ora mostrare a tutti il Figlio dell'uomo, far sapere che c'è e com'è.

15. «Così bisogna fare, perché tutti comincino a capirlo e a riconoscerlo nella propria vita, e allora entreranno in una dimensione più alta, in una vita più grande, ciascuno da sé».

Cioè: «L'unico modo per far conoscere nel mondo dei Noi questa dimensione più grande», spiega Gesù, «è renderla ben visibile a tutti, così come fece Mosè durante l'Esodo, nel territorio dei serpenti velenosi:

> Mosè fece un serpente di rame e lo mise in cima a un'asta; quando un serpente aveva morso qualcuno, se questi guardava il serpente restava in vita.
>
> *Numeri* 21, 9

«Questo occorre anche ora: spiegare cos'è l'Io, il figlio di Dio e dell'uomo, così che quando qualcuno comincerà a scoprirlo in se stesso, sappia cos'è e lo riconosca.

«Ma in ogni caso, non è possibile che un Noi si converta all'Io, né che un uomo possa capire l'Io e sentirsi in pace con il Noi al quale vuole appartenere. Tu sei maestro *di Israele*: se vuoi restare maestro di Israele, ciò che ti sto dicendo non è per te».

L'AMORE E LA PAURA
3,16-21

16. «Dio ama questo mondo, tanto da entrarvi mediante suo
    Figlio, il tuo Io, che è della stessa sostanza di Dio, e ciò
    perché chiunque comincia a capire secondo l'Io non sia
    più imprigionato nei limiti della vita mortale, ma entri a
    sua volta in una dimensione più grande.»

L'idea che Dio sia amore, tanto importante per la religione cristiana, significa secondo Gesù che non vi è differenza
tra quella forza coesiva che tiene insieme l'universo e che ne
è la causa prima, e ciò che ognuno può percepire in se stesso
quando ama qualcuno o qualcosa. È tutt'uno, *l'amor che
move il cielo e le altre stelle*, come dice Dante: e nell'amore
Dio ha la sua modalità essenziale, e su ciò si regge ogni cosa. Ciò vale anche per *questo mondo*, spiega qui Gesù a Nicodemo: «Dio comunica con esso in forma di amore, perché
tale è la natura divina, e questo amore è nel tuo Io, che è la
presenza di Dio stesso in te e in questo mondo.

«È realmente la presenza di Dio: nel tuo Io, tu non sei più
soggetto ai limiti che valgono in *questo mondo*, nemmeno al-
l'illusorio tempo lineare che in *questo mondo* è l'unico tempo
che si conosca, ma sei nell'Aiòn, nel Grande Tempo cosmico,

in ogni tuo istante. E in ogni istante in cui la tua mente coglie nell'Io questo infinito divino, anche la tua mente entra nell'Aiòn – e vi entra con essa, e appare totalmente diverso anche il mondo che la tua mente conosce».

17. Dio non ha mandato suo Figlio in questo mondo per giudicarlo, per correggerlo e consolidarlo – come i giudei pensano che il Messia debba fare – ma per trasformare radicalmente questo mondo, mediante il Figlio.

18. E avviene così: chi comincia a capire tutto ciò, non è giudicato; e chi non lo capisce, è già giudicato dal fatto stesso di non aver capito nulla come lo si capisce mediante il Figlio di Dio che è della stessa sostanza del Padre.

19. E il giudizio sta in questo: che la luce è venuta in questo mondo ma gli uomini hanno preferito il buio alla luce, e non perché non fossero in grado di vederla, ma solo perché ciò che facevano era male, e volevano tenerlo nascosto.

20. Infatti chi fa il male odia la luce, detesta il capire e l'accorgersi, perché non si veda ciò che egli fa.

21. Ma chi fa verità, viene alla luce, perché si veda ciò che fa, e ciò che fa è in Dio.

«Nel giudaismo», dice qui Gesù, «si pensa che il Messia verrà a giudicare il mondo, a premiare i giusti e a punire i malvagi. Ma queste sono metafore equivocate. In realtà, il Messia che si aspetta è l'Io che hai in te, e non è qui per giudicare ma per trasformare il tuo mondo, che rinasce nuovo con te, quando tu rinasci nuovo.

«Se un giudizio c'è, avviene di per sé. Chi avverte in sé l'Io, è già oltre e superiore a ogni giudizio. Chi non lo avverte in sé, si giudica e si condanna da sé a vivere in *questo mondo* soltanto.

«È una condanna giusta, perché ognuno può avvertire in ogni istante e in tutta semplicità il proprio Io, proprio come si avverte la luce: se non lo avverte è perché non vuole e si impedisce di avvertirlo, e se non vuole è perché ha paura di guardare in se stesso. Tanti preferiscono continuare a commettere sempre gli stessi sbagli, piuttosto che vedere come sarebbe la loro vita se non li commettessero più. Mentre chi è stanco di sbagliare, guarda in se stesso, si accorge che la luce c'è, e che vi è in lui il suo Io, che è la presenza di Dio nel mondo. Tanti hanno paura di questo. Che vuoi farci? È così.»

LA FINE DI GIOVANNI IL BATTEZZATORE
3, 22-36

22. Dopo queste cose, Gesù andò con i suoi discepoli in terra di Giudea, e là dimorava con loro e battezzava.

23-24. Anche Giovanni battezzava a Ennòn, vicino a Salim, perché c'era molta acqua là, e la gente ci andava a farsi battezzare. Giovanni, infatti, non era ancora stato messo in prigione.

25-26. Nacque allora una disputa tra i discepoli di Giovanni e un Giudeo, riguardo alla purificazione, e perciò andarono da Giovanni e gli dissero: «Rabbì, quello che era con te di là dal Giordano, e a cui tu hai dato la tua approvazione, adesso sta battezzando anche lui e tutti vanno da lui».

Questi versetti si direbbero aggiunti dallo stesso copista-redattore che aveva dato notizia di un soggiorno di Gesù a Cafarnao con la madre e i fratelli, dopo il miracolo di Cana. E sono altrettanto inutili, ma più rozzi. Dicono che Gesù dopo l'incontro con Nicodemo andò in Giudea; ma quell'incontro era avvenuto a Gerusalemme, che è in Giudea. Dicono che Giovanni battezzava a Ennòn, perché «c'era molta acqua là»:

una ragione troppo ovvia, che l'evangelista non avrebbe mai menzionato così, se non per ironia. Aggiungono che «infatti non era ancora stato messo in prigione»: il che è evidente, se stava là libero; menzionano una «disputa con un giudeo riguardo alla purificazione» senza spiegare in che cosa consistesse; e soprattutto dicono che Gesù battezzava: ma da nessun Vangelo risulta che Gesù abbia mai battezzato, e poco più avanti (4, 1) viene negato esplicitamente che Gesù ricorresse a tale pratica di purificazione.

Questo copista evidentemente non capiva il testo che aveva in mano, o non voleva capirlo, perché il discorso a Nicodemo e altre cose ancora urtavano la sua sensibilità religiosa. Cercò di renderlo più innocuo: «Gesù battezzava», vi scrisse, come a dire: Gesù rispettava pur sempre i rituali, come noi.

Ma tolse anche; come sappiamo, le aggiunte dei copisti si trovano nei Vangeli là dove qualche brano è stato censurato: sono come rammendi al testo; e anche qui, le contraddizioni e l'elusività dell'aggiunta danno motivo di supporre che un brano autentico sia stato distrutto, perché il copista lo trovava inammissibile.

Segue l'ultimo discorso del Battezzatore, chiaro e struggente:

27. Giovanni disse: «Un uomo non può prendere nulla se non gli vien dato dal Cielo.

28. «Voi mi siete testimoni che avevo detto che non sono io il Messia, e che sono stato mandato davanti a lui.

29. «Chi ha la sposa è lo sposo; l'amico dello sposo se ne sta lì, ascolta lo sposo, e gioisce all'udire la voce dello sposo che fa festa. Questa gioia a me basta.

30. «Lui deve crescere, io devo diminuire.

31. «Gesù insegna che l'Io è più in alto e più grande di tutti; e ciò che nell'uomo viene dalla terra appartiene alla terra e parla secondo la terra, mentre ciò che in noi viene dal cielo è al di sopra di tutto.

32. «E l'Io che in noi viene dal cielo attesta cose che ha visto e udito, eppure nessuno accoglie la sua testimonianza.

33. «Ma l'Io che in noi la accoglie, comprova che la verità viene da Dio.

34. «Infatti quell'Io che in noi è mandato da Dio dice ciò che Dio dice: poiché lo Spirito, quando vien dato, si dà senza misura, è immenso.

35. «Il Padre e il Figlio dell'uomo sono legati da amore e il Padre ha messo ogni cosa nelle mani del Figlio.

36. «L'Io che in noi comincia a capire il Figlio è già nel Grande Tempo, nell'Aiòn; mentre ciò che in noi non capisce il Figlio non vedrà mai com'è la vita e potrà intendere Dio soltanto come una minacciosa potenza irritabile, e non come un Padre».

Il Battezzatore ripete ai suoi discepoli alcuni insegnamenti di Gesù, dandogli ragione in tutto; ma in più li sta applicando a se stesso, crudelmente.

Dice che nell'uomo vi è una dimensione che sa ricevere i doni dal Cielo, e una dimensione che non arriva mai a tanto: sono le due dimensioni che Gesù chiama la scoperta dell'Io e l'adesione al Noi; e tutti conoscono prima la seconda e poi la prima. Il Battezzatore aggiunge che la sua sorte è quella della seconda dimensione: non ricevere nulla. Come se il Noi fosse la sua prigione.

La seconda dimensione, in ogni uomo, dovrebbe gioire perché la prima scopre, conosce, cresce; e dovrebbe diminuire sempre più, perché la prima possa crescere sempre più:

«Ed ecco», dice il Battezzatore, «anch'io gioisco e diminuisco per lui, Gesù, che cresce».

L'Io non appartiene alla terra, viene dall'alto, e tutto ciò che è suo è immensamente superiore; non gli importa che una parte della gente e una parte di ogni uomo non lo ascoltino: sa che l'altra parte lo ascolterà e conoscerà il Padre e l'Aiòn, e il potere immenso che gli viene dal Padre. «E tutto ciò non sono io», lascia intendere il Battezzatore, «non avevo capito abbastanza, non occorro più.»

Gli altri Vangeli narrano che il Battezzatore, poi, andrà a farsi uccidere da Erode nella Perea, ai confini del deserto. Lì il Battezzatore, che «non ha la sposa» – che cioè non osò mai conoscere l'elemento femminile – venne ucciso per volontà di una donna, Erodiade, che chiese la sua testa: e il tetrarca Erode non ebbe la forza di opporsi. Il giovane Giovanni non narra questo celebre episodio, in cui l'elemento femminile appare tanto torbido, o forse la sua versione venne censurata dai copisti-redattori. Ma nella frase del Battezzatore sul «non avere la sposa» suggerisce bene l'idea che là dove l'elemento femminile rimane escluso, si carica di valenze distruttive fatali alla vita spirituale. Anche Orfeo, secondo il mito greco, venne dilaniato dalle donne dopo aver scelto la castità. Ognuno ha il suo «Giuda» nascosto nell'animo, e imprevedibile se non lo si vede. Gesù per ora «ha la sposa», invece, e irresistibilmente cresce.

LA SAMARITANA
4, 1-30

I maschi nel Vangelo hanno comportamenti deprimenti: e
per contrasto, dopo Nicodemo che andava da Gesù di notte, e
dopo il Battezzatore che pur avendo riconosciuto Gesù non
lo seguì, viene narrato l'episodio della samaritana, così libera, audace e illuminata – con all'inizio la precisazione che
«Gesù non battezzava», a differenza dei predicatori della
Grande Chiesa.

1-3.   Quando il Signore Gesù venne a sapere che i farisei
       avevano sentito dire che faceva più discepoli e battezza-
       va più di Giovanni – benché Gesù non battezzasse affat-
       to, in realtà; ed erano i suoi discepoli a farlo – lasciò la
       Giudea e ripartì alla volta della Galilea.

4-6.   Doveva perciò attraversare la Samaria; e giunse in una
       città di Samaria, chiamata Sicàr, vicino al terreno che
       Giacobbe aveva dato a Giuseppe suo figlio: e vi era lì il
       pozzo di Giacobbe. Gesù, stanco del viaggio, sedeva ac-
       canto al pozzo. Era verso l'ora sesta – mezzodì, con il so-
       le a picco.

7-8.   Arrivò una donna samaritana ad attingere l'acqua. Gesù le disse: «Dammi da bere». I suoi discepoli erano andati in città, a fare provvista di cibi.

9. Ma la samaritana gli disse: «Come mai tu che sei giudeo chiedi da bere a me, che sono samaritana?» I giudei infatti non vanno d'accordo con i samaritani.

10. Gesù le rispose: «Se tu conoscessi il dono di Dio e chi è che ti dice 'Dammi da bere', gliene chiederesti tu stessa ed egli ti avrebbe dato acqua viva».

11-12. Gli disse la donna: «Signore, tu non hai nulla per attingere e il pozzo è profondo; da dove la prenderesti quest'acqua viva? Saresti più grande del nostro padre Giacobbe che ci diede questo pozzo, e vi bevve lui e i suoi figli e le sue greggi?»

13. Gesù le disse in risposta: «Chi beve di quest'acqua, poi avrà sete di nuovo.

14. Chi invece beve dell'acqua che l'Io gli darà, non avrà mai più sete, anzi l'acqua che l'Io gli darà diverrà in lui sorgente di acqua che sale nella vita eterna».

15. Gli disse la donna: «Signore, dammi quest'acqua, così non avrò più sete e non dovrò più venire qui ad attingere».

16-17. Le disse Gesù: «Va' a chiamare tuo marito e poi torna qui». Gli rispose la donna: «Non ho marito».

18. Le disse Gesù: «Hai detto bene, che non hai marito; ne avrai avuti almeno cinque, e quello che hai ora non è tuo marito. In questo hai detto il vero».

19-20. Gli disse la donna: «Signore, vedo che sei un profeta. Allora dimmi: i nostri padri hanno sempre pregato su questo monte, ma voi dite che il luogo dove bisogna pregare è Gerusalemme».

21. Le disse Gesù: «Capiscimi bene, donna. È venuto il tempo in cui per pregare il Padre non si avrà bisogno né di questo monte né di Gerusalemme.

22. «Negli uomini c'è il noi; e perciò dicono: 'Voi non sapete cosa pregate, noi invece sappiamo cosa preghiamo, perché la salvezza viene dai giudei e non da voi', e via dicendo.

23. «Ma è venuto il tempo, ed è questo, in cui chi prega davvero pregherà il Padre nello Spirito e nella verità, perché così il Padre vuole che lo si preghi.

24. «Dio è Spirito. E chi lo prega, è bene che lo preghi in Spirito e verità».

25. Gli disse la donna: «So che verrà il Messia, e che quando verrà ci annunzierà ogni cosa».

26. Le disse Gesù: «Sono Io. Impara a dire queste parole. È quello stesso Io che sta parlando con te».

Agli occhi di un seguace della Grande Chiesa, questo dialogo doveva apparire ingiustificatamente lungo: perché dare tanto rilievo a una donna di facili costumi? Ma nel Vangelo del giovane Giovanni la samaritana acquista una funzione importante, esemplare. Gesù ha lasciato la Giudea per evitare contrasti sia con i discepoli del Battezzatore, sia con i farisei preoccupati del suo crescente successo: e incontra una donna capace di ascoltarlo con attenzione. È solo, quando lei arriva: il loro dialogo sarà tra due io – senza il Noi dei discepoli, che si sono allontanati.

Dapprima lei gli parla come si parla ai maschi: i maschi ragionano sempre in base a qualche Noi a cui appartengono o pensano di appartenere, e così lei ironizza sulla tradizionale ostilità dei giudei verso i samaritani. Gesù invece le risponde in termini di «tu» e «io»: e lei capisce, risponde a tono. D'un tratto l'atmosfera del dialogo è completamente cambiata, ora sono un uomo e una donna che parlano di cose autentiche: della storia di lei, di ciò che importa alla gente e di ciò che invece è importante davvero. Gesù la elogia; le dà risposte che contrastano con la religione sia dei giudei, sia dei samaritani, e si accorge di avere una nuova discepola, sensibile e attenta.

27.   In quel momento tornarono i suoi discepoli, e si meravigliarono che stesse a parlare con una donna. Ma nessuno di loro gli domandò: «Cosa ti occorre? Perché parli con lei?»

Il contrasto è netto: a differenza della samaritana, i discepoli non osano né domandare né capire. È troppo per loro vedere il Maestro discorrere da solo a sola con una donna. Proprio come è detto nel Vangelo di Tomaso, quando Pietro si indigna contro la Maddalena: «Ha forse parlato in segreto e non apertamente con una donna, senza che noi lo sapessimo? Ci dobbiamo ricredere tutti e ascoltare lei? Forse l'ha anteposta a noi?»

28-30. La donna intanto lasciò lì la brocca e andò in città e disse alla gente: «Venite a vedere un uomo che mi ha detto tutto quel che ho fatto. Che sia il Messia?» La gente uscì dalla città e andava da lui.

È l'unica volta, nel Vangelo del giovane Giovanni, che qualcuno esorti un'intera città ad ascoltare Gesù; ed è una donna di facili costumi.

I CAMPI D'INVERNO E I CAMPI D'ESTATE
4, 31-38

31. Intanto i discepoli lo pregavano: «Rabbì, mangia un po'!»

32. Gesù disse: «L'Io si nutre di un cibo che il Noi non conosce».

33. E i discepoli si dicevano l'un l'altro: «Forse qualcuno gli ha portato da mangiare mentre noi eravamo via?»

34. Gesù disse loro: «Il cibo dell'Io è fare la volontà di colui che lo ha mandato e portare a compimento la sua opera.

35. «Il Noi vi dice che mancano ancora quattro mesi e poi verrà la mietitura. Ma l'Io vi dice: guardate, ciascuno con i suoi occhi, e vedrete i campi che già biondeggiano di messi.

36. «E chi miete riceve il salario e raccoglie frutto nell'Aiòn, perché chi ha seminato e chi miete ne gioiscano insieme.

37-38. «Torna a proposito qui il detto 'A volte uno semina e un altro miete'. L'Io vi manda a mietere ciò per cui non avete lavorato; altri hanno lavorato, e anche voi traete vantaggio da quel lavoro».

I discepoli sono davvero un Noi, anch'essi; è una legge: grande o piccolo che sia, ogni gruppo umano induce nei suoi componenti dinamiche incompatibili con le dinamiche e le possibilità dell'Io. E in realtà il rapporto dei discepoli con Gesù è spesso carico di tensione e incomprensione: seguono il Rabbì, ma sembrano volerlo trascinare indietro; anche poco prima (4, 2) l'evangelista ha precisato che Gesù aveva abbandonato il rituale del battesimo, ma i suoi discepoli continuavano a praticarlo. E qui, Gesù ha appena chiesto da bere alla samaritana, ma non vuol accettare il cibo dai discepoli, che sanno dire soltanto «noi».

E spiega: «L'Io si nutre di un cibo che il Noi non conosce». L'Io appartiene a un'altra sfera, ha altre necessità, altre sono le forze di cui dispone, e inoltre vede diversamente dal Noi. Per il Noi – come anche per il Battezzatore – tutto ciò che riguarda lo Spirito è lontano: l'avvento del Messia, il giudizio finale, la vita eterna sono ideali vaghi d'un lontano futuro, e ciò che i profeti ne insegnarono è lontano nel passato. Per l'Io, invece, tutto è al presente: ciò che i profeti hanno insegnato è adesso, adesso attende di venir compreso e attuato. L'adesso è l'unica condizione naturale dell'Io, in ogni uomo.

E così è per ognuno: una delle sensazioni che immediatamente si accompagnano a una crescita spirituale è appunto il dissolversi della distanza di secoli o millenni che ci separa da chi aveva sperimentato e descritto tale crescita. Il giovane Giovanni qui sta parlando anche di se stesso: più di un secolo dopo la loro morte, Gesù e i discepoli tornavano a essere *adesso*, nelle pagine che scriveva – e perciò le poteva scrivere, e perciò le possiamo leggere. Qui e ora «voi siete subentrati nel loro lavoro» ed è sempre come ricevere un dono.

IL FUNZIONARIO DEL RE
4, 39-54

Subito dopo il testo cambia stile, un altro copista-redattore interviene, non meno grossolano di quelli che abbiamo già visto all'opera nell'episodio della rissa e nel brano sul Battezzatore a Ennòn, e non meno preoccupato di riportare in qualche modo Gesù nel solco della Grande Chiesa. Quest'altro copista ha innanzitutto bisogno di ridimensionare l'importanza della samaritana:

39. Molti samaritani di quella città credettero in lui per le parole della donna che dichiarava: «Mi ha detto tutto ciò che ho fatto».

40-42. E quando i samaritani giunsero da lui, lo pregarono di fermarsi con loro ed egli vi rimase per due giorni. Molti altri ancora credettero in lui per la sua parola, e dicevano alla donna: «Non è più per la tua parola che crediamo, ma perché l'abbiamo ascoltato noi, e sappiamo che costui è veramente il salvatore del mondo».

Che brusca irruzione di termini e certezze estranee al giovane Giovanni! Un Noi – i samaritani – balza prepotentemente in primo piano, mettendo in disparte la donna, e subito si arroga il diritto di ratificare Gesù. E tre volte viene ripetuto il verbo più caro alla Grande Chiesa: «credere» – «credettero in lui» – inteso proprio in quel senso che Gesù esplicitamente disapprovava: «Gesù non voleva che si credesse in lui, voleva che tutti conoscessero ciò che era in loro. Non gli occorreva che si rendesse onore all'uomo visibile, ma che ognuno sapesse ciò che vi è in ogni uomo» (2, 24). Di nuovo, è come se quest'altro copista-redattore non avesse capito, o non avesse voluto capire il testo che aveva dinanzi.

Tale sua ottusità si addensa più ancora nel seguito, quando il copista-redattore cita da altri Vangeli che pure non aveva compreso:

43-45. Trascorsi lì due giorni, partì per andare in Galilea. Gesù aveva dichiarato che un profeta non viene onorato nella sua patria. Ma quando giunse in Galilea, i galilei lo accolsero con gioia, perché avevano visto tutto ciò che aveva fatto a Gerusalemme durante la festa; anch'essi infatti erano andati alla festa.

Quando negli altri Vangeli Gesù dice: «Nessuno è profeta in patria» (Marco 6, 4; Matteo 13, 57) si riferisce ancor sempre al conflitto tra Io e Noi: il Noi non è in grado di intendere un Io, e nessun Io potrà mai ricevere approvazione dal Noi a cui appartiene.

Quest'altro copista-redattore non riesce ad ammetterlo; gli preme talmente mostrare Gesù approvato da un Noi, che arriva paradossalmente a dare torto a Gesù stesso: Gesù diceva che nessuno è profeta in patria e invece vedete, non era vero, i suoi compatrioti lo onoravano!

Dopodiché, abbondando sempre nell'uso del verbo «credere», narra un miracolo per impressionare il lettore:

46-47. Andò dunque di nuovo a Cana di Galilea, dove aveva mutato l'acqua in vino. Vi era un funzionario del re, che aveva un figlio malato a Cafarnao. Costui, avendo saputo che Gesù era venuto dalla Giudea in Galilea, andò da lui e lo pregò di venire a guarire suo figlio, perché stava per morire.

48-49. Gesù gli disse: «Se non vedete segni e prodigi, non credete». Ma il funzionario del re insistette: «Signore, vieni, prima che il mio bambino muoia».

50-54. Gesù gli rispose: «Va', tuo figlio vive». Quell'uomo credette alla parola che gli aveva detto Gesù, e si mise in cammino. Proprio mentre arrivava, gli vennero incontro i servi a dirgli: «Tuo figlio vive!» Poi il funzionario volle sapere a che ora avesse cominciato a stare meglio. Gli dissero: «Ieri, un'ora dopo mezzogiorno la febbre lo ha lasciato». Il padre riconobbe che era stata proprio l'ora in cui Gesù gli aveva detto: «Tuo figlio vive» e credette lui con tutta la sua famiglia. Questo fu il secondo miracolo che Gesù fece tornando dalla Giudea in Galilea.

Il racconto è una rielaborazione dell'episodio della donna sirofenicia, narrato da Marco e Matteo (Marco 7, 25 sgg.; Matteo 15, 22 sgg.).

Nella versione che questo copista-redattore ne dà qui, spicca soprattutto il fatto che si trattasse di un funzionario del re: un uomo ricco e potente, dunque, che dopo il miracolo si convertì «con tutta la sua famiglia» e nondimeno continuò a svolgere la sua professione al servizio dello Stato. Non è un episodio del Vangelo: lo si direbbe piuttosto un omaggio a quella classe di alti funzionari che a Roma costituirono ben presto il nerbo del movimento cristiano. Costoro sì, «credevano» nel senso della Grande Chiesa, affascinati dal nuovo culto, dai fiabeschi miracoli del Salvatore, ma sempre più estranei all'insegnamento del Gesù dei Vangeli; e continuavano, e continuarono a svolgere le loro funzioni nello Stato fino a che il cristianesimo, adeguatamente riadattato, divenne la religione ufficiale dell'Impero.

Tutt'altro significato ha l'episodio successivo: una guarigione eccezionale anch'essa, ma narrata per essere *capita* e non soltanto «creduta».

1-3. Vi fu poi una festa dei giudei e Gesù tornò a Gerusalemme. Vi è a Gerusalemme, vicino alla Porta delle Pecore, una piscina chiamata in ebraico Betzaetà, con cinque portici, sotto i quali giaceva allora un gran numero di infermi, ciechi, zoppi e paralitici.

4. Un Angelo infatti discendeva a volte nella piscina e agitava l'acqua: e il primo a entrarvi dopo che l'acqua era stata agitata guariva da qualsiasi malattia fosse affetto.

5-6. Vi era lì un tale che da trentotto anni era malato. Gesù lo vide, lì disteso, e venne a sapere che da tanto tempo era lì a quel modo, e gli disse: «Ma tu vuoi essere sano?»

7. Gli rispose il malato: «Signore, non ho nessuno che mi immerga nella piscina quando l'acqua si muove; prima che io ci arrivi, c'è sempre qualcun altro che vi è già sceso».

8-9. Gli disse Gesù: «Alzati, prendi il tuo giaciglio e cammina». E subito quell'uomo fu sano e prese il suo giaciglio, e camminava.

Il racconto di questo miracolo serve da illustrazione del sistema terapeutico di Gesù; altre ne verranno in seguito, e già ne abbiamo discusso.

Da notare, qui, come non vi sia traccia del «credere» come lo intendeva la Grande Chiesa. Il paralitico non ha neppure il tempo di «credere in Gesù», e non sa chi sia Gesù, né cosa insegni: la logica della malattia viene solamente spezzata da un'improvvisa parola *sensata*: «Ma tu *vuoi* essere sano?»

L'evangelista sottolinea questo dettaglio terapeutico, nel seguito: l'uomo guarito non sa chi l'abbia guarito, non crede in lui, è bastata l'irruzione di quella parola nella sua vita, a guarirlo.

9-11. Ma quel giorno era un sabato. Perciò i giudei dissero all'uomo guarito: «È sabato e la Legge proibisce di trasportare giacigli il sabato». Rispose: «Quello che mi ha guarito mi ha detto di prendere il mio giaciglio e di camminare».

12-13. Gli chiesero allora: «E chi è stato a dirti di prendere il tuo giaciglio e di camminare?» Ma l'uomo che era stato guarito non sapeva chi fosse; Gesù infatti si era allontanato, tra la gran folla che c'era in quel luogo.

14-15. In seguito Gesù lo incontrò nel Tempio e gli disse: «Ecco, sei sano ora. Non peccare più, perché non ti capiti qualcosa di peggio». Quell'uomo se ne andò e disse ai giudei che era stato Gesù a guarirlo.

16-18. Perciò i giudei cominciarono a perseguitare Gesù, perché faceva queste cose di sabato. Ma Gesù rispondeva loro: «Il Padre mio è sempre all'opera e anch'io lo sono». Appunto perciò i giudei cercavano ancor più di ucciderlo: perché non soltanto violava il sabato, ma diceva che Dio era suo Padre, facendosi uguale a Dio.

Questo è davvero lo stile del giovane Giovanni: i prodigi non cambiano nulla, scalfiscono soltanto per un attimo la compattezza del Noi, che subito si riconsolida nelle sue regole e nella sua ottusità. Mentre il senso dei prodigi è accessibile solamente all'Io, e soltanto nell'Io può produrre conseguenze – che poi non lasciano alcuna traccia, se l'uomo torna a obbedire a un qualche Noi. A ciò si riferisce la raccomandazione di Gesù: «Non peccare più, perché non ti accada di peggio», cioè: non ricadere più nella logica del peccato e della Legge, o in nessun'altra logica di un Noi, perché la tua paralisi non si rinnovi in qualche altro modo. Ma di questo miracolato non è detto più nulla, solo che andò dai «giudei» a riferire; di certo, non divenne un discepolo di Gesù.

COME IN CIELO COSÌ IN TERRA
5, 19-23

19. Gesù diceva nei suoi discorsi: «È così, è così, è l'Io che ve lo dice: il Figlio, il vostro Io, quando si accorge di ciò che fa, vede che di per sé non fa nulla, ma fa ciò che vede fare dal Padre; ciò che il Padre fa al di là di questo mondo, anche il Figlio lo fa allo stesso modo, in questo mondo.

20. Tra il Padre e il Figlio vi è il legame dell'amore, e il Padre mostra al Figlio tutto ciò che fa, e gli manifesterà opere ancora più grandi di queste, e il Noi potrà soltanto stupirsene.

21. Come il Padre vi libera dai limiti di questo mondo e vi dà la vita vera, così anche il Figlio, in ciascuno di voi, dà la vita a chi la vuole avere.

22-23. E il Padre non decide nulla, ma ha affidato ogni decisione al Figlio, perché tutti onorino il Figlio come onorano il Padre. Chi non onora in se stesso il Figlio, non onora il Padre che lo ha mandato in questo mondo».

Il verso del *Padre nostro* «Sia fatta la tua volontà, come in cielo così in terra» (Matteo 6, 10) ha lo stesso significato di ciò che il giovane Giovanni sta spiegando qui. L'armonia tra cielo e terra produce nell'Io una crescita inesauribile, quanto più ci si abitua a intenderne il linguaggio e a sentire quel «legame d'amore». Ed è d'altra parte un legame di due reciproche necessità: così come l'Io si accorge di «non poter fare nulla se non ciò che vede fare dal Padre», allo stesso modo il Padre può esistere e agire in *questo mondo* solamente attraverso l'Io. Per l'Io, è accorgersi di *essere* qui e ora Dio («L'Io e il Padre sono tutt'uno», dirà più avanti Gesù): cioè di avere in se stesso la Causa prima di tutto ciò che esiste nell'universo e di ciò che lo ha prodotto; per il Padre, è un affacciarsi dall'infinito al finito. Due dimensioni da sempre considerate contrapposte si estendono qui l'una nell'altra, se l'uomo decide di far essere Dio attraverso di sé, invece di far esistere questo mondo divenendone strumento, come avviene a tutti nel Noi. Rispetto a questo infinito che nell'uomo si avverte e comincia ad agire, il nostro semplice «Io» biografico, con i suoi tanti piccoli intralci, incertezze e traumi, diviene come il bozzolo per la farfalla.

LA RESURREZIONE

5, 24-29

24. «È così, è l'Io che ve lo dice: ciò che in ognuno di voi ascolta la parola dell'Io e comincia a capire ciò che ha mandato l'Io nel mondo, vive già nel Grande Tempo divino, e non ha da preoccuparsi del bene e del male, ma è passato dalla vita limitata di questo mondo alla vita reale.

25. «È così, è l'Io che ve lo dice: è venuto il momento ed è questo, in cui anche ciò che in voi era imprigionato dai limiti di questo mondo udrà la voce del Figlio di Dio e se l'ascolta vivrà.

26. «Infatti il Padre ha la vita in se stesso, e ha concesso al Figlio di avere la vita in se stesso.

27. «E gli ha dato il potere di giudicare, perché è Figlio dell'uomo.

28. «Non vi meravigliate di questo, non fermatevi a questo! Perché tutto ciò che in voi è chiuso ora nel mondo limitato, e tutti coloro che ora sono chiusi nei limiti di questo mondo, udranno la voce del Figlio e usciranno fuori.

29. «E ciò che in voi produce il bene agirà libero in una vita nuova, e ciò che in voi fa il male, si saprà che fa il male, e lo si lascerà perdere.»

Nel Vangelo di Giovanni i discorsi ampi di Gesù hanno un caratteristico sviluppo a spirale: partono cioè da un argomento (che di solito è l'Io, o il Noi che non sa ascoltarlo), ne spiegano ogni volta un aspetto nuovo, lo applicano in varie questioni (della Legge, della libertà, delle promesse messianiche), e poi tornano di nuovo all'argomento di partenza e da lì ripartono di nuovo, e così più e più volte entro lo stesso discorso. L'effetto è di fascinazione, quel movimento a spirale si comunica alla mente del lettore, tanto che di nessun discorso del Vangelo di Giovanni il lettore può farsi e rammentare poi una sintesi, come se si trattasse di qualcosa di esterno a lui, da considerare e descrivere: può solamente capirli tanto più quanto più se ne lascia prendere e li *diventa*. La mente e l'animo del lettore diventano questi discorsi, leggendoli.

È ciò che Gesù spiega qui, e che spiegherà poi di nuovo in toni più intensi. Il senso di questo brano è appunto che, dinanzi ai discorsi di Gesù, *comprenderli è diventare ciò che dicono*. Non è previsto, come invece negli altri Vangeli, il passaggio dall'ascoltare, al ricordare, al riflettere su ciò che si è ascoltato, per poi metterlo in pratica. Qui è tutt'uno.

Se ascolti, sei già nell'Aiòn dove questi discorsi procedono: e soltanto là e da là puoi ascoltarli e capirli. Solo se è l'Io ad ascoltarli in te. E se sei nell'Aiòn non vi è più dubbio su ciò che è bene e ciò che è male; un intelletto nuovo ti guida, il vento, lo Spirito in te. Così si vive davvero.

In *questo mondo*, in confronto, si è nella morte – cioè con la coda dell'occhio sempre volta alla morte, immagine di tutti i limiti di questo mondo. Il giudaismo, come anche il cristianesimo della Grande Chiesa, riteneva che la morte fosse semplicemente la morte, e che la resurrezione dell'ultimo giorno avvenisse in futuro, dopo la morte di tutti. Secondo Gesù, invece, la morte è vivere entro i limiti di questo mondo. La vita è in te, così come è nel Padre: da te deve venire. Ciò significa che questo mondo, e la realtà tutta, e l'esistenza e le tante esistenze che vi si possono condurre, tutto ciò è nell'Io, proprio com'è nel Padre. «Sono io.» Imparando a conoscere ogni cosa, tu conosci te stesso.

Tu, dunque, sei più grande di tutto. E puoi giudicare tutto, perciò. «Se non giudicate, è perché avete paura di essere giudicati», dice il Vangelo di Matteo: avete paura, cioè, che qualcosa di più grande vi giudichi. Ma tu sei più grande di tutto ciò che esiste, fa dire qui a Gesù il giovane Giovanni. Puoi giudicare perché sei già passato oltre, a un più alto livello evolutivo, se ascolti questi discorsi: e poiché, a differenza di Dio, *tu hai vissuto questo mondo*, e sei figlio dell'uomo in questo mondo, lo puoi giudicare ancora più di quanto Dio non possa.

LE CONFERME
5, 30-47

30.   «Ma l'Io non può far nulla di per sé. Ciò che decido è
       giusto se decidendo ascolto ciò che vi è in me di più
       grande di me.

31-32. «Se cercassi soltanto di esprimere me stesso, non arri-
       verei a nulla di vero. La verità è in ciò che sento in me
       di più grande.

33-35. «Anche Giovanni il Battezzatore, che voi stimavate, vi
       parlava di ciò che era più grande dell'Io. D'altronde
       Giovanni era una lampada che ardendo si consumava,
       e a voi è soltanto piaciuta quella luce che si spegneva.

34.   «Ma non lo dico perché l'Io abbia bisogno che qualcu-
       no gli dia conferma; in ognuno di voi l'Io è quell'ele-
       mento più grande che si fa udire, perché la vostra vita
       si liberi da questo mondo.

36.   «Le conferme che l'Io riceve in ognuno sono più grandi
       di quelle di Giovanni. Le opere che il Padre ha affidato
       all'Io, l'impulso ad agire, che l'Io sente sempre: queste
       sono in voi stessi le conferme che il Padre ha mandato
       l'Io nel mondo.

37-38.   «Così il Padre stesso dà continuamente conferma al-
l'Io in ognuno di voi; ma siete ancora un Noi, e il
Noi non ode la sua voce, non lo riconosce e non riesce ad accogliere in sé la sua parola, perché non è in
grado di capire il Padre che ha mandato l'Io in questo mondo.»

Il Padre, dice qui Gesù, si manifesta nell'uomo attraverso
l'Io, che dal Padre proviene, e attraverso ciò che l'Io spinge
l'uomo a fare: e l'uomo può percepirlo e non tanto trovare la
verità, ma farla esistere, e far esistere Dio con essa, se sa riconoscere in sé questo Io, che è più grande di ciò che l'uomo sa
di sé e del mondo. Ognuno può riuscirci: l'unico ostacolo è la
sottomissione a un qualche Noi – dato che il Noi è ciò che
non può percepire né l'Io né il Padre.

Non solo nessuna religione ha mai affidato al singolo individuo una tale responsabilità, ma le religioni dicono per lo più
il contrario, e cioè che l'Io da solo, senza guida di maestri e
padri spirituali, è perduto; e i maestri e padri spirituali d'una
religione sono quelli che l'autorità religiosa – il Noi, di nuovo
– riconosce come tali. Così era anche al tempo in cui il giovane Giovanni scriveva il suo Vangelo: la Grande Chiesa stava
ricostituendo nel cristianesimo quel Noi, da cui Gesù aveva
messo in guardia. E così come l'insegnamento del Battezzatore non aveva lasciato traccia in Israele, allo stesso modo stava avvenendo anche per l'insegnamento di Gesù tra i cristiani: l'Io, sì, «non ha bisogno che qualcuno gli dia conferma» –
e tuttavia si sente che l'evangelista scriveva queste parole fre-
mendo: «Ma siete ancora un Noi».

39.   «Il Noi esamina le Scritture sacre, in ogni religione;
ma le Scritture sacre di ogni religione non parlano che
di questo.

40-41. «Ma il Noi non vuol arrivare fino a questo, per vivere davvero. Ha paura della vita vera. L'Io non viene mai riconosciuto dai Noi.

42. «L'Io lo sa bene; sa che quell'amore che regge l'intero universo è estraneo al Noi.

43. «L'Io che avvertite in voi stessi viene da e per il Padre, e il Noi non lo accoglie; se un altro viene a nome proprio, a portarvi soltanto cose che trae da se stesso, il Noi lo accoglie – perché non ha ragione di temerlo.

44. «Come potete capire qualcosa di più grande, voi che avete sempre bisogno di darvi conferma l'un l'altro, e non cercate mai ciò che è più grande di voi?»

Queste parole valevano più ancora nelle diocesi della Grande Chiesa nel II secolo, che non nella Gerusalemme di Gesù.

45. «Non è l'Io che vi accusa davanti al Padre; ma ogni vostro testo sacro vi mostra che le cose stanno così.

46. «Se infatti riusciste a capire Mosè o qualsiasi altro vostro profeta capireste l'Io, perché tutti i profeti parlano dell'Io.

47. «Ma non capite i vostri testi sacri, e come potete capire il vostro Io?»

Il travisamento di Gesù nel cristianesimo non fa che riprodurre il travisamento di Mosè nell'ebraismo, e proprio negli stessi termini: vi è sempre un Noi all'opera, che nasconde agli uomini l'Io. Quanto a Mosè, Mosè faceva dire a Dio nella *Genesi*:

Va' via dal tuo paese, dalla tua patria
e dalla casa di tuo padre,
verso la terra che l'Io ti indicherà.
L'Io farà di te un grande popolo.

Genesi 12, 1-2

Ma si leggeva qui «Io farò» e non «l'Io farà», e il «grande popolo» non era più quell'identità più grande che viene promessa qui a chiunque ascolterà il proprio Io liberandosi dal Noi («dalla tua patria»), ma diventa il mito del popolo eletto, di quel Noi feroce, sterminatore di altri popoli creduti inferiori e impuri. Anche nella Torah il Noi volle vedere la celebrazione di se stesso, proprio come il Noi del cristianesimo riusciva a trarre una celebrazione di sé dall'insegnamento di Gesù, svisandolo e dimenticandolo sempre più. Il Noi non poteva e non può ascoltare.

LA COSIDDETTA MOLTIPLICAZIONE DEI PANI
6, 1-15

Non è un miracolo, nel senso che non vi fu qui violazione di nessuna legge di natura. Veniva violata invece una fondamentale legge economica del Noi, secondo la quale ciascuno deve pensare innanzitutto al proprio interesse. I pani e i pesci non vennero moltiplicati, ma soltanto divisi cordialmente, e bastarono per tutti.

1-2. Dopo questi fatti Gesù passò sull'altra riva del lago di Tiberiade, e una grande folla lo seguiva, impressionata dal suo modo di curare i malati.

2-6. Gesù sedeva su un'altura, con i suoi discepoli. Era primavera, verso Pasqua. E vedendo la grande folla, disse a Filippo: «Il cibo per questa gente lo si dovrà comprare, che ne pensi?» Ma non lo diceva sul serio; in realtà aveva altre intenzioni.

7-9. Filippo rispose: «Dovremmo spendere una somma enorme, per dar da mangiare a tutti». Andrea aggiunse: «Alcuni hanno da mangiare, come quel ragazzino che ha pani d'orzo e pesci; ma gli altri?»

10-11. Gesù disse: «Dite alla gente di sedersi». Il luogo era accogliente, vi erano prati. La folla era di circa cinquemila persone. Allora Gesù, in modo che tutti lo vedessero, prese dei pani e dei pesci e li divise, e li distribuì a quelli che sedevano accanto a lui, e ne ebbero quanti ne vollero.

12-13. E quando tutti ebbero mangiato abbastanza, Gesù disse ai discepoli di far raccogliere gli avanzi, in modo da conservarli in comune. Solo tra coloro che sedevano vicino a Gesù si raccolsero dodici ceste di avanzi, e tutto era cominciato con quei pochi pani e pesci di un ragazzino.

14-15. Allora la gente, stupita dall'autorità con cui aveva fatto questo, cominciò a dire: «Questo è davvero il profeta che deve venire nel mondo!» Ma Gesù, sapendo che volevano farlo re, si ritirò sull'altura, da solo.

L'ansia cristiana del meraviglioso tornò utile per trasformare questo episodio in un racconto miracoloso, rendendolo in tal modo *socialmente innocuo*. Eppure il senso era così evidente: Gesù esortò la folla a mettere in comune le provviste per la cena, e a raccogliere gli avanzi in comune. Alcuni dei presenti intuirono l'importanza economica e politica di ciò, e volevano «farlo re», trarre cioè dal suo insegnamento un'ideologia (il che sarebbe avvenuto diciotto secoli dopo); ma Gesù non acconsentì. Un re non può che essere il re di un Noi, e a Gesù ciò non poteva interessare. Forse la storia del mondo sarebbe cambiata, se Gesù avesse dato ascolto a quei suoi seguaci politici. Ma si sarebbe trattato della storia di *questo mondo*: e per Gesù non aveva senso.

Il Noi, dopo d'allora, provvide naturalmente a difendersi: davvero la religione è l'oppio dei popoli, e solamente oppiaceo è ancor oggi lo sforzo di credere che davvero quella cena si fece con la moltiplicazione dei pani e dei pesci di quel ragazzino, e che poi i discepoli per qualche oscura ragione raccolsero gli avanzi.

Letto come un miracolo, questo racconto è insensato; letto come la descrizione di una pratica consueta di Gesù durante le sue predicazioni, rientra appieno in quella distruzione dei valori di questo mondo, che faceva e fa ancora guardare al suo insegnamento come un pericolo per l'ordine costituito.

COME SI CAMMINA SULLE ACQUE
6, 16-21

16-21. Venne la sera e i discepoli scesero sulla riva, e saliti su una barca traversarono il lago in direzione di Cafarnao. Era buio, e Gesù non era ancora venuto da loro. Il mare era agitato, soffiava un forte vento. Dopo aver remato per tre o quattro miglia, videro Gesù che camminava sulle acque e si avvicinava alla barca, ed ebbero paura. Ma disse loro: «Sono io, non temete». Allora vollero prenderlo sulla barca, e rapidamente la barca toccò la riva a cui erano diretti.

Abbiamo visto nell'Introduzione che questo miracolo è molto simile a un sogno; a quell'epoca, e anche nel primo cristianesimo, era d'altronde già ben chiara l'importanza dei sogni come disvelatori di significati che la mente non osa cogliere nella loro interezza: così, per esempio, Luca narra che i discepoli dormivano durante la Trasfigurazione e che, quando videro Elia e Mosè accanto a Gesù, erano in uno stato tra sonno e veglia (Luca 9, 32).

Qui, se davvero l'autore del brano lo sognò, il senso del suo sogno sarebbe chiaro: i discepoli che partono in barca da soli rappresenterebbero i loro primi tentativi di predicazione;

il forte vento rappresenterebbe gli ostacoli esteriori e interiori alla predicazione stessa; e l'arrivo prodigioso di Gesù rappresenta l'ispirazione e l'affluire di nuova fiducia in se stessi e nell'insegnamento. «Sono io», dice infatti Gesù, come suggerendo ai discepoli la chiave per affrontare qualsiasi avversità: quelle due parole sono il suo precetto fondamentale, con cui l'Io divino torna a essere al centro dell'uomo e del mondo, e ogni tempesta può venir superata.

COME INTERPRETARE I MIRACOLI
6, 22-39

Segue un brano mal scritto, evidentemente aggiunto da copisti-redattori:

22-25. Il giorno dopo la folla, rimasta dall'altra parte del mare, notò che c'era una barca sola e che Gesù non era salito con i suoi discepoli sulla barca, ma soltanto i suoi discepoli erano partiti. Altre barche erano giunte nel frattempo da Tiberiade, al luogo dove avevano mangiato il pane dopo che il Signore aveva reso grazie. Quando dunque la folla vide che Gesù non era più là e nemmeno i suoi discepoli, salì sulle barche e si diresse verso Cafarnao alla ricerca di Gesù. Trovatolo al di là del mare, gli dissero: «Rabbì, quando sei venuto qua?»

Al di là delle sue intenzioni, questo brano mostra come non interpretare un racconto di miracoli: esprime infatti stupore, smarrimento e nient'altro dinanzi a un fatto incomprensibile.

Subito dopo ha inizio un lungo discorso di Gesù su come, invece, interpretare correttamente i racconti di miracoli. Gesù risponde:

26.   «È così, è così, l'Io ve lo dice: quando un Noi cerca l'Io non è per trovare ciò che è più grande, ma solo per aver conferma di ciò che sa già, per soddisfare bisogni che già sapete di avere.

27.   «Cercate invece ciò che è più grande del vostro mondo limitato, e che il Figlio dell'uomo vi dà: la vostra nuova fase evolutiva. Perché su questo il Padre ha posto il suo sigillo».

28.   Gli domandarono: «Ma in pratica, che cosa vuol dire compiere le opere di Dio, come tu dici?»

29.   Gesù rispose: «Soltanto capire ciò che viene da Dio».

Una grande folla – un grande Noi dunque – seguiva Gesù per i prodigi che faceva: e a questa folla Gesù spiega qui che è inutile.

Il Noi non si smentirà mai, vuole sempre e soltanto restare se stesso: il Noi è abituato a sottomettersi a uomini di potere, e ad annientare in tale sottomissione ogni valore individuale. È il contrario che dovete cercare, spiega qui Gesù. Ognuno cerchi ciò che vi è di nuovo, diverso e più grande in lui stesso: l'Io, l'uomo nuovo, il Figlio di Dio. Aprite la mente e capirete, ognuno lo può. E può e deve farlo da solo, senza garanzie preliminari che in qualche modo lo rassicurino.

Anche ai suoi primi due discepoli, che gli chiedevano quale fosse il suo insegnamento, Gesù aveva risposto: «Venite avanti e lo vedrete da voi». E i due discepoli avevano obbedito. Qui invece la folla protesta, insiste.

30-31. Gli dissero: «Sì, ma così è tutto astratto. Tu cosa fai in concreto, che segni ci dai perché capiamo? I nostri padri hanno avuto dei miracoli sui quali fondarsi: Mosè, per esempio, diede loro la manna quando erano nel deserto».

32-33. Rispose loro Gesù: «È così, è così, l'Io ve lo dice: non avete capito affatto quel brano in cui si parla della manna: non è che Mosè diede allora agli ebrei un cibo venuto dal cielo! Il senso era che il Padre dell'Io vi dà sempre il vero cibo celeste; e questo cibo è l'Io che discende dal cielo e dà la vita a questo mondo».

34. Gli dissero: «Signore, allora mostraci e dacci sempre questo cibo».

35-36. Gesù rispose: «L'Io è il cibo della vita. Chi giunge all'Io non ha più bisogno di cercare altro cibo e chi comincia a capire secondo l'Io non avrà più né fame né sete né altre angosce nella sua anima. Ma il Noi ascolta queste cose, le vede eppure non può capirle».

Gesù, in risposta alla folla, fa una lezione di esegesi biblica. Spiega che l'episodio della manna è simbolico, e non riguarda soltanto Mosè e gli ebrei dell'Esodo ma ogni uomo. La manna, spiega Gesù, rappresenta un modo di intendere l'esperienza e la vita intera: Mosè, in realtà, insegnò agli ebrei che in tutto ciò che avviene nella vita il Padre (la causa prima di tutte le cose) dà all'uomo indicazioni per trovare la giusta via. Imparare a riconoscere queste indicazioni significa imparare a intendere il senso della vita. E solo l'Io può imparare a intenderlo. Il Noi non può. Infatti, neanche gli ebrei dell'Esodo impararono più di tanto da Mosè, anche dopo il miracolo della manna: continuarono a non capire, a recalcitrare, e morirono durante i quarant'anni che Mosè fece loro trascorrere nel deserto, quando disperò di poterli riscuotere dalla loro mentalità di schiavi.

Solo l'Io può capire – continua Gesù – perché l'Io è esso stesso quel senso della vita, l'Io è la manna discesa dal cielo:

232

«disceso dal cielo» sta infatti a significare connesso al cielo, tutt'uno con il cielo.

37-38. «Tutto ciò che il Padre dà all'Io giunge all'Io soltanto, e per l'Io tutto è lezione e dono, e tutto ciò che l'Io scopre e impara è il Padre a darglielo, perché l'Io non è disceso dal cielo per essere soltanto se stesso ma per rendersi conto di appartenere a quella dimensione più grande da cui proviene.

39. «E questo significa rendersene conto: capire che tutto ciò che avviene nella vita non è inutile o insignificante, ma va inteso e riconosciuto alla luce di una dimensione più grande.»

Se vi nutrite di questo Io, vi nutrite del cielo e il cielo è in voi, e di ogni cosa cogliete il senso celeste: un senso, cioè, che supera ogni vostro modo consueto e limitato di considerare voi stessi e ciò che vi accade nel mondo.

LA RESURREZIONE DI OGNI COSA
6, 40-58

Secondo le credenze del giudaismo, come anche secondo le credenze cristiane, le anime risorgeranno nell'ultimo giorno di questo tempo limitato, per entrare in una vita eterna. Secondo Gesù invece tutto deve e può risorgere, ogni singolo avvenimento, e non in un futuro vago ma già ora, nel Grande Tempo che in ogni istante è.

40.   «Questa è infatti la volontà del Padre dell'Io: che tutto ciò che viene visto e compreso dal Figlio, entri a far parte del Grande Tempo, dell'Aiòn; e l'Io lo avrà con sé nella nuova vita che incomincia ora.»

41-42. I giudei erano risentiti per il tono blasfemo di questo discorso. E dicevano: «Ma lui è un essere umano come tutti noi, come può dire di essere parte di una dimensione celeste?»

43.   Gesù rispose: «Non cercate di capire in base al Noi. Non ci riuscirete.

44.   «Nessuno può arrivare a capire l'Io, se non viene guidato dal Padre stesso, che ha mandato l'Io. E solo allora l'Io gli aprirà la vita nuova.

45. «È scritto nei Profeti: 'Tutti i tuoi figli impareranno direttamente da Dio' (*Isaia* 54, 13). Ognuno ascolterà Dio, ma di per sé, poiché solo se uno ascolta davvero il Padre e ha imparato dal Padre può giungere all'Io.

46. «E l'uomo non ha mai visto il Padre, ma solo ciò che nell'uomo viene da Dio ha visto il Padre».

Tratto comune ai grandi profeti e a Gesù è la certezza che tra Dio e uomo non occorra mediazione alcuna: tutti possono e devono imparare *direttamente* da Dio. E naturalmente, dopo questa affermazione il tono e l'atmosfera del discorso di Gesù divengono via via più tesi.

47. «È così, è così, l'Io stesso ve lo dice: se cominciate a capire voi siete già nel Grande Tempo.

48. «L'Io è il cibo della vita tutta quanta.

49. «I vostri padri, durante l'Esodo, videro segni e prodigi, ma poi credettero che la manna nel deserto fosse soltanto manna, e sono rimasti nel mondo limitato.

50. «Questo di cui l'Io vi parla è invece un cibo dal cielo, un nutrimento spirituale che diventa realtà, perché chi lo assimila e si accorge di averlo in sé non rimanga entro i limiti del mondo che voi conoscete qui.

51. «Questo nutrimento spirituale diventa realtà in ognuno di voi. Se uno lo assimila e si accorge di averlo in sé, entra nel Grande Tempo; e il nutrimento che l'Io gli dà è precisamente la realtà dell'Io, una dimensione celeste nella vita quotidiana di questo mondo.

52. «I giudei cominciarono a indignarsi, perché proprio non riuscivano a comprendere in qual modo un elemento spirituale potesse diventare una realtà materiale.»

53. Gesù disse: «È così, è così, è l'Io stesso a dirvelo: se non trasformate in realtà materiale e in vita quotidiana il vostro Io celeste, e non vi accorgete di averlo come reale fonte di vita, non avrete in voi il Grande Tempo».

Nelle versioni consuete, questo passo appare tutto rinchiuso nella sua forma simbolica: «Se non mangiate la carne del Figlio dell'uomo e non bevete il suo sangue, non avrete in voi la vita». Qui, mostro come decifrarla e renderla assimilabile. Nel cristianesimo, la forma simbolica prevalse invece e, presa alla lettera, servì ad argomentare il sacramento della comunione: un rituale simbolico, di nuovo! Un modo cioè per *separare* la dimensione spirituale da quella «profana», dalla vita di tutti i giorni. Ma proprio su questa vita di tutti i giorni insiste qui Gesù, avverso per sua natura a tutti i rituali:

54. «Chi trasforma l'Io spirituale in realtà quotidiana entra nel Grande Tempo, e l'Io diviene da subito per lui quella resurrezione nell'ultimo giorno che voi attendete, in cui tutta la verità e la gloria divina sono ovunque.

55. «Assimilare questo Io è davvero un nutrirsi: una realtà che diventa realtà, così come la carne che mangiate diventa carne in voi.

56. «Chi mangia la carne dell'Io e beve il suo sangue rimane nell'Io e l'Io rimane in lui».

Negli altri Vangeli, questo stesso concetto viene espresso meno brutalmente nell'elenco delle Leggi di Gesù – comprendere e assimilare le quali è del resto talmente contrario alla natura di questo mondo, da costituire per qualsiasi Noi una aberrazione. Nel Vangelo di Giovanni, l'impatto, lo shock dell'aberrante insegnamento di Gesù diventa ora l'argomento determinante; Gesù vi insiste e lo porta all'estremo, arrivando a commettere un consapevole sacrilegio: non solo calca su un'immagine cannibalica – il che poteva ancora passare, dato che ne era evidente l'intenzione simbolica – ma esorta a «bere il sangue», offendendo uno dei più profondi divieti ebraici. Ogni tipo di sangue era tabù, per la Legge mosaica – e anche sui tabù si regge, com'è noto, l'identità e la compattezza di un Noi. Gesù attacca il Noi ebraico nei suoi tabù. Solo i *rabbim* più versati nelle Scritture sapevano che in realtà il divieto di ingerire sangue (*Genesi* 9, 4) era il divieto ad «assimilare l'identità altrui»: non bere il sangue altrui significava non imitare gli altri, non sottrarti mai al compito di essere pienamente te stesso.* E proprio così lo intende Gesù, spiegando alla folla che la chiave del rinnovamento interiore è l'assimilazione di una identità nuova, e divina – come se la folla avesse potuto intendere quella finezza rabbinica, come se la potenza delle parole mosaiche aprisse un varco nelle menti. Ma la folla non intende. E Gesù continua:

57. «Il Padre ha la vita in sé, è più grande della vita, e manda l'Io in questo mondo, e l'Io vive mediante il Padre: allo stesso modo chi mangia l'Io vive mediante l'Io.

58. «E questo è il pane disceso dal cielo, di cui parla anche Mosè, e non quello che intendevano i vostri padri, nel loro mondo limitato. Se ne mangiate, è perché da quel loro mondo limitato siete usciti».

Altre offese ancora: Gesù sta screditando la tradizione degli interpreti della Bibbia, dei dottori della Legge – «uomini limitati» a cui contrappone se stesso. E ripete che attraverso l'Io, semplicemente attraverso l'Io, ogni uomo è congiunto

* Cfr. I. Sibaldi, *La creazione dell'universo*, Milano 1999, pp. 160-161.

qui e ora a Dio Padre e all'eternità: senza bisogno di nessuna mediazione sacerdotale, di nessun sacramento. *La vita stessa ve lo congiunge*, e congiunge a Dio chiunque lo assimili e lo scopra in sé. La vita è una sola, in cielo come in terra, e l'unico nesso veramente sacro tra tutte le Sfere. Se lo dicesse oggi in una Chiesa, Gesù susciterebbe certamente agitazione. Qui, dopo il suo discorso, Gesù viene abbandonato dalla maggioranza dei discepoli.

TRE DIVERSI NOI
6, 59-70; 7, 1-10

I seguaci scandalizzati

59-60. Diceva queste cose a Cafarnao, nella sinagoga. E anche molti dei suoi discepoli dicevano di lui: «Come parla difficile. Chi può starlo a sentire, un linguaggio tanto ostico?»

61-63. Gesù disse loro: «Questo mio linguaggio vi offende? Se vedeste com'è il Figlio dell'uomo al di là di questo mondo, sentireste lo Spirito in queste parole, le riconoscereste nella vostra vita. Invece vi fermate alla forma esteriore delle parole, mentre ciò che vi dico è Spirito e vita».

Qui è esplicito il riferimento alla Grande Chiesa, che nel rituale dell'eucaristia rendeva sacra appunto la forma esteriore, il pane e il vino consacrati, invece di trarre dalle parole di Gesù «Spirito e vita reale». E qui un copista-redattore interviene nel testo: come per distrarre l'attenzione, aggiunge una frase inutile, che contrasta con ciò che precede e ciò che segue:

64. «Ma vi sono tra voi alcuni che non credono.» Gesù in-

239

fatti sapeva già da prima chi erano quelli che non credevano e chi l'avrebbe tradito.

Non si trattava di «alcuni tra voi» ma del Noi; e non del «credere», ma del capire. «*Il vostro Noi non capisce!*» doveva aver detto qui Gesù. E infatti prosegue:

65.   «Perciò vi ho detto che nessuno può venire a me, se non attraverso il suo rapporto personale con Dio».

66.   Da allora molti dei suoi discepoli lo abbandonarono.

«Da allora», e l'evangelista lascia in sospeso il *terminus ad quem* di questo periodo di allontanamento da Gesù, lasciando intendere che tale periodo non aveva una fine.

I dodici discepoli

Anche i dodici discepoli sono un Noi, e anche in essi agiscono le dinamiche dei Noi: fino a che saranno e diranno «Noi», come Pietro fa qui, dovranno perciò stare in guardia da se stessi.

67.   Gesù disse ai Dodici: «Anche voi siete soltanto un Noi e ve ne andrete?»

68-69. Gli rispose Simon Pietro: «Signore, da chi andremo? Tu hai parole di vita eterna e noi abbiamo capito e sappiamo che tu sei il Messia, il Figlio di Dio».

70.   Rispose Gesù: «L'Io si manifesta in ogni uomo, e anche in voi Dodici. Ma là dove c'è un Noi, c'è un diavolo che agisce!»

Il solito copista-redattore si affretta a rassicurare il lettore:

70. Gesù stava parlando di Giuda Iscariota, che era appunto uno dei Dodici e stava per tradirlo.

No. Gesù stava parlando ancora del Noi. Pietro sostiene che il gruppo dei Dodici gli resterà sicuramente fedele; Gesù lo disillude subito – e infatti tutti i Dodici, e Pietro soprattutto, abbandoneranno e rinnegheranno Gesù quando un Noi più potente del loro si farà avanti.

I fratelli

Segue un altro episodio sconfortante per Gesù:

1. Dopo questi discorsi Gesù tornò in Galilea, dato che in Giudea cercavano di ucciderlo.

2-3. Ma là i suoi fratelli insistevano perché tornasse in Giudea, a insegnare a Gerusalemme durante le grandi feste religiose.

4-5. «Se uno vuole diventare famoso, non si tiene nascosto», gli dicevano. «Se sei capace di cose tanto grandi, fatti conoscere al mondo!» Neppure i suoi fratelli capivano che cosa fosse l'Io.

6. Gesù allora disse loro: «Il tempo dell'Io non è ancora giunto, mentre il vostro tempo è sempre pronto.

7. «Voi siete un Noi e perciò questo mondo non vi odia, ma il mondo odia l'Io, perché l'Io mostra che le sue opere sono malvagie.

8-9. «I Noi vanno alle feste; l'Io non ci va, perché il suo tempo non è ancora compiuto». E restava in Galilea.

Il Noi dei fratelli di Gesù mostra qui un'altra caratteristica comune a tutti i Noi: riconoscere come valido soltanto ciò che viene riconosciuto da un Noi più prestigioso – qui, gli abitanti e le autorità della capitale, Gerusalemme, vista dalla remota Galilea. Non per nulla Gesù aveva detto poco prima che in ogni Noi c'è il diavolo in azione: i fratelli di Gesù gli danno qui un consiglio molto simile a quelli che, nei Vangeli di Matteo e Luca, gli aveva dato il diavolo nel deserto. Là, il diavolo aveva consigliato a Gesù tre modi sicuri per impressionare appunto il Noi – ricorrere al potere, alla promessa di un benessere economico, e al bisogno di miracoli – e Gesù non li aveva accettati (Matteo 4, 1 sgg.; Luca 4, 1 sgg.). Qui, i fratelli lo esortano a «farsi conoscere a questo mondo», in modo cioè che *questo mondo* lo possa capire: va' a parlare alla gente nel loro linguaggio, adàttati a loro.

Gesù, in risposta, ripete quel che aveva detto alla madre durante le nozze di Cana: «Il tempo dell'Io non è ancora venuto». Ma qui il senso è ben più netto: non è l'Io che deve adattarsi a q*uesto mondo* – intende qui Gesù –, voi sì, potete adattarvi, perché siete un Noi; ma questo mondo è rimasto troppo indietro perché valga la pena di rincorrerlo.

10. E, partiti i fratelli per Gerusalemme, anche Gesù vi andò; ma non apertamente: preferiva restare nascosto.

Apparentemente l'episodio si conclude con una contraddizione: Gesù aveva detto che non sarebbe andato a Gerusalemme per la festa e invece ci andò – come se, una volta rimasto solo a Nazareth, avesse superato una crisi di sfiducia. In realtà il senso è tutt'altro: Gesù torna in Giudea «restando nascosto», proprio come prima, a *questo mondo* che non è in grado di ascoltare l'Io. Al Noi, il suo Io e la sua Verità erano e rimarranno invisibili, preclusi, anche durante i suoi discorsi pubblici. È la sorte e la strategia che Gesù si è scelto, e il significato di tutto il suo insegnamento.

I DOTTI
7, 11-19

11-13. A Gerusalemme intanto si faceva un gran parlare di lui, ma non apertamente, perché i giudei lo consideravano un ricercato pericoloso.

14-15. D'un tratto, a metà della grande festa delle Capanne, Gesù riprese a insegnare proprio nel Tempio. E i giudei erano stupiti e si domandavano: «Come fa a conoscere la Torah, se non è stato a scuola dai dotti?»

Quando il giovane Giovanni parla dei «giudei» non intende la gente comune che affollava Gerusalemme, ma l'ambiente del Sinedrio, le autorità e i notabili della città santa e i loro accoliti (v. più oltre, 9, 18-19: «I giudei mandarono a chiamare i genitori del cieco e li interrogarono»). E da questi «giudei», a cui Gesù era inviso, viene un'obiezione che mira a gettare discredito sul suo insegnamento: costui vuol parlare della Torah ma non proviene da nessuna scuola rabbinica, i dotti non l'hanno riconosciuto come uno dei loro, e di conseguenza ciò che dice può suscitare stupore nella gente, sì, ma non ha peso. È sempre, naturalmente, la logica del Noi: *unus nullus*, se uno non appartiene a un Noi che abbia un qualche rilievo, non può contare nulla.

Gesù risponde sdegnato.

16-17. Gesù rispose: «L'insegnamento dell'Io è più grande dell'Io, e viene da colui che l'ha mandato nel mondo; perciò chiunque lo può capire. Chi vuol essere in armonia con il Padre non ha bisogno di chiedere ai dotti, ma capisce da sé se un insegnamento viene da Dio o se è solo frutto della mente di un uomo.

18. «C'è chi insegnando cerca l'approvazione dei dotti e della gente: la gloria. Ma allora ciò che dice è ai suoi occhi meno importante, meno grande di lui. Invece per dire la verità bisogna curarsi non di venire approvati dagli altri, ma di essere approvati da Dio. E solo allora non c'è disonestà.

19. «Così fu per Mosè, che vi dette un insegnamento più grande di lui, ma voi non ne tenete alcun conto. Non avete sempre cercato di uccidere l'Io, anche prima di me?»

Gesù scredita, qui, le accademie e l'intellighenzia di ogni tempo: chi cerca approvazione, stima, gloria, tiene a se stesso più che a quel che dice – e non fa altro che rinsaldare il Noi, invece di opporglisi. Non state anche voi a questo gioco disonesto. Solo chi sa di dire cose che trascendono la sua persona può dire cose vere e grandi; e allora parla in lui quell'Io divino che è in ognuno: inoltre, poiché ciò che è vero e grande viene da Dio e dall'Io, chiunque lo può sentire e riconoscere, anche senza aver fatto nessuna scuola. Ma al Noi – continua Gesù – importa soltanto di eliminare l'Io, di chiudergli la bocca. Perfino nei riguardi di Mosè è stato così: Mosè era un uomo che insegnava al di fuori di qualsiasi

Noi, e infatti di ciò che insegna in realtà voi, con i vostri dotti, non tenete alcun conto.

Anche qui, naturalmente, il riferimento è alla Grande Chiesa, accusata di travisare e abbandonare l'insegnamento di Gesù proprio come i «giudei» travisavano quello mosaico.

LE TRADIZIONI E LA REALTÀ
7, 20-30

20. Gli rispose la folla: «Ma tu sei pazzo. Spiegaci come staremmo cercando di ucciderti».

21. Gesù rispose: «L'Io fa e dice sempre le stesse cose, in ogni epoca, in ogni profeta. E voi ve ne tenete sempre al di fuori: ve ne stupite, per non capire.

22-23. «Per esempio: voi praticate la circoncisione, che si fa risalire erroneamente a Mosè, ma è più antica. Con la circoncisione si entra a far parte del vostro Noi, e per il vostro Noi la circoncisione è un rituale sacro, e perciò potete praticarla nel giorno di sabato, che secondo la vostra tradizione è sacro. Ma se l'Io risana un uomo, e non in forma simbolica e rituale ma in realtà, voi non ritenete che sia una cosa sacra e dite che il sabato è un giorno troppo importante perché di sabato si possa guarire.

24. «Smettetela di dare importanza ai simboli e ai rituali, e date importanza alla realtà!»

Se uno fa qualcosa di nuovo e straordinario, il Noi ne fugge e se ne protegge aggrappandosi a ciò che già sa: e nega

quel qualcosa di nuovo e straordinario, o lo condanna, o se ne
«stupisce» (e lo «stupore», la «meraviglia», nel Vangelo hanno sempre un valore negativo; cfr. 3, 7, «Non ti meravigliare
di questo»). Il Noi è prigioniero di ciò che già sa, come qui i
giudei lo sono delle loro antiche norme, e non capiscono altro, e si convincono che i profeti abbiano anch'essi proclama-
to quelle norme. Ma non è vero: in tutti i profeti parla l'Io, e
dice sempre le stesse cose, dice e dimostra che la realtà è più
importante delle norme del Noi. Così – spiega qui Gesù –
Mosè vi diede ben altro che le norme della circoncisione, che
era praticata già prima di lui, ma dagli insegnamenti di Mosè
voi prendete soltanto la circoncisione, sforzandovi di non vedere ciò che egli disse di veramente nuovo.

Anche qui, se si trattasse soltanto dell'origine della circoncisione l'evangelista non avrebbe motivo di dilungarsi tanto,
nel rivolgersi a lettori cristiani, in lingua greca. Di nuovo il riferimento è alla Grande Chiesa: così come fecero i giudei, così fate ora anche voi – intende dire il giovane Giovanni – e
tornate a ciò che vi era prima di Gesù, al ritualismo, ai simboli, per non vedere ciò che Gesù insegnò di nuovo, che troppo
vi stupisce.

25-26. Alcuni dicevano: «Insomma, sembra che lo lascino
parlare in pubblico. Forse anche i nostri capi cominciano a pensare che possa essere il Messia?

27.   «Ma la tradizione dice che quando verrà il Messia, nessuno saprà di dove viene. Invece da dove viene costui,
lo si sa».

28.   Gesù allora gridò, mentre insegnava nel Tempio: «È
vero, sì, ognuno di voi conosce l'Io e sa da dove viene!
Ma l'Io non viene da se stesso, ciò che ha di vero gli
viene da colui che l'ha mandato, e di chi l'ha mandato
il Noi non sa nulla.

29. «Solo l'Io lo conosce, perché proviene dal Padre e il Padre l'ha mandato».

30. E la gente tentava di afferrare quel che diceva, ma era davvero impossibile a quel tempo.

Le versioni consuete intendono quest'ultimo verso in un altro modo: «Allora cercarono di *arrestarlo* e non ci riuscirono, perché non era giunta la sua ora». Ma così non significa nulla, impone soltanto di credere che gli avvenimenti della vita di Gesù fossero in qualche modo predeterminati da un imperscrutabile destino – il che non concorda affatto con gli insegnamenti di Gesù stesso. Gesù, in questo brano, sta invece continuando a spiegare che il Noi non capisce l'Io, non ne afferra il senso, perché tra il Noi e il Padre dell'Io non vi è alcun rapporto: soltanto da soli si può cominciare a capire quell'Io che è e parla in ogni uomo. Perciò – continua Gesù – invece di ascoltare obbedite soltanto alle vostre tradizioni, che sono le tradizioni del Noi; una qualche tradizione messianica dice che il Messia verrà da una certa città piuttosto che da un'altra, ed ecco: voi vi aggrappate a quella tradizione e non vedete ciò che avete davanti agli occhi qui e ora. Infatti – commenta l'evangelista – anche coloro che cercavano di capirlo non vi riuscivano, in quel tempo; e sembra dire: è davvero passato quel tempo, o ancor oggi è come allora?

LE INTERMITTENZE DELL'IO
7, 31-53

Un copista manipolò o aggiunse qui due versi superflui:

31-32. Molti della folla invece credettero in lui, perché scorgevano segni prodigiosi nel suo modo di fare. E i farisei e i *pontifices*, i sommi sacerdoti, sempre più allarmati, mandarono le guardie ad arrestarlo.

Poi è di nuovo il testo dell'evangelista:

33-34. E Gesù diceva: «L'Io non è sempre con il Noi, solo a tratti si manifesta, e poi torna a colui che l'ha mandato. Allora il Noi lo cerca e non lo trova più, e non può giungere là dove l'Io è».

35-36. E davvero non lo capivano. Pensavano che dicendo così, intendesse che se ne sarebbe andato altrove, tra gli ebrei di Grecia o di Alessandria.

37-38. E al culmine della festa Gesù disse, in un suo discorso alla folla: «Chi ha davvero sete di apprendere, giunga in se stesso fino all'Io: e chi comincia a capire l'Io avrà fiumi di acqua viva che sgorgheranno dal suo seno».

39.   Così dicendo si riferiva allo Spirito che avrebbero rice-
        vuto coloro che avessero creduto in lui. A quel tempo
        lo Spirito non si manifestava ancora, perché Gesù non
        era ancora stato glorificato.

Anche quest'ultimo verso è un'aggiunta di copisti-redattori, che cercano di dare una spiegazione *vaga* a una questione
invece già ben chiara di per sé. «L'Io non è sempre con il
Noi»: il Noi non può capire l'Io, e perciò soltanto a tratti ne
coglie qualcosa e poi lo dimentica di nuovo. Queste intermittenze dell'Io nel Noi servono appunto a mostrare quanto il
Noi sia limitato, e quanto sia necessario uscirne per trovare il
proprio Io, e la fonte della conoscenza in esso. L'evangelista
descrive infatti lo smarrimento del Noi e di vari suoi rappresentanti e sudditi, dinanzi a Gesù per essi tanto enigmatico.

40-43. Molti credevano che fosse il Messia, ma vi era perples-
        sità quando si cercava di applicare a lui le tradizionali
        profezie sull'avvento del Messia: si credeva per esempio
        che il Messia sarebbe venuto da Betlemme, il villaggio
        di Davide, in Giudea; Gesù, invece, era galileo.

44-49. Ma il suo fascino era grande: persino le guardie manda-
        te ad arrestarlo erano colpite dal suo modo di insegna-
        re, e non obbedivano agli ordini. I farisei erano sgo-
        menti, al vedere che il Noi stava cominciando a
        disgregarsi.

50-52. Nicodemo provò a difenderlo. Ma i farisei gli dimostraro-
        no che secondo la tradizione nessun profeta sarebbe mai
        venuto dalla Galilea, e Nicodemo si lasciò convincere.

53.   E così restavano ciascuno a casa sua.

Il Noi nella propria casa, e l'Io nella sua.

L'ADULTERA
8, 1-12

1-5. Gesù passava la notte sul Monte degli Ulivi e di giorno insegnava nel Tempio, a molta gente. Una volta gli scribi e i farisei gli portarono una donna colta in flagrante adulterio e gli dissero: «Maestro, questa è un'adultera e secondo la Legge va lapidata. Tu che ne dici?» Glielo domandavano perché speravano che dicesse qualcosa contro la Legge di Mosè, e lo si potesse accusare di sacrilegio.

6. Gesù, per tutta risposta, si chinò e cominciò a scrivere con il dito per terra.

7-8. E siccome quelli insistevano a domandare, alzò il capo e disse: «Chi di voi non ha mai violato la Legge, scagli per primo la pietra contro questa donna». E ricominciò a scrivere per terra.

9. E tutti se ne andarono, prima gli anziani e poi anche i più giovani. Rimasero lì soltanto Gesù e la donna.

10-11. Gesù allora si alzò e disse alla donna: «Dov'è il Noi di poco fa? Siamo solo io e te. Neanche uno ti ha condannata?» Lei rispose: «Neanche uno, Signore».

12.   Gesù le disse: «Infatti l'Io non condanna mai nessuno. Tu ora va' e sta' lontana da ciò che per te è peccato».

Gesù scrive sulla polvere della via per mostrare una volta di più che le parole, spesso, e soprattutto le parole della Legge del Noi, impediscono di vedere la realtà. L'aveva già spiegato parlando della sacralità del sabato; qui, il suo gesto significa: «Occorre scrivere sulla terra che è terra, perché si sappia cos'è? Per risolvere una questione voi ci scrivete sopra le vostre regole, e così non capite mai con cosa avete a che fare». Dopodiché disperde il gruppo dei lapidatori disgregando in loro il principio del Noi: li invita a guardare ciascuno se stesso, a riflettere su di sé, e ciò è sufficiente per riscuoterli dall'ebbrezza di quell'assassinio collettivo a cui si stavano accingendo. Solo un Noi, infatti, può condannare ed eseguire una sentenza di morte: un Io non può, a meno che l'uomo non si annulli nel Noi fino a divenirne uno strumento, privo di coscienza di sé. Gesù, qui, ridesta nei lapidatori questa coscienza.

Quanto al peccato, per gli ebrei peccato era violazione della Legge mosaica: e, come Gesù aveva già detto, «nessuno osserva la Legge» (7, 19). Qui dice che ognuno, se guarda a se stesso, si trova qualche peccato sulla coscienza. Non è un rimprovero alla folla; Gesù non salva qui l'adultera suscitando nella gente dei sensi di colpa per i peccati che hanno commesso (secondo gli altri Vangeli, Gesù non riteneva impeccabile nemmeno se stesso, cfr. Luca 18, 19: «Gesù disse: «Perché mi chiami buono? Nessuno è buono, all'infuori di Dio»), ma spiega il suo modo di intendere la Legge mosaica. Mosè, secondo Gesù, non scrisse «comandamenti» ai quali obbedire, ma autentiche leggi da *comprendere*, per guardare da un punto di vista più alto agli impulsi al bene e al male che l'uomo prova: ognuno ha impulsi al male, l'importante è sapere come e perché vi siano questi impulsi, e quali siano. Il

Noi usa la Legge per condannare, solo perché deve ricorrere alle condanne, per tutelarsi spaventando i suoi sudditi, suscitando in loro sensi di colpa, angoscia, ossessioni. L'uomo, invece, quando la sua coscienza di sé è desta, può usare la Legge soltanto per conoscersi: per vedere, e imparare a superare, i limiti che il suo Io più grande incontra via via, nel manifestarsi in *questo mondo*. Così, alla donna Gesù raccomanda alla fine di non commettere altri errori: *non la perdona*, così come si intende solitamente il perdono; non vi è bisogno di alcun perdono, ciò che conta è solamente comprendere, e andare oltre, più liberi di quel che si era prima di aver compreso.

A ognuno ciò non può che sembrare semplice e ragionevole; e così sembrò, evidentemente, a tutta la gente che stava per lapidare la donna, e alla donna stessa.

Ma per il Noi era ed è una dichiarazione di guerra.

LA PAURA DELLA LIBERTÀ
8, 12-20

Dopo la mancata lapidazione, Gesù continua a spiegare la sua idea della Legge e della libertà individuale, che alla mentalità religiosa appare un'aberrazione.

12. Gesù ripeteva loro: «L'Io è la luce nel mondo. Solo attraverso l'Io l'uomo può vedere e capire la propria vita. Altrimenti è nel buio».

13. I farisei obiettavano: «Tu ripeti: io, io! Ma se uno ragiona solo in base al suo io, ciò che dice non è vero per tutti».

14. Gesù rispondeva: «È il contrario. Solo l'Io può davvero sapere e capire da dove viene e dove va. Il Noi invece non può capire nulla dell'Io.

15. «Il Noi sa ragionare soltanto attraverso forme esteriori, perché esso stesso è soltanto una forma; e ragionando così non fa che condannare ora l'uno ora l'altro. L'Io non ha bisogno di condannare per tutelarsi.

16. «E quando ragiona e giudica, l'Io dice sempre verità, perché l'Io non è un fatto soggettivo, come voi dite, ma è al tempo stesso l'Io e il Padre che lo ha mandato.

17-18. «Perciò nella vostra Legge Mosè stabilisce che una cosa è vera quando due concordano nel ritenerla vera. Mosè non intendeva dire *due uomini*, ma i due elementi fondamentali di ogni uomo: l'Io e il Padre che lo ha mandato».

Se la si interpreta alla lettera, la legge mosaica secondo la quale un'accusa è vera solo se due testimoni la confermano (*Deuteronomio* 19, 15) può servire soltanto come norma processuale. Gesù è invece più sottile, e spiega che quella legge indica un modo di ascoltare se stessi: dinanzi a ogni questione che riguardi ciò che è giusto e ciò che è sbagliato, occorre cercare innanzitutto un'armonia interiore, tra la propria ragione e lo Spirito – tra l'Io e Dio stesso – che ognuno ha in sé. Non soltanto i farisei, ma chiunque abbia una mentalità religiosa (e non occorre essere credenti per averla) non può non protestare contro un criterio tanto soggettivo: se si lascia che ognuno pensi con la sua testa o con chissà quale suo Spirito, non può derivarne che disordine; occorre un Noi che diriga, un consenso di molti che sancisca.

Gesù non accetta questa obiezione. Secondo lui, è dettata soltanto dalla paura della verità e del principio divino che ognuno ha in sé.

È una rivoluzione dell'idea di verità, è una nuova fase evolutiva della coscienza umana. E come tutte le affermazioni rivoluzionarie, produce immediatamente una reazione di chiusura. I farisei, qui, non riescono ormai a capire nemmeno il senso delle singole parole usate da Gesù.

19. Gli dissero allora: «Ma cos'è e dov'è questo padre di cui tu parli?» Gesù rispose: «Appunto, vedete? Il Noi non conosce né il Padre né l'Io. E se conosceste il vostro Io, conoscereste anche il Padre dell'Io».

20. Questo lo disse insegnando nel Tempio, nel luogo del tesoro. E nessuno lo poteva afferrare, perché non era ancora giunto il momento che lo capissero.

Ogni idea nuova richiede un certo tempo per venir compresa, più o meno lungo. Questa di Gesù da quasi due millenni rimane rinchiusa ancora «nel luogo del tesoro».

EQUIVOCI
8, 21-26

21. Gesù diceva: «L'Io è sempre in cammino, è sempre oltre, e il Noi può cercarlo, ma finché rimane un Noi è limitato dalle sue idee di obbedienza e peccato. Perciò dove l'Io giunge, il Noi non può giungere».

22. I giudei dicevano tra loro: «Si vede che vuole uccidersi, se dice che dove va lui noi non possiamo andare».

23. Gesù diceva: «Il Noi ha un potenziale energetico troppo basso, l'Io ha alta energia. Il Noi è di questo mondo, e vede e capisce questo mondo; l'Io è più grande di questo mondo e non gli appartiene.

24. «Nel Noi, siete sempre limitati dalle vostre obbedienze: e se non riuscite a capire che potete dire Sono Io, rimarrete sempre prigionieri delle vostre ossessioni».

«Sono Io», è la frase che tutti stentano tanto a dire nei Vangeli. Il Noi, *questo mondo*, la Verità, il Padre, l'Io, il Messia, la Resurrezione nell'ultimo giorno: tutto ciò «sono Io», sono io che posso far esistere e non far esistere tutto ciò. Tutto ciò vive di me, dell'Io che ha «la vita in se stesso». «Sono Io»:

neanche il Battezzatore aveva osato dirlo. E a Gesù i giudei pongono ora la stessa domanda che era stata posta al Battezzatore (1, 19-22):

25. Gli dissero: «Ma insomma chi sei?» Gesù rispose: «L'Io è tutto ciò che udite dall'Io.

26. «E l'Io ha talmente tante cose da dire e da farvi capire riguardo al Noi! E il Padre che lo ha mandato genera verità, e l'Io dice a questo mondo ciò che ascolta dal Padre».

Questi due ultimi versi subirono evidentemente pesanti manipolazioni, così come li si legge oggi sono sconnessi anche nella sintassi. Le versioni consuete traducono infatti:

Gesù disse loro: «Proprio ciò che vi dico. Molte cose ho da dire e da giudicare sul vostro conto; ma colui che mi ha mandato è veritiero, e io dico al mondo ciò che ho udito da lui».

«Proprio ciò che vi dico» non significa nulla; e quel «ma» è insensato: perché «ma»? Ne risulta addirittura che Gesù avrebbe molte cose *non vere* da dire, e deve trattenersene per dire solo quelle vere. Un simile conflitto dell'Io con se stesso confonde il senso del verso precedente e di tutto il precedente discorso sull'armonia interiore: se infatti l'Io è tanto incerto, e assediato dalle sue non-verità, come potrà fidarsene l'uomo?

Gesù, invece, sta spiegando qui che l'Io è quel principio che l'uomo ascolta in sé, e che da ascoltare c'è molto.

ANCORA SULLA PAURA DI ESSERE SE STESSI
8, 27-36

Gesù torna a insistere instancabile sul medesimo punto, sull'armonia profonda tra l'Io e il Padre, come se davvero ricominciasse ogni volta a credere che nelle barriere del Noi si possa aprire una crepa, e l'Io attraverso di essa giunge finalmente alla portata dei molti. A volte ciò sembra poter avvenire, come qui:

27-28. Non capivano proprio, quando parlava loro del Padre. Allora Gesù disse: «Quando vi sarete chiariti bene che cos'è il Figlio dell'uomo, allora saprete che cosa significa Sono Io, e che l'Io non fa nulla da se stesso ma esprime ciò che il Padre gli insegna.

29.   «Colui che ha mandato l'Io in questo mondo è con l'Io e non lo abbandona mai. Perciò l'Io fa sempre ciò che il Padre approva. E perciò al Noi l'Io è precluso».

30-32. Molti, sentendolo parlare con tanta autorità, cominciarono a credergli. E ai giudei che gli credevano, Gesù diceva: «Se continuerete a capire così, sarete davvero discepoli dell'Io, e conoscerete la Verità e la Verità vi renderà liberi dal Noi».

33. Gli risposero: «Ma il nostro Noi non è una servitù. Il nostro Noi si regge sulla nostra discendenza da Abramo: noi ebrei siamo un Noi eletto, che non si è mai asservito a nessuno. Perché e come dovremmo liberarci da questo Noi?»

Subito il Noi torna a chiudersi su se stesso, in termini qui di orgoglio nazionale. Gesù prosegue, invano, e il suo intercalare consueto – *Amèn-amèn*, «È così, è così» – è tanto dolce quanto angoscioso:

34.   Gesù rispose: «È così, è così, è l'Io che ve lo dice: se uno incorre nei traumi del peccato, è soltanto perché già prima era servo di quell'idea del peccato che vi è stata insegnata. Solo un servo può disobbedire.

35-36. «Ma i profeti dicono giustamente che uno schiavo non è parte della casa, il Figlio invece ne è parte (*Ezechiele* 46, 16-18). Perciò, soltanto se scoprite cos'è il Figlio in voi, sarete veramente liberi».

La differenza tra essere Figli ed essere servi (cioè tra essere se stessi e adattarsi alle norme del Noi) è la stessa che il Vangelo di Luca esprime nella parabola del figlio prodigo, che viene accolto festosamente dal padre, mentre l'altro fratello obbediente che è sempre rimasto a casa si indigna e non vuole partecipare alla festa. A quel fratello devoto e scontento il padre cerca di spiegare: «Un figlio è sempre con il padre: qualunque cosa gli avvenga, ciò che è del padre è anche suo» (Luca 15, 31), ma invano: il fratello del figlio prodigo si rifiuta di capire il legame d'amore tra padre e figlio; per lui, l'obbedienza alle regole è sopra ogni cosa.

Così anche qui: Gesù spiega che l'uomo, pur con tutti i suoi lati oscuri, ha comunque l'Io divino che lo lega al Padre; e che, se per timore di quei lati oscuri l'uomo accetta di annullarsi nel Noi, può solamente essere un servo, e lo sarà in tutto e non conoscerà mai se stesso: né i suoi lati oscuri per ciò che sono davvero, né ciò che vi è in lui di più grande, accanto a quei lati oscuri. Ma perché temerli? Sono davvero così grandi? La verità che l'uomo ha in sé è più grande di qualsiasi suo lato oscuro, «la luce splende nelle tenebre e le tenebre non possono soffocarla», le tenebre spariscono davanti alla luce.

Ma per giungere a questo, spiega Gesù, è indispensabile la libertà dalle Leggi così come le intende il Noi, che ne fa uno strumento di servitù. Non importa che il Noi sia potente o illustre o addirittura «un popolo eletto». Sono tutti quanti miti del Noi, liberatevene e imparate a essere davvero.

DISPUTA SU ABRAMO E SUL DIAVOLO
8, 37-59

Ma ormai la possibilità di comunicazione con la folla si va perdendo, il discorso di Gesù degenera in una disputa:

37.   «Dite che siete discendenza di Abramo. Eppure cercate di uccidere l'Io in voi, perché la sua parola non trova posto nel vostro Noi.

38.   «L'Io dice ciò che ha visto dal Padre, e anche il Noi fa ciò che hanno sempre fatto i suoi padri!»

39-40. Gli risposero: «No, guarda, il nostro padre è uno solo ed è Abramo». Rispose Gesù: «Bene, allora fate come fece Abramo. Il Noi invece cerca di uccidere l'Io che dice ciò che ha udito da Dio; ma Abramo non faceva così.

41.   «Il vostro Noi fa soltanto ciò che han fatto i vostri padri, e non Abramo; e voi pure».

Dio aveva detto ad Abramo di lasciare «la casa di suo padre, il suo paese, la patria» e di seguire l'Io soltanto; ed è ciò che anche Gesù dice continuamente nei Vangeli: «Lascia tutto, e segui l'Io». Lascia tutto ciò che i tuoi Noi ti hanno insegnato, scopri chi sei e saprai cosa ti unisce davvero a ogni altro uomo. Abramo lo fece, e prima di lui Noè, e poi Giacobbe, Giuseppe e Mosè: questo coraggio di essere se stessi è indispensabile alla crescita spirituale. Ma di questo coraggio non rimane traccia, nella tradizione del Noi, nella «casa dei vostri padri».

41. Gli risposero: «Smettila, non siamo bastardi. Capiamo che dicendo Padre intendi Dio: ed è anche Padre nostro, non solo tuo».

42. Disse Gesù: «Se Dio fosse vostro Padre amereste l'Io, perché l'Io proviene da Dio; non viene da se stesso, ma è Dio che lo ha mandato.

43. «Ma perché il Noi non riesce a vedere come vede l'Io? Perché non ha i criteri dell'Io, per intendere la realtà.

44. «Il Noi ha per padre l'opposto di Dio, e vuole soltanto obbedire a questo suo padre. Costui è stato distruttore dell'Io fin dall'inizio e non regge alla verità, perché non vi è verità in lui. Dice il falso e in ciò, sì, è a suo modo sincero, perché è esso stesso falsità e genera soltanto il falso.

45. «All'Io invece il Noi non crede, proprio perché l'Io dice la Verità».

La disputa diventa molto aspra. I giudei «che avevano creduto in Gesù» si vedono accusati qui di essere figli dell'Avversario, del diavolo: cioè, secondo Gesù, della falsità e dell'alienazione. In risposta, gli danno dell'indemoniato.

46. «Chi sente l'Io in se stesso, sa che l'Io non sbaglia e che è al di sopra delle vostre ossessioni e dei vostri traumi. Se dunque dice la verità, per quale ragione il Noi non lo capisce?

47. «Non lo capisce perché soltanto ciò che in voi è Io, ciò che in voi è divino ascolta le parole di Dio: se non le sapete ascoltare, è perché vi identificate non con l'Io, ma con ciò che non ha nulla a che fare con Dio.»

48. Gli dicevano i giudei: «Vedi che abbiamo ragione a dire che sei un nostro nemico e che in te c'è un qualcosa di demoniaco?»

49. Rispose Gesù: «Nell'Io non ci sono elementi demoniaci. L'Io onora il proprio Padre, come dice la Legge, e il Noi non ha alcun rispetto per l'Io».

Un'altra lezione di esegesi biblica: la legge di Mosè «Tu onori tuo padre e tua madre» non è l'ordine di rispettare i genitori, ma la descrizione di una costante della personalità. Ognuno dipende, nel proprio comportamento, dai «padri» che sceglie di avere: badate perciò a scegliervi padri degni – è il senso di questa legge – e, meglio ancora, cercate di non avere alcun padre (come fecero appunto Mosè, che rifiutò i suoi genitori egiziani, e Gesù stesso, il cui padre in questo Vangelo non ha alcun ruolo). Allora si è davvero un Io. Ma il Noi non può dare ascolto all'Io in nessun modo; per il Noi, l'Io è veramente qualcosa di estraneo, o è pazzia.

50. «Ma l'Io non ha bisogno di imporre se stesso agli altri. Voi ne avete bisogno, e perciò condannate gli altri come nemici o pazzi.

51. «Ma è così, è così, è l'Io che ve lo dice: se uno comincia a comprendere il linguaggio dell'Io, non ha più i limiti che avete voi in questa vostra non-vita.»

52. Gli dissero i giudei: «Ora è chiaro che sei pazzo. Abramo e i profeti avevano i limiti che ogni uomo ha: sono morti,

non erano eterni. E tu dici che chi la pensa come te non avrà limiti, dunque non morirà nemmeno?

53. «Forse che il tuo Io è più grande del nostro padre Abramo e dei profeti, che non negarono mai di avere i limiti che ha ogni uomo? Chi ti credi di essere?»

Sono quasi le stesse parole che aveva detto a Gesù la samaritana, ma quale differenza! La samaritana sapeva essere un Io, e capì ciò che Gesù diceva. Mentre qui c'è un Noi soltanto ottuso, che fraintende sistematicamente ogni parola di Gesù.

54. Rispose Gesù: «Se l'Io fosse soltanto un uomo che parla di sé, non varrebbe la pena di ascoltarlo; ma la grandezza dell'Io gli viene dal Padre dell'Io, che è quello stesso di cui il Noi dice 'È nostro Dio!'

55. «Ma il Noi non lo conosce. L'Io lo conosce. E se dicesse di non conoscerlo mentirebbe, così come mentite voi ogni volta che parlate di Dio; ma l'Io lo conosce e sa ascoltare le sue parole.

56. «Abramo, che voi definite vostro padre, esultò nella speranza di vedere il giorno dell'Io; e lo vide e ne gioì».

57. Gli dissero i giudei: «Il tuo Io ha visto Abramo? Ma se non hai nemmeno cinquant'anni!»

58. Gesù rispose: «È così, è così, è l'Io che ve lo dice: il 'Sono Io' c'è da prima che Abramo fosse».

59. Allora vollero lapidarlo, ma Gesù fuggì, si nascose e riuscì a uscire dal Tempio.

Secondo Gesù, il «Sono Io» è il fondamento di ogni scoperta utile che l'uomo può compiere e anche le Sacre Scritture non parlano d'altro. Perciò dice che Abramo lo sapeva, e che cercò questa immensità dell'Io di cui ora Gesù sta parlando invano. Ne parla, e ne vengono soltanto scandalo, sdegno ed equivoci. Anche nelle versioni consuete il verso 58 viene equivocato e diventa: «Da prima che Abramo fosse io sono», perdendo ogni significato, perdendosi in una metafisica fumosa.

L'UOMO NATO CIECO
9, 1-41

È uno splendido racconto, lasciato prodigiosamente intatto dai copisti-redattori. Comincia con una lezione di medicina, e prosegue in una sfida tra l'unica figura maschile che nel Vangelo abbia davvero compreso di essere Io – il cieco guarito – e un Noi furibondo e sconcertato.

1-2. Vide per strada un uomo cieco dalla nascita, e i discepoli domandarono: «Rabbì, chi ha subito il trauma che l'ha fatto nascere cieco: lui durante la gravidanza, o magari in un'altra vita, oppure i suoi genitori?»

3. Rispose Gesù: «Quando avete a che fare con una malattia non cercatene le cause, ma cercatene il senso. Quest'uomo è cieco perché in lui si manifesti il modo in cui Dio opera».

Abbiamo già visto nell'Introduzione come e per quali ragioni questi versetti vengano tradotti nelle versioni consuete: «Chi ha peccato, perché lui nascesse così?» In che terribile universo vive chi pensa a Dio come a un severo guardiano della buona condotta! Gesù scoraggia immediatamente questo modo di pensare e istruisce i suoi allievi: se per comprendere una malattia se ne cercano le cause, è facile pensare alla malattia come a una punizione per qualche «peccato»; ma ciò non porta a nulla, ed è solo un'espressione del senso di colpa che alligna sempre nei sudditi del Noi. Di una malattia occorre cercare innanzitutto il senso, e qui, dato che si tratta di cecità, il *senso* riguarderà la capacità di vedere.

4. «Le opere di chi ha mandato l'Io nel mondo, dobbiamo compierle finché è giorno; poi viene il buio, in cui nessuno può far nulla.

5. «Là dove l'Io è nel mondo, è la luce del mondo.»

Dunque per guarire il buio d'una cecità occorre la luce, l'Io. Bisogna fare in modo che questo Io agisca *sulla realtà fisica* del cieco, così come stava agendo sulla realtà esistenziale di chi ascoltava Gesù.

6-9. Fece una poltiglia con la propria saliva e la polvere, la spalmò sugli occhi del cieco e gli disse di andare a lavarsi nella piscina di Siloam (che significa «l'Uomo che venne mandato»). Il cieco tornò che ci vedeva. Coloro che lo conoscevano non riuscivano a credere che fosse lui, ed egli diceva: «Sono io!»

La cecità di quell'uomo è, per Gesù, l'equivalente fisiologico della cecità spirituale della gente in *questo mondo*. Per contrastarla, Gesù utilizza equivalenti fisici, immagini materiali, degli elementi del proprio insegnamento. La saliva è immagine di ciò che viene dalla sua bocca; la polvere è la stessa polvere sulla quale si era chinato a scrivere nell'episodio dell'adultera; gli occhi rappresentano la capacità di vedere; il nome della piscina richiama uno degli argomenti prediletti di Gesù, l'Io mandato nel mondo; l'acqua della piscina è anch'essa immagine dell'acqua che tante volte Gesù aveva indicato come metafora del rinnovamento interiore. E questa trasposizione al piano materiale si rivela efficace: dopo tale terapia, l'uomo non più cieco ha in sé l'essenziale del messaggio di Gesù, dice quelle parole grandiose: «Sono Io!» ed è guarito. L'Io ha agito su di lui, diremmo oggi, a un livello subliminale che il suo stato di malattia aveva reso sufficientemente permeabile. È una vera e propria cura sciamanica, e al tempo stesso una ben precisa teoria della guarigione: ciò che guarisce non è il potere chimico d'una medicina, ma il superiore significato che il terapeuta sa infondere, attraverso i medicamenti e il proprio atteggiamento, nel malato, la cui sensibilità è resa più acuta dalla malattia stessa, dal dolore, dalla speranza. Nelle persone sane la sensibilità è più ottusa; e qui, molto importante è infatti il comportamento che l'uomo una volta guarito sa tenere dinanzi ai sani che si rifiutano di capire

10-17. Gli chiesero che cosa fosse avvenuto e chi l'avesse guarito, e il cieco lo raccontò. Lo condussero dai farisei, anche perché anche questa guarigione era stata fatta di sabato. E tra i farisei il racconto di quell'uomo causò una disputa: alcuni dicevano che guarire di sabato era peccato, altri dicevano che un peccatore non avrebbe potuto fare prodigi del genere – e dunque Gesù doveva aver avuto buone ragioni per violare il sabato così.

18-23. Altri ancora non voleva credere che quell'uomo fosse guarito da una malattia simile. Si mandarono a chiamare i genitori dell'uomo, li si interrogò e quelli diedero risposte vaghe, per timore dei farisei, che avevano minacciato di scomunicare dalla sinagoga chiunque dicesse che Gesù era il Messia.

Come i fratelli di Gesù, anche qui i genitori del cieco appaiono come un piccolo Noi, intimorito dal Noi più forte.

Il cieco guarito, proprio come ogni discepolo di Gesù in cui si sia destato l'Io, si ritrova completamente solo nel mondo del Noi.

24-25. Allora fecero chiamare di nuovo l'uomo che era stato cieco e gli dissero: «Da' gloria a Dio! Noi sappiamo che quest'uomo è un peccatore». Quello rispose: «Se sia un peccatore, io non lo so; so solo che prima ero cieco e ora ci vedo».

26-27. Gli dissero di nuovo: «Ma insomma, che ti ha fatto? Come ti ha guarito?» Rispose: «Ve l'ho detto ma non mi avete ascoltato. Perché lo domandate ancora? Volete farvi suoi discepoli?»

28-29. Allora lo insultarono e gli dissero: «Tu sarai suo discepolo! Noi siamo discepoli di Mosè. Noi sappiamo che a Mosè ha parlato Dio. Quell'uomo, invece, non sappiamo da dove venga».

30-33. Colui che era stato cieco rispose: «Proprio questo è strano, che voi non sapete da dove venga, e intanto lui mi ha aperto gli occhi e voi no. Ora, si sa che Dio non dà ascolto ai peccatori, ma ascolta quelli che lo onorano e che fanno la sua volontà. E non si è mai sentito che uno abbia guarito un cieco nato. E se quell'uomo non fosse da Dio non avrebbe potuto fare nulla».

34. Gli replicarono: «Sei nato tutto nei peccati e vuoi insegnare a noi?» E lo cacciarono via.

35-36. Gesù seppe che l'avevano cacciato, lo incontrò e gli disse: «Tu allora capisci cos'è il Figlio dell'uomo?» Quello rispose: «E chi sarebbe, Signore, perché io lo possa capire?»

37.   Gesù gli disse: «Tu l'hai visto, ed è ciò che ha parlato con la tua voce, mentre parlavi con i farisei».

38.   E quello disse: «Comincio a capirlo, Signore!» E gli si inginocchiò davanti.

39.   Gesù disse: «L'Io è venuto in questo mondo per giudicare, sì: perché chi non vede veda e chi vede diventi cieco»

40-41. Alcuni farisei che erano con lui udirono queste sue parole e dissero: «Saremmo ciechi noi?» Gesù rispose: «Se foste ciechi davvero, non avreste fatto nulla di male; ma voi dite che ci vedete, e allora il male che fate ha gravi conseguenze per voi».

Ovvero, chi sa di essere cieco può non esserlo più; ma chi è cieco e non lo sa produce quello scompenso che fa nascere ciechi. La vera malattia dell'uomo nato cieco era il Noi in cui viveva, e che nel racconto del giovane Giovanni appare addirittura offeso dalla guarigione operata da Gesù. Ognuno deve le proprie malattie a questo mondo in cui nasce e a cui si adegua. E l'Io è la sua cura: com'è per i peccati, così anche per le malattie, liberarsene è possibile solo liberando se stessi dal Noi e dai suoi limiti.

L'IO E GLI ALTRI MAESTRI
10, 1-21

«Non fatevi chiamare maestri», si legge nel Vangelo di Matteo, «perché uno solo è il vostro Maestro» (Matteo 23, 8). Qui Gesù sviluppa risolutamente lo stesso argomento, in un altro ampio discorso a spirale: l'Io è l'unico Maestro, e parla direttamente a ognuno; chi ricorre ad altre forme di insegnamento non fa che ingannare.

1-2 «È così, è così, è l'Io che ve lo dice: chi non entra nell'ovile dalla porta ma da qualche altra parte, è un ladro e un brigante.
«Chi invece entra dalla porta è il pastore.

3-4. «Il guardiano gli apre e le pecore ascoltano la sua voce: lui le chiama una per una e le conduce fuori. E poi cammina davanti a loro e le pecore lo seguono, perché conoscono la sua voce.

5. «Invece fuggono davanti a un estraneo, perché non conoscono la sua voce.»

6. E la gente non capiva che cosa intendesse dire.

«Il pastore» non è Gesù stesso, il che renderebbe tutto questo brano una stramba proclamazione di assolutismo spirituale; «il pastore che passa dalla porta» è l'Io, in ognuno. E le «pecore» non sono il gregge dei credenti ma le loro domande: quell'elemento della personalità che desidera sapere, e cerca una guida alla verità e la giustizia. Questo elemento coglie la «voce dell'Io» ovunque la oda, sia nelle proprie intuizioni, sia nelle parole di altri; e vi si riconosce e la segue.

La gente, il Noi, come sempre non capisce. Il Noi è troppo abituato a chi «non passa dalla porta», e si impone con la violenza, tentando soltanto di «rubare le pecore».

7-8.   Allora Gesù spiegò la similitudine: «La porta delle pecore è l'Io. Coloro che non passano dalla porta sono ladri e briganti, ma le pecore non li ascoltano. Così è sempre stato finora e sarà sempre.

9.   «La porta è l'Io: se uno passa attraverso l'Io nella sua ricerca, sarà al sicuro e libero; entrerà, uscirà come vorrà, e troverà pascolo.

10.   «Il ladro viene per rubare, uccidere, distruggere; l'Io viene perché si abbia la vita, in abbondanza.

11.   «E il buon pastore è anch'esso l'Io. Il buon pastore dà la vita per le pecore.

12-13. «Il mercenario invece non è un vero pastore, e le pecore non sono sue; se vede arrivare il lupo, fugge: e il lupo rapisce e disperde le pecore. Infatti è un mercenario e non gli importa delle pecore.»

Un maestro, un'autorità spirituale in cui non è l'Io a parlare, non affronta i problemi della verità come se fossero problemi suoi, ma è solo un servitore del Noi, che fa il suo interesse; e inevitabilmente lascerà disperdere prima o poi ciò che nell'uomo è desiderio di verità e giustizia: lascerà che la falsità, o il nulla, o l'indifferenza distruggano quel desiderio, fino a che nell'uomo non ne resti più traccia.

14-15. «L'Io è il buon pastore, conosce le sue pecore e le sue pecore lo conoscono, così come il Padre conosce l'Io e l'Io lo conosce; e l'Io dà la vita per le pecore.

16. «E l'Io ha altre pecore che non sono di questo ovile; anche queste deve condurre; ascolteranno la sua voce e diventeranno un solo gregge e un solo pastore.»

Solitamente, questi versi vengono interpretati come l'annuncio che l'insegnamento di Gesù si sarebbe diffuso fuori dalla Palestina. Ma il senso è un altro: l'Io – dice qui Gesù – si dà senza riserve e senza misura al desiderio di verità e di giustizia dell'uomo; e non si rivolge soltanto a quel desiderio di conoscenza che rientra tra i bisogni spirituali, religiosi degli uomini, ma anche alle altre esigenze dell'animo umano, che le religioni collocano nel mondo profano – nell'ambito della poesia, della medicina, dell'economia – perché nell'Io ogni ricerca di verità trova risposta. L'Io, infatti, proprio come il Padre, è in ogni istante della vita e in ogni cosa: in questo senso «lo Spirito non ha misura nel dare», come diceva il Battezzatore (Giovanni 3, 34), e «l'Io dà la sua vita a tutto», come dice qui Gesù.

17. «Su ciò si fonda l'affinità, l'amore che lega l'Io e il Padre: su questo darsi interamente, che è proprio dell'Io, e nel quale l'Io ritrova poi sempre se stesso – *perché sia l'Io sia il Padre hanno tutta quanta l'esistenza in se stessi, e sono in realtà in ogni cosa.*

18. «E l'Io si dà così interamente non perché vi sia nella realtà qualcosa di diverso da esso, ma proprio perché

ovunque ritrova se stesso. Tale è la sua natura e la sua portata.»

19-21. Ma la gente non capiva proprio. Alcuni ripetevano che Gesù era un pazzo, altri erano colpiti dalla sua autorità; ma le sue parole rimanevano a tutti oscure.

VOI SIETE DEI
10, 22-39

22-24. Era inverno, ricorreva la festa della Dedicazione del Tempio. Gesù stava passeggiando nel Tempio sotto il portico di Salomone. E i giudei venivano a chiedergli se fosse o no il Cristo, e perché non lo dicesse apertamente.

25-26. Gesù rispose: «L'Io ve lo dice continuamente ma il Noi non può ascoltarlo. Il Noi potrebbe riconoscere l'Io in ogni istante, anche soltanto da ciò che l'Io vi spinge a fare. Se non vi riesce, è perché non ha in sé il desiderio di verità e di giustizia a cui l'Io parla. Nel Noi i desideri, le pecore, hanno altri pastori e di quelli si accontentano.

27-28. «Solo quel desiderio permette di udire la voce dell'Io e di seguirlo. E l'Io guida in un mondo più grande, nel Grande Tempo, e vi è tra l'Io e quel desiderio un legame che nulla potrà mai spezzare.

29-30. «Il Padre dell'Io ha stabilito così, e il Padre è la causa di ogni cosa. E l'Io e il Padre sono una cosa sola».

31.   I giudei allora volevano lapidarlo per questo, perché diceva che tra uomo e Dio non c'è differenza.

Gesù prima dice, qui, che l'Io riceve ovunque conferme anche empiriche, «in tutto ciò che spinge a fare»; e poi dice che il Padre ha stabilito così, d'autorità. I due punti sembrerebbero in contrasto, dato che se Dio impone qualcosa, l'uomo non è libero di riconoscere ovunque la validità di questo qualcosa, ma deve scegliere se obbedire o no – e se obbedisce, dovrà limitare il campo della sua esperienza. Ma tale contraddizione c'è soltanto se si pensa che il Padre sia una persona divina, che imponga la sua volontà al mondo terreno. Per Gesù invece il Padre è soltanto uno dei nomi che si possono dare alla causa prima, alla Verità, e allo Spirito che la rivela a ognuno. Nel seguito del brano lo spiega, con altre espressioni scandalose:

32.   Gesù rispose loro: «Ovunque trovate conferma di ciò che vi dice l'Io. Quale di queste conferme vi disturba tanto da spingervi a voler uccidere il vostro Io?»

33-34. I giudei gli tumultuavano contro, e allora Gesù disse: «È scritto anche nella vostra Bibbia: 'L'Io dice: voi siete Dei' (Salmo 81, 6).

35.   «Cioè la Scrittura dice che se a uno è rivolta la parola di Dio, costui è Dio. Volete forse smentire il vostro testo sacro?

36.   «All'Io che il Padre ha consacrato e mandato nel mondo, voi dite che bestemmia perché spiega di essere Figlio di Dio?

37-38. «Se non vi risulta che l'Io compia opere divine, non credetegli; ma se le compie, anche se non capite l'Io, capite almeno ciò che fa, e saprete che il Padre è nell'Io e l'Io è nel Padre».

39.   Ed essi cercavano di afferrarlo e non riuscivano.

Ma non riuscivano neppure a obbiettargli nulla. Quel passo dei *Salmi* dice davvero così.

Perché dovesse proprio essere inverno quando Gesù pronunciò queste parole, il testo non lo dice né lo fa capire. Ma quella inutile precisazione temporale, come anche l'indicazione del luogo della conversazione, il Portico di Salomone, hanno uno scopo importante per il copista-redattore che le aggiunse: occorrevano perché il lettore pensasse che quelle parole vennero dette *allora e soltanto allora*, in quel contesto, sotto quel portico – e oggi rimangono lontane, là dove di quel portico non rimangono più nemmeno le macerie. Sono cronaca del passato, e non parole presenti – voleva far intendere il copista – e «Voi siete Dei» valeva allora, mentre ora altre parole più attuali valgono nella religione dei cristiani. Questo è il senso della precisazione «Era inverno».

LA RESURREZIONE DI LAZZARO
10, 40; 11, 1-52

40. Tornò sul Giordano, dove prima Giovanni battezzava. E lì molti andavano da lui e dicevano: «Giovanni non ha fatto miracoli, ma tutto ciò che aveva predetto di costui era vero!» E in quel luogo molti credettero in lui.

Eccolo infatti di nuovo, il copista-redattore della Grande Chiesa, ansioso dell'approvazione del Noi: «e molti credettero in lui» – cioè in Gesù, che sempre raccomanda di non credere affatto in lui, né in nessun altro, ma solamente nell'Io che è in ciascuno.

Ogni discorso di Gesù smentisce le convinzioni dei copisti-redattori, e sempre di nuovo essi tornano alla carica, aggiungendo e manipolando. Si obbligano e obbligano il lettore a non capire, inserendo interferenze che deviano o confondono l'attenzione.

Qualcosa dice loro che queste interferenze avranno un grande futuro, e quel qualcosa ha ragione. Ancor oggi è così: nei lettori del Vangelo i discorsi di Gesù difficilmente lasciano traccia, mentre le manipolazioni e gli inserti dei copisti-redattori si imprimono nella mente. Lì il Noi riconosce e capisce il Noi: quelle manipolazioni e inserti concordano con il

Gesù fabbricato dalla tradizione ecclesiastica. Quale cristiano non ricorda la resurrezione di Lazzaro, la lavanda dei piedi, l'incredulità dell'apostolo Tomaso? E questi episodi sono manipolazioni o inserti, tutti quanti – pezze e rammendi su luoghi del libro in cui era narrato qualcos'altro, di cui non rimane più nulla.

Il lungo episodio di Lazzaro è tutto quanto opera di copisti, ed è opera maldestra, la sua artificiosità si avverte a ogni passo, e non soltanto nello stile. Fin dall'inizio:

1-2. Era allora malato un certo Lazzaro di Betania, il villaggio di Maria e di Marta sua sorella. Maria era quella che aveva cosparso di olio profumato il Signore e gli aveva asciugato i piedi con i propri capelli; suo fratello Lazzaro era appunto malato.

Il copista-redattore menziona qui *come già noto al lettore* un personaggio, Maria, di cui le pagine precedenti del Vangelo non hanno ancora detto nulla. Avrebbe potuto dire «Betania, il villaggio a poca distanza dal quale Giovanni aveva battezzato». In più, menziona come già noto al lettore l'episodio dell'unzione dei piedi, di cui il Vangelo parla soltanto al capitolo seguente.

Due cose sono evidenti: che si tratta di un'aggiunta a un testo già compiuto; e che nel testo il personaggio di Maria compariva già, in qualche brano che i copisti-redattori avevano deciso di togliere, perché inconciliabile con le tradizioni della Grande Chiesa.

3-6. Le sorelle fecero sapere a Gesù che Lazzaro era malato. Gesù volle aspettare due giorni, perché questa malattia servisse alla Gloria di Dio e di suo Figlio. Tuttavia Gesù voleva molto bene ai tre fratelli.

Lo stesso copista-redattore sente qui il bisogno di precisare che Gesù voleva bene a quella famiglia. È necessario, dato che il suo Gesù appare qui incredibilmente egocentrico e crudele: pur di garantirsi l'occasione di un miracolo che gli dia gloria, lascia che un amico muoia e che i suoi famigliari soffrano per diversi giorni. Oggi questo è soltanto sgradevole; allora poteva essere di consolazione, al pensiero delle persecuzioni e delle angherie che i cristiani dovevano periodicamente subire. Non per nulla nei versi seguenti uno dei discepoli infatti dice di essere pronto al martirio:

7-16.   Poi Gesù partì, quando fu certo che Lazzaro fosse morto. I discepoli lo seguirono riluttanti, per timore dei giudei: «Andiamo a morire con lui!» disse addirittura il discepolo Tomaso, detto il Gemello. Gesù per incoraggiarli spiegava loro che «Bisogna camminare di giorno, con la luce di questo mondo; mentre se si cammina di notte, si inciampa».

Questo *logion* di Gesù è tratto da un altro brano del Vangelo di Giovanni, in cui si parla delle intermittenze dell'Io nella vita dell'uomo (9, 4 sgg.); qui non c'entra nulla, se non come un'ulteriore esortazione ai cristiani ad agire apertamente nell'Impero, perché «di notte», ad agire cioè di nascosto, è facile incorrere in suggestioni di altre dottrine. Particolarmente stridente è qui l'espressione «la luce di questo mondo»: l'evangelista, che dava alle parole «questo mondo» ben altro significato, non avrebbe mai detto nulla del genere.

17-19.   Quando arrivarono, Lazzaro era già nel sepolcro da quattro giorni. E poiché Betania era vicina alla capitale, molta gente di Gerusalemme era venuta a fare le condoglianze alle sorelle.

Il copista-redattore si rallegra di questo, perché vuol dire che ci sarà un folto pubblico per la *performance* di Gesù.

20-27. Marta per prima andò incontro a Gesù, si rammaricò che non fosse arrivato prima a curare il fratello, ma disse che non gli serbava rancore e credeva ancora in lui. Gesù le disse che avrebbe resuscitato il fratello, perché «Io sono la resurrezione e la vita, e chi crede in me non morirà mai». Le impose di crederlo e Marta disse di credere che Gesù era il Messia e il Figlio di Dio.

È il consueto, consapevole fraintendimento della Grande Chiesa, che voleva vedere in Gesù un essere divino, in cui credere. Alcune delle parole che Gesù pronuncia qui sono tratte dal Vangelo di Giovanni (5, 24 sgg.), ma tra il senso che ora il copista-redattore attribuisce loro e il Vangelo di Giovanni non vi è nessun rapporto.

28-38. Poi Marta andò a chiamare Maria, che corse da Gesù, seguita da alcuni ospiti giudei. Maria, piangendo, disse a Gesù le stesse parole che gli aveva detto Marta. Anche i giudei piangevano, e allora anche Gesù si mise a piangere e chiese di vedere la tomba. Alcuni apprezzarono la commozione di Gesù, altri dissero che evidentemente i suoi poteri non erano tanto grandi, se non aveva potuto far nulla per l'amico. Gesù era profondamente turbato.

Il copista-redattore prepara evidentemente l'atmosfera per il miracolo, a cui tiene moltissimo. Gli piace inoltre descrivere Gesù in lacrime e sconvolto (*enebrimesato to pneumati kai etaraxen heauton, infremuit spiritu et turbavit semeipsum*, al v. 33) e lo ripete una seconda volta (*palin embrimomenos en heauto, rursus fremens in semetipso*, al v. 38), un po' per effetto scenico, e un po' perché era rassicurante sapere che anche Gesù non accettava l'idea della morte: e che dunque anche a Gesù il mondo naturale apparisse una deprimente valle di lacrime, come insegnava la Grande Chiesa.

39-42. Gesù comandò di togliere la pietra che chiudeva il sepolcro. Marta disse che ne sarebbe venuto cattivo odore; Gesù la rimproverò e poi alzò gli occhi e disse a Dio: «Grazie per avermi ascoltato, Padre. Io lo so, che tu mi ascolti sempre, ma dico così perché questa gente che ho intorno creda che tu mi hai mandato».

Qui, lo sforzo di credere che Dio sia proprio una persona in cielo produce risultati molto goffi, sia per lo stile sia per la dottrina. Nel Vangelo di Giovanni Gesù spiega più volte e accuratamente che l'Io ascolta il Padre e fa sempre ciò che il Padre gli insegna: qui invece Dio è ridotto al rango di una qualsiasi divinità romana a cui si è chiesto un favore e che bisogna perciò ringraziare. Non vi è nulla qui né dell'insegnamento né dei modi del Gesù dei Vangeli: stridente è anche l'atteggiamento di disprezzo che Gesù mostra verso «questa gente che mi sta attorno», e che egli si appresta a convincere con un atto mirabolante.

43-44. Poi gridò a Lazzaro di venir fuori. Lazzaro uscì, tutto legato dalle bende e dal sudario, e Gesù diede ordine di scioglierlo perché si muovesse più liberamente.

Questo miracolo, continua il copista-redattore, suscitò grande preoccupazione nel Sinedrio.

45-52. «Che facciamo?» dicevano i farisei e i sommi sacerdoti, i *pontifices* di Gerusalemme. «Quel Gesù fa grandi cose. Provocherà una rivolta e i romani coglieranno l'occasione per sterminarci tutti». E allora Caifa, sommo *pontifex*, disse: «Voi non capite nulla, e non considerate come sia meglio che un uomo solo muoia per il popolo, e che non perisca invece la nazione intera». Fu un'ispirazione pontificale a farglielo dire: così infatti profetizzò che Gesù sarebbe morto per la nazione e per tutti i figli di Dio.

Le parole di Caifa sono probabilmente tratte dal Vangelo di Giovanni prima che venisse modificato: corrispondono infatti all'idea che nel Vangelo si ha del Noi, come di una struttura che non può tollerare l'Io e che dall'Io può venire distrutta. Ma il copista-redattore non le capisce: subito dopo dice infatti che Gesù doveva morire «per la nazione», a vantaggio d'un Noi, cioè, ed estende questo Noi a tutta la Chiesa dei cristiani. Non è così. Il Noi uccise e semplicemente uccide l'Io, in ogni epoca. Ma il copista non poteva capirlo, e non ne aveva nessuna intenzione.

MARIA DI BETANIA E L'UNZIONE
11, 54-57; 12, 1-8

L'inserto del copista-redattore continua. Qui, rielabora un episodio narrato da Luca, che forse riappariva nel Vangelo di Giovanni in una chiave incompatibile con la Grande Chiesa.

Protagonista dell'episodio è in Luca una «peccatrice», quasi pazza per l'angoscia di venir considerata impura dalle persone perbene (Luca 7, 39 sgg.). In Luca, Gesù dà in questo episodio una pesante lezione alle persone perbene; e più avanti riferisce che al seguito di Gesù vi era Maria Maddalena, «dalla quale erano usciti sette demoni», che era guarita cioè da gravi forme depressive (Luca 8, 2). Nel Vangelo di Giovanni, dato che poco dopo l'episodio di Maria di Betania comparirà d'un tratto «il discepolo che Gesù amava» a cui mai si fa accenno prima, questa Maria era probabilmente la Maddalena, e l'episodio dell'unzione dei piedi doveva essere in origine ben più vicino alla versione che ne dava Luca.

Il copista-redattore trasformò il gesto della donna in una semplice e soprattutto *innocua* dimostrazione di gratitudine a Gesù, da parte di una donna il cui fratello era stato resuscitato. Si guardò bene, il copista, dal parlare qui di una qualche peccaminosità di lei; evidentemente, ciò che gli premeva era smentire l'idea di Luca, e non mettere in discussione qui il punto di vista delle persone perbene.

Il copista riesce nel suo intento molto malamente, secondo suo solito: l'episodio dell'unzione dei piedi con l'olio di nardo appare infatti un'affettata esagerazione di gratitudine, senza alcuna forza drammatica, senza pianto e perciò con una palese contraddizione: dice infatti che Maria di Betania «asciugava con i capelli i piedi di Gesù», ma se non stava piangendo non si capisce da cosa li stesse asciugando. Un olio di nardo non si asciuga con i capelli.

Nell'episodio di Luca, invece, la donna asciuga dai piedi di Gesù le proprie lacrime, perché secondo la convinzione farisaica qualsiasi contatto intimo con una persona impura era contaminante: perciò la donna si affretta ad asciugare le lacrime con la prima cosa che le capita sottomano, i suoi capelli appunto.

54-57. Gesù dunque era ufficialmente ricercato dal Sinedrio. La gente parlava molto di lui, ma egli restava prudentemente a Efraìm, vicino al deserto.

1-6. Sei giorni prima di Pasqua, tuttavia, Gesù era di nuovo a Betania, invitato a cena a casa di Lazzaro. Maria prese dell'olio profumato, di nardo, assai prezioso, ne cosparse i piedi di Gesù e li asciugava con i suoi capelli. C'era un buon profumo tutt'intorno. Allora Giuda protestò, dicendo che era uno spreco e che si sarebbe potuto vendere quel nardo e dare il denaro ai poveri. Ma lo disse soltanto perché era lui a tenere la cassa, e rubava quel che vi mettevano dentro.

7-8. Gesù gli disse: «Lasciala fare, lo conserverà per il giorno della mia sepoltura. E poi i poveri li avete sempre con voi, ma non avete sempre me».

Il copista-redattore risolve l'episodio con un alterco tra Giuda Iscariota e Gesù, su questioni di soldi. È banale, vuoto. Per di più viene mostrato qui Gesù che esorta a disprezzare i poveri, per ringraziare una donna ricca. Che insulsa galanteria! È chiaro che il copista, diffusore di tenebra, qui non aveva proprio nulla da dire.

L'INGRESSO A GERUSALEMME
12, 9-19

Di seguito, il copista-redattore inserisce l'episodio dell'ingresso trionfale di Gesù a Gerusalemme, e della stizza dei farisei, che si vedevano messi in ombra dal trionfo del galileo.

Anche questo episodio ha tutta l'aria di essere tratto da altri Vangeli: non viene infatti narrato, ma semplicemente riferito, come se il copista non riuscisse a immaginarlo. Compensa la povertà del suo racconto con varie ripetizioni e con due citazioni bibliche, messe lì per esortare il lettore ancora una volta a «credere in Gesù». La Bibbia aveva detto che il Messia sarebbe entrato in Gerusalemme in groppa a un asino: ed ecco – riferisce il copista – Gesù entrò in Gerusalemme in groppa a un asino. Al copista sembra molto importante l'asino, e il fatto che tanta gente avesse acclamato Gesù, e che i farisei ne soffrissero. Ma secondo l'insegnamento di Gesù, tutto ciò non significa nulla: che un Noi accolga un Io può generare soltanto illusioni; che uno cerchi la propria gloria e se ne compiaccia è un errore di metodo spirituale.

9-11. La folla accorreva da Gesù, soprattutto dopo il miracolo di Lazzaro, di cui si parlava molto. E perciò i *pontifi-*

ces avevano stabilito di uccidere anche Lazzaro, perché non se ne parlasse più.

12-13. Quando poi Gesù entrò a Gerusalemme, in groppa a un asinello, la folla lo accolse trionfalmente, agitando rami di palme e acclamandolo come re di Israele, come dice il Salmo 117, 26.

14-16. Gesù cavalcava proprio un asino, perché il profeta Zaccaria aveva detto che così il Messia sarebbe entrato nella capitale. I discepoli di Gesù lo capirono soltanto dopo.

17-19. E tutti parlavano soprattutto del miracolo di Lazzaro. E i farisei erano sempre più allarmati.

Quanta insistenza. È proprio come se, per il copista-redattore, il punto principale della vicenda di Gesù fosse una questione di supremazia politica: una storia di potere nella Palestina del I secolo. Perciò l'emozione della gente non suscita in lui nessun sentimento, e ha bisogno di citare dalla Bibbia per dirne qualcosa.

I GRECI ILLUSTRI E I VILI GIUDEI
12, 20-47

Il copista-redattore prosegue con i suoi inserti e interpolazioni. Qui, intende mostrare un momento di esagerata emozione di Gesù al pensiero che alcuni greci abbiano chiesto di lui.

20-21. I greci venuti per la festa si avvicinarono a Filippo e gli dissero: «Noi vorremmo vedere Gesù».

22-26. Filippo andò a dirlo ad Andrea e insieme andarono a dirlo a Gesù. Gesù disse: «È giunta l'ora della gloria per il Figlio dell'uomo. È così, è così, vi dico: se il grano caduto a terra non muore, rimane solo; se invece muore produce molto frutto. Chi ama la sua vita la perde, e chi odia la sua vita in questo mondo la conserva per la vita eterna. Se uno mi vuol servire mi segua, e dove sono io sarà anche il mio servo. E se uno mi serve, il Padre mio gli renderà onore.

27-28. «Ora sono talmente emozionato... Che devo dire ai greci? Padre, salvami da quest'ora, glorifica il tuo nome!» Allora venne una voce dal cielo: «L'ho glorificato e ancora lo glorificherò».

È un brano insensato. Il copista-redattore fa dire a Gesù che destare l'interesse dei greci significa essere veramente glorificati; cita poi di nuovo dal Vangelo di Luca (Luca 17, 23), riguardo all'«amare la propria vita»: ma in questo contesto la citazione acquista un significato molto diverso dall'originale. Qui si sta parlando dei rapporti tra ebrei e greci, e Gesù è ebreo: ne viene evidentemente che il chicco di grano deve «morire» *perdendo la sua forma ebraica*, se si vuole che produca molto frutto. Dopodiché Gesù parla di servi, dice che vuol essere «servito», che a ricompensare i suoi servi provvederà poi il Padre, e che chi vuol servire Gesù lo deve seguire anche all'estero. Alla fine Gesù è perfino «sconvolto» dall'emozione: il pensiero di poter diventare famoso tra i greci lo spinge a chiedere aiuto a Dio; e anche Dio appare molto interessato ai greci, dato che d'un tratto si verifica un prodigio immane, di cui la Bibbia non regista l'eguale: Dio parla direttamente al cospetto della folla, con voce di tuono, promettendo di garantire a Gesù il successo.

Nel lettore odierno, tutto ciò suscita una delusa perplessità: tanto clamore per qualche greco? La maggioranza degli studiosi ritiene che in Gesù si esprimesse qui una preoccupazione per la xenofobia dei giudei, i quali l'avrebbero osteggiato se avesse stretto rapporti con i greci. Ma lo osteggiavano di già, era già ufficialmente ricercato; e in ogni caso neppure il timore della xenofobia giustifica tante emozioni e un prodigio come questa voce divina dal cielo.

In realtà, per la Grande Chiesa questo episodio era d'importanza estrema per una ragione diametralmente opposta: un simile omaggio alla cultura greca voleva «riscattare» Gesù dalla sua origine ebraica, in un'epoca in cui l'antisemitismo era ben radicato a Roma e rappresentava un pericolo grave – l'accusa di voler introdurre elementi giudaizzanti nella religione romana poteva portare alla condanna a morte. Perciò il copista-redattore ritenne tanto necessaria questa inserzione.

Dopo la voce dal cielo, Gesù ritrova la calma e dice alla gente:

29-30. «Questa voce non è venuta per me, ma per voi».

mentre dal racconto che precede risulterebbe il contrario. Il rozzo copista fa poi pronunciare a Gesù e alla folla alcune frasi più o meno coerenti, prese tutte da pagine precedenti e seguenti del Vangelo:

31-36. «Ora è il giudizio di questo mondo, ora il principe di questo mondo sarà scacciato» (da 14, 30). «Quando sarò elevato da terra, attirerò tutti a me» (da 3, 14-15) e lo disse per annunciare quale sarebbe stata la sua morte. Lo folla disse: «Ma se insegni che il Figlio dell'uomo deve restare in eterno, perché ora dici che lo si deve elevare sul palo? Di chi parli?» Gesù rispose: «La luce è con voi ancora per poco, camminate nella luce finché potete, perché poi viene buio (da 9, 4). Mentre avete la luce, credete in essa e diventatene figli». E detto questo si nascose alla gente.

Il maggior problema di questo copista doveva essere l'impossibilità di trovare qualcosa di nuovo da far dire a Gesù, nel brano che egli stava qui inserendo. O aveva letto poco gli altri Vangeli, o vi aveva trovato soltanto frasi di Gesù che non concordavano con la Grande Chiesa.

Subito dopo cita il profeta Isaia, per scagliarsi contro i giudei che non credevano nella persona di Gesù:

37-43. Sebbene avesse compiuto tanti segni davanti a loro, non credevano in lui; ma Isaia aveva predetto che così sarebbe stato e che Dio avrebbe reso ciechi i loro occhi e duro il loro cuore (Isaia 6, 1-10). È pur vero che molti capi dei giudei credevano in lui, ma non lo dicevano apertamente per paura dei farisei, per non essere espulsi dalla sinagoga. Amavano infatti la gloria degli uomini più della gloria di Dio.

Questa denigrazione dei giudei ha naturalmente il medesimo intento dell'omaggio ai greci di poco prima. E per concludere l'episodio, il copista-redattore dà un altro fastello di citazioni evangeliche, sconnesse e manipolate:

44-47. Gesù allora gridò a gran voce: «Chi crede in me, non crede in me ma in colui che mi ha mandato; chi vede me, vede colui che mi ha mandato. Io come luce sono venuto nel mondo perché chiunque crede in me non rimanga nelle tenebre. Se qualcuno ascolta le mie parole e non le osserva, io non lo condanno, perché sono venuto a salvare il mondo e non a condannarlo. Chi non mi ha dato ascolto sarà condannato nell'ultimo giorno, dalle mie parole. E questo, perché io non dico ciò che penso ma ciò che il Padre mi ordina, e i comandamenti del Padre sono vita eterna, e perciò li dico a voi come lui li ha detti a me».

Il copista è tanto intorpidito dal culto della *persona* di Gesù, del suo «io» anagrafico, da lasciarsi sfuggire anche un lapsus:

«Chi crede in me, non crede in me».

Come ogni lapsus, anche questo dice il vero malgrado l'intenzione di chi l'ha scritto: davvero chi credeva nella persona di Gesù, non credeva più in ciò che Gesù aveva insegnato. Il copista intendeva dire tutt'altro: che solo chi crede nella *persona* di Gesù crede davvero in Dio – e nel vero Vangelo di Giovanni questa frase sarebbe stata semplicemente impossibile, dato che mai Gesù dice che si debba credere *in lui*, e disapprova chi voleva farlo.

Il copista attribuisce qui a Gesù un'altra frase impossibile: «chi ascolta le mie parole e non le osserva, io non lo condanno». Ma nel vero Vangelo di Giovanni, Gesù aveva spiegato che chi riesce ad ascoltare l'Io *è già nell'Aiòn*, già al di là del problema se obbedire o no a qualche comandamento. Mentre chi non è *nell'Aiòn* non riesce ad ascoltare l'Io, e ha allora bisogno di comandamenti a cui obbedire. Ma in queste citazioni ogni coerenza con il Vangelo vero è perduta.

ALTRI INSERTI. LA LAVANDA DEI PIEDI
E GESÙ «SIGNORE E DIO»
13, 1-20

Un altro copista-redattore interviene qui, più ottuso ancora di quello dei tre episodi precedenti. Quest'altro copista non tenta nemmeno di adattarsi allo stile del Vangelo: impone una prosa difficile, insopportabilmente involuta, nel tentativo di montare un tono solenne:

1-5. Prima della festa di Pasqua Gesù, sapendo che era giunta la sua ora di passare da questo mondo al Padre, dopo aver amato i suoi che erano nel mondo, li amò sino alla fine. Mentre cenavano, quando già il diavolo aveva messo nel cuore a Giuda Iscariota, figlio di Simone, di tradirlo, Gesù, sapendo che il Padre aveva messo tutto nelle sue mani e che era venuto da Dio e a Dio ritornava, si alzò da tavola, depose le vesti e, preso un asciugamano, se lo cinse intorno alla vita. Poi versò dell'acqua nel catino e cominciò a lavare i piedi dei discepoli e ad asciugarli con quell'asciugamano, con cui si era cinto.

Il giovane Giovanni non scrive certo così. È semplice, limpido, usa frasi brevi. Non dice mai che andare al Padre significhi morire, né che il Padre avesse «messo tutto nelle mani» di Gesù di Nazareth: «andare al Padre» significa per il giovane Giovanni *guidare direttamente alla causa prima di ogni cosa*; e all'Io di ognuno, e non a Gesù di Nazareth, sono affidati il senso e la sorte di *questo mondo*.

6-11. Pietro protestò: «Signore, tu lavi i piedi a me?» Gesù rispose: «Capirai dopo perché lo faccio. Adesso non puoi capire». Pietro insistette che non voleva farsi lavare i piedi da Gesù. Gesù disse: «Se non me lo lasci fare, non avrai più niente a che vedere con me». Pietro disse: «Allora lavami anche le mani e la testa!» Gesù spiegò: «Chi ha fatto il bagno, non ha che da lavarsi i piedi e poi è pulito. Ora voi siete puliti, ma non tutti». Sapeva infatti che uno l'avrebbe tradito e perciò disse così.

Questo racconto brancola alla ricerca di un contenuto, sia narrativo sia simbolico. Pietro è quasi una caricatura, il rituale del lavaggio è e rimane oscuro – con quella stordita osservazione su chi fa il bagno senza lavarsi i piedi. L'unica possibile spiegazione è che la Grande Chiesa aveva bisogno di riti, e il Vangelo di Giovanni non ne dava nessuno: il volenteroso copista-redattore ne inventò perciò uno – sulla scorta un po' del battesimo e un po' del gesto di Maria di Betania – e lo inserì qui per dimostrare che anche a Gesù premevano molto le tecniche di purificazione, benché nelle pagine precedenti il vero Vangelo di Giovanni dica esplicitamente che a quelle tecniche, incluso il battesimo, Gesù non ricorreva.

Segue un altro finto discorso di Gesù:

12-13. Quando dunque ebbe lavato i loro piedi e riprese le vesti, si sedette di nuovo e disse loro: «Sapete ciò che vi ho fatto? Voi mi chiamate Maestro e Signore, e dite bene, perché io lo sono».

Nulla di più contrario a ciò che Gesù dice di sé nei Vangeli. Ma il copista lo fa addirittura ripetere a Gesù una seconda volta:

14-15. «Se dunque io, che sono il Signore e il Maestro, ho lavato i piedi a voi, anche voi dovete lavarvi i piedi a vicenda. Vi ho dato infatti l'esempio, perché come ho fatto io facciate anche voi».

Non trovando nessun contenuto da dare al rituale che ha inventato, il copista si rassegna a motivarlo come una sorta di cortesia che gli apostoli dovranno farsi a vicenda. La frase sull'esempio da imitare e la frase seguente sono prese dal discorso di addio (15, 20 sgg.):

16.   «In verità, in verità vi dico: un servo non è più grande del suo padrone, né un apostolo è più grande di chi lo ha mandato.

17-20. «Sapendo queste cose, sarete beati se le metterete in pratica. Non parlo di tutti voi; io conosco quelli che ho scelto; ma si deve adempiere la Scrittura: 'Colui che mangia il pane con me, ha levato contro di me il suo calcagno' (Salmo 40, 10). Ve lo dico prima che accada, perché quando sarà accaduto, crediate che Io Sono. In verità, in verità vi dico: chi accoglie colui che io manderò, accoglie me; chi accoglie me, accoglie colui che mi ha mandato».

«Ve lo dico prima che accada, perché voi crediate che Io Sono»! Qui il Vangelo è veramente soffocato, in questa imposizione al lettore di credere in un Gesù che si vanta delle sua facoltà di precognizione per «far credere che Io Sono». Le citazioni, anche qui, sono a sproposito: «Chi accoglie me, accoglie colui che mi ha mandato» è tratta da Matteo 10, 40

297

(cfr. Luca 10, 16) e qui non ha alcun nesso con il discorso di Gesù, né con la situazione; e «Colui che mangia il pane con me ha levato contro di me il suo calcagno» riguarda la disarmonia tra i vari aspetti della personalità e della coscienza d'ogni uomo, e non di Giuda soltanto, come qui il copista vuole far sembrare.

GIUDA E IL DISCEPOLO CHE GESÙ AMAVA
13, 21-30

21.　　Dopo aver detto queste cose, Gesù parve sconvolto.

«Sconvolto» (*etarakhthe to pneumati*, *turbatus est spiritu*) è lo stesso termine che compariva nel racconto della resurrezione di Lazzaro e nell'elogio ai greci (11, 33; 12, 27). Il copista a cui evidentemente si devono quei due brani e questo, colpisce sia per la sua povertà lessicale sia per la sua gran voglia di mostrare Gesù con i nervi a pezzi.

Ma poi d'un tratto il tono cambia, e torna la prosa del giovane Giovanni, tesa e tersa:

21-22.　E disse: «È così, è così, è l'Io che ve lo dice: in un Noi vi è sempre l'intento di tradire l'Io». I discepoli si guardarono gli uni gli altri, non sapendo di chi parlasse.

Nulla nei Vangeli è cronaca, nel senso moderno del termine; ogni frase di Gesù – tanto più se introdotta con *amèn, amèn* – ha valore universale, è detta per tutti. Così anche qui: *eis ex humon paradosei me* (letteralm. «uno di voi mi tradirà») si riferisce a ogni Noi. È d'altronde evidente: l'Io, in un

299

Noi, è comunque tradito, negato, e non da uno soltanto ma da tutti coloro che a quel Noi partecipano. E i discepoli sono un Noi: non per nulla tutti quanti, e non Giuda solamente, abbandoneranno Gesù nel momento più terribile. Ma qui non possono ancora ammettere l'idea.

E nel momento stesso in cui fa annunciare a Gesù il tradimento, l'evangelista mette in luce – con grande e toccante maestria – l'elemento che in ognuno si contrappone all'inerzia del Noi, e che in questo Vangelo è impersonato nel «discepolo che Gesù amava».

23.   Vi era lì il discepolo che Gesù amava, ed era disteso in grembo a Gesù (*recumbens in sinu Iesu, anakeimenos en to kolpo tou Iesou*).

24-25. Simon Pietro gli fece un cenno, come a dire: «Chiedigli di chi parla!» E quel discepolo, appoggiando la schiena sul petto di Gesù (*recubuisset super pectus Iesu, anapeson epi to stethos tou Iesou*) gli disse: «Signore, chi è?»

Anche il «discepolo che Gesù amava» ha naturalmente valore universale: compito del lettore è riconoscere in lui una componente di sé – così come avviene per ogni altra figura di qualche rilievo, menzionata nei Vangeli. Ma è di fondamentale importanza notare come l'evangelista presentasse questo «discepolo più amato» – questo elemento della personalità e della coscienza più vicino all'Io di cui Gesù parla – accanto a Gesù, addirittura *in sinu, super pectus Iesu*. Era una donna: così si conveniva che una moglie o un'amante stesse a tavola accanto al suo uomo (a quell'epoca si stava distesi a tavola, non seduti). Secondo gli gnostici, come sappiamo, Gesù amava la Maddalena più di tutti gli altri discepoli e «a lei parlava in segreto», come dice il Vangelo della Maddalena; e qui evidentemente il Vangelo di Giovanni lo confermava: Gesù parlava in segreto alla discepola distesa accanto a lui, e non perché Gesù negasse rivelazioni agli altri discepoli, ma perché, come l'evangelista mostra chiaramente, gli altri qui non osavano chiedergliene.

Per la Grande Chiesa, tanto ostica all'elemento femminile, non era ovviamente ammissibile che Gesù avesse una discepola e che addirittura la «amasse intensamente» (*egapa*, come dice qui il testo greco). Il brano venne puntualmente modificato: a tutti i pronomi che si riferivano alla discepola venne cambiato il genere grammaticale, e divennero maschili; *egapa* venne tradotto in latino *diligebat*, cioè semplicemente «aveva caro quel discepolo»; e il temine *mathetes*, «discepolo», che in greco poteva valere sia per il maschile sia per il femminile, venne tradotto in latino come un maschile. Rimase invece intatta la descrizione di quella posizione coniugale accanto a Gesù: o perché i copisti semplicemente non riuscirono a trovare nulla di convincente da inserire qui, o perché l'immagine di quella vicinanza a Gesù colpì talmente le loro menti, che non osarono cancellarla.

26-27. Gesù rispose: «È quello per cui intingerò un boccone di pane, e glielo darò». E intinse il boccone, lo porse e lo diede a Giuda Iscariota. E allora, dopo quel boccone, il satana entrò in lui. Gesù gli disse: «Quello che devi fare, fallo in fretta».

28-29. Nessuno dei commensali capì perché gli dicesse questo; alcuni pensarono che, dato che Giuda teneva la cassa, Gesù avesse inteso dirgli di comprare l'occorrente per celebrare la Pasqua, oppure di dare qualcosa ai poveri.

30. Giuda prese il boccone, e subitò uscì. Ed era notte.

«Era notte», in quel momento negli animi era notte: e nessuno capì, all'infuori del «discepolo che Gesù amava» e dello

301

stesso Giuda. Il boccone di pane è, naturalmente, un gesto di disprezzo – con un riferimento al «saziarsi di pane» di Giovanni 6, 26. Significa: «Ecco tutto ciò che ti occorreva da me, un po' di cibo per ciò che sei; ora, ciò che tu sai fare fallo in fretta». E occorre ripetere: non è Giuda soltanto, il traditore; Giuda è il nome che qui viene dato a un elemento dell'animo di chiunque faccia parte di un Noi, anche del Noi dei discepoli. «Il discepolo che Gesù amava» è il nome che qui viene dato a un altro elemento del nostro animo: e l'uno non esclude l'altro; come Gesù dirà tra pochi versi, «nella casa del Padre mio vi sono molte dimore».

IL DISCORSO DELL'ULTIMA CENA
LA LEGGE DELL'AMORE
13, 31-38

Da qui e per quattro capitoli, Gesù tiene il suo più grande discorso. Riassume il suo insegnamento, spiega come intenderlo e cosa farne, risponde alle domande confuse dei discepoli e mostra loro come comprendere se stessi e come superare davvero, d'ora in avanti, i loro limiti.

Non vi sono qui manipolazioni di copisti-redattori: non perché questo discorso di Gesù non apparisse pericoloso per la Grande Chiesa, ma perché i copisti probabilmente non lo capivano e pensarono che nemmeno gli altri fedeli l'avrebbero capito. In ciò non sbagliarono. Per sintassi e lessico questo discorso di Gesù è ancor più semplice dei precedenti, ma è talmente diverso dalla religione cristiana, che ancor oggi chi comincia a leggere il Vangelo deve dedicarsi a lungo a queste pagine, prima di riuscire a ricordarne qualcosa di *coerente*. È come se lo stupore intorpidisse la mente.

Ma al tempo stesso, ogni volta che il lettore ne comprende qualcosa, ha la sensazione di aver saputo da sempre che il vero insegnamento di Gesù fosse com'è qui, e di aver sempre sperato di trovare in Gesù proprio questo.

31.   Giuda dunque era uscito. E Gesù disse: «Qui e ora il Figlio dell'uomo si manifesta davvero e Dio si manifesta davvero in lui.

32.   «E se Dio si manifesta in lui, è Dio stesso a manifestare il Figlio dell'uomo in ognuno, e non in un lontano futuro, ma ora, qui, in ogni istante».

Nelle versioni consuete questi due versi diventano un gioco di parole, che descrive una sorta di scambio di favori tra il Figlio dell'uomo e Dio:

> Ora il Figlio dell'uomo è stato glorificato e anche Dio è stato glorificato in lui. Se Dio è stato glorificato in lui, anche Dio lo glorificherà da parte sua e lo glorificherà subito.

Mentre nell'originale significano: «L'Io e la nuova realtà che ne nasce in ciascuno – il Figlio dell'Uomo, appunto – si possono conoscere direttamente, praticamente, qui e ora. Ed è Dio stesso che si rivela, in essi».

È ciò che Gesù aveva spiegato già in altre occasioni, ma le versioni consuete non possono coglierlo: troppo forte, nel cristianesimo, è la certezza che Dio e l'uomo siano radicalmente diversi, e che tra cielo e terra debba esservi un incolmabile iato.

33.   «Eppure, ragazzi miei (*paides, fililoli*), l'Io non è sempre con voi, e presto lo cercherete, ma come avevo detto ai giudei lo dico ora anche a voi: dove l'Io va, il Noi non può giungere. E neanche il vostro Noi lo può.

34-35.   «L'Io vi dà una legge nuova: che vi amiate gli uni gli altri; come l'Io è legato a ciascuno di voi dall'amore, così anche voi imparate a sentire questo legame d'amore gli uni con gli altri. E da questo tutti saprete e tutti sapranno che siete discepoli dell'Io.»

L'Io si mostra nel Noi, come se le nebbie del Noi si diradassero; e poi subito scompare, perché le nebbie si addensano di nuovo. In queste nebbie vi guidi l'amore – dice qui Gesù –, il legame irresistibile dell'amore è la manifestazione più immediata di Dio, e la si può avvertire sempre, anche in quelle nebbie. La mente non lo capisce, non può – proprio perché l'amore è più grande della mente che siete abituati a usare nel Noi. Provare dunque questo amore intenso (*agape*) è abituarsi a essere più grandi della propria mente. Cominciate a provarlo gli uni verso gli altri, qualunque cosa avvenga, e molto si chiarirà sia a voi, sia agli altri intorno a voi.

36.   Simon Pietro gli disse: «Signore, dove vai?» Gli rispose Gesù: «Dove va l'Io, per ora non puoi seguirlo; lo seguirai poi».

37-38. Pietro disse: «Signore, perché non posso seguirti ora? Darò la mia vita per te!» Rispose Gesù: «Darai la tua vita per l'Io? È così, ascolta bene, l'Io stesso te lo dice: non canterà il gallo prima che tu l'abbia rinnegato tre volte».

È ancora la lezione di Giuda, che Gesù ripete qui a Pietro: l'impulso al tradimento è in ognuno, nel Noi! Ma Pietro non l'ha capita prima, e non la capisce neanche ora, malgrado tutto il suo patetico slancio.

DOVE VA L'IO
14, 1-10

1. «Inoltre, non lasciatevi confondere dall'agitazione; le emozioni sono poca cosa. Capite le cose dal punto di vista di Dio, capite le cose dal punto di vista dell'Io.»

L'«agitazione»: eccola davvero, quella stessa parola (*me tarassestho, ne turbetur cor vestrum*) di cui i copisti-redattori avevano abusato nell'episodio di Lazzaro, e in quello dei greci, e all'annuncio del tradimento, insistendo che Gesù ne fosse spesso sconvolto. Se questi tre episodi fossero stati autentici, Gesù starebbe imponendo qui ai discepoli un autocontrollo di cui lui stesso non era capace. Ma non erano autentici: le emozioni, secondo Gesù come secondo tutti i maestri spirituali, vanno dominate, capite, dissolte dall'Io – dalla nostra identità superiore.

2-3. «Capite che nella casa del Padre dell'Io vi sono molte dimore – molti e diversi aspetti d'ogni cosa. Finché non lo capite, l'Io dovrà ancora parlarvi per immagini: e tutto ciò che vi dice vi apparirà come un'immagine da decifrare. Così, se pensate ancora di essere diversi dall'Io, il vostro Io vi direbbe che va a prepararvi il posto, e che quando sarà andato e vi avrà preparato il posto, ritornerà e vi prenderà con sé, perché dove è l'Io siate anche voi.

4. «Ma del luogo dove va l'Io voi conoscete la via, ormai.»

Nelle versioni consuete i versi 2 e 3 sono incomprensibili:

«Nella casa del Padre mio vi sono molti posti. Se no, ve l'avrei detto. Io vado a prepararvi il posto; quando sarò andato e ve l'avrò preparato, ritornerò a prendervi...»

«Se no ve l'avrei detto...» è un errore di traduzione: così tradotte, queste parole distruggono ogni nesso tra ciò che precede e ciò che segue. Il senso era: «Se non poteste capire da un punto di vista più alto, vi avrei detto che l'Io va a prepararvi il posto... Ma voi potete capire in un modo più evoluto», eccetera. Era così facile, eppure già nelle prime versioni latine quell'errore compariva, e poi si ripeté fino a oggi.

Penso si possa spiegarlo come una conseguenza del raccapriccio che queste parole di Gesù, così intese, suscitavano in chi credeva che «la casa del Padre» fosse l'Oltretomba. Così insegnava la Grande Chiesa ma, a leggere così questo brano, ne viene che Gesù avrebbe portato la morte: «Ritornerò a prendervi!...» I traduttori preferirono rendere il brano incomprensibile.

Ma non vi era nulla del genere, nel testo originale. La «casa del Padre» è l'Aiòn che qui e ora si può vivere, e in cui – spiega Gesù – ogni nuovo tratto dell'esperienza è preparato dall'Io perché serva a una sempre maggiore evoluzione della mente cosciente: l'Io è più grande di quest'ultima, vede ed è sempre più in là, e agisce. Chi sta crescendo verso il proprio Io si accorge che nulla di ciò che gli avviene è casuale o indifferente: tutto è insegnamento e itinerario carico di significato, tutto può rivelarsi «dimora del Padre». E di insegnamento in insegnamento, di dimora in dimora l'Io guida la mente cosciente fino a se stesso, fino a che non divenga tutt'uno con essa.

È un motivo che nel seguito di questo discorso torna spesso, qui Gesù lo annuncia per la prima volta. Ma per la Grande Chiesa erano parole vane, proprio come lo sono qui per i discepoli di Gesù, che non lo capiscono. E pazientemente Gesù spiega, chiarisce.

5.   Tomaso gli disse: «Signore, ma noi non sappiamo dove vai: come possiamo conoscere la via?»

6-7. Gli disse Gesù: «L'Io è la via che ognuno di voi percorre, è la vita che ognuno di voi vive, la verità che in questa vita si rivela giorno dopo giorno, sempre intera e mai intera. Nessuno può arrivare a Dio se non attraverso il proprio Io. E se conoscete l'Io, conoscete anche il Padre. E già ora lo conoscete e l'avete visto, non è così?»

8.   Ma Filippo gli disse: «Signore, mostraci il Padre, non chiediamo altro».

9.   Gli rispose Gesù: «Filippo, da tanto tempo l'Io è con voi e tu non hai ancora capito cos'è? Chi ha visto l'Io ha visto il Padre. Come puoi dire ancora 'Mostraci il Padre?'

10.   «Davvero non capisci che l'Io è nel Padre e il Padre è nell'Io? Anche le parole che l'Io vi dice non le dice di suo, ma è sempre il Padre che agisce attraverso l'Io».

Gesù è evidentemente deluso dalle domande, la sua risposta a Filippo comincia con un sospiro; ma si fa forza, incoraggia i discepoli e se stesso al contempo:

11. «Capite che l'Io è nel Padre e il Padre è nell'Io; almeno capitelo attraverso le conseguenze che ciò ha e avrà in voi.

12. «È così, è così, l'Io stesso ve lo dice: anche chi capisce l'Io potrà fare ciò che l'Io fa, e farà cose sempre più grandi, perché l'Io conduce al Padre.

13. «Se capite secondo l'Io, l'Io vi mostrerà cosa chiedere, e qualunque cosa chiederete l'Io la farà avvenire, perché il Padre si manifesti nel Figlio.

14. «Se chiederete una qualunque cosa che l'Io vi abbia mostrato come possibile, l'Io la farà».

Per la mente cosciente, suona come un'esortazione a praticare l'onnipotenza: l'Io è più grande della mente e della volontà umana, in ognuno di voi, e *qualunque cosa l'Io vi mo-*

strerà come possibile attraverso i vostri desideri, chiedetela e l'avrete.

Si chiede ciò che si desidera. E il desiderio non è che un'altra espressione di quel legame d'amore che secondo Gesù è la più immediata presenza di Dio nell'uomo e nell'universo: si chiede ciò a cui ci si sente legati d'amore. Imparate anche da questa «conseguenza concreta» dell'Io, dal rinnovarsi e dall'ampliarsi della vostra capacità di desiderare. Ogni volta che formulate un desiderio, è perché il vostro cuore ha guardato più in là dell'orizzonte consueto della mente, e ha scorto là qualcosa da raggiungere: è una forma superiore di intuizione e di conoscenza, non temetela! Se l'Io prepara ogni nuova tappa della vostra esperienza, perché temere i desideri che vi permettono di precorrere le prossime tappe? Neppure l'egoismo è da temere: a ciò che l'Io può insegnare a desiderare, a ciò che il cuore desidera, Gesù raccomanda qui di non porre condizioni – neppure la condizione della modestia, o della moderazione; l'Io non conosce misura! Così è anche negli altri Vangeli, ogni volta che Gesù parla della sua fede onnipotente e precorritrice: «*qualunque cosa* chiederete con fede, credete che l'avete ottenuta e la otterrete» (Marco 11, 24; Luca 17, 6; Matteo 17, 20). In questo discorso giovanneo, l'illimitato desiderio sarà uno dei motivi più insistiti.

LO SPIRITO DI VERITÀ SPIEGATO PER IMMAGINI
14, 15-26

Accortosi che i discepoli non comprendono ancora il suo parlare più alto, Gesù torna a parlare per immagini, il più possibile semplici, un po' come si parla ai bambini, in questo riepilogo del suo insegnamento:

15-16. «Amate l'Io. Amarlo significa comportarsi secondo l'Io. E l'Io pregherà il Padre e il Padre vi darà un altro sostegno, che rimanga per sempre con voi».

«Amate l'Io» è un'immagine: significa «sentite il vostro legame divino con l'Io», partecipate a esso con il vostro cuore. Anche l'Io che «prega il Padre», e l'arrivo dell'«altro sostegno» (*parakletos*, che significava anche aiutante, avvocato difensore) sono immagini semplificate all'estremo, perché questi insegnamenti si imprimano nella memoria dei discepoli, in attesa che la loro mente arrivi a comprenderli. L'«altro sostegno» è precisamente la capacità di comprenderle davvero.

17. «Quest'altro sostegno e aiutante è lo Spirito della Verità, che il mondo del Noi non può accogliere in sé,

perché non lo vede e non lo conosce. Ma voi lo conoscete, perché dimora con voi e sarà in voi.

18-19. «L'Io non vi lascerà mai orfani, ritornerà sempre da voi.
L'Io ha le sue fasi, di tanto in tanto è nel mondo, di tanto in tanto no. Ma voi, poiché sapete cos'e, lo vedrete
sempre di nuovo: poiché l'Io è la vostra stessa vita, e
voi vivete.

20. «Così avverrà quando capirete davvero che l'Io è nel
Padre e voi siete nell'Io e l'Io è in voi.»

Anche l'immagine degli «orfani» allude a una condizione
infantile dei discepoli; e poco prima Gesù li aveva chiamati
paides, «ragazzi». E nel rivolgersi ai ragazzi, ai bambini, si
parla in termini di sentimenti, perché la loro memoria afferri
meglio il discorso.

21. «E amare l'Io significa capire come ci si comporta secondo l'Io, e comportarsi così. Chi ama l'Io sarà amato
dal Padre, e anche l'Io lo amerà e si manifesterà a lui
sempre più.»

Il senso di questa immagine semplificata della reciprocità
d'amore, è che l'amore è in realtà *uno solo*: l'amore dell'Io,
l'amore del Padre, l'amore dei singoli discepoli non sono tante e diverse forze del sentimento, ma un'unica corrente di
realtà divina e umana al contempo, nel cui fluire verrà a trovarsi ciascun discepolo il cui cuore si sia destato.

22. Gli disse Giuda, non l'Iscariota: «Signore, ma perché bisogna che l'Io si manifesti a noi soltanto e non a questo
mondo?»

Questa domanda non è più incoraggiante delle altre: Gesù aveva già spiegato tante altre volte ai discepoli e alla folla che il Noi non può capire l'Io. Ma pazientemente risponde:

23. Gli rispose Gesù: «Solo se uno ama l'Io, se ha questo legame con il cielo, cioè solo se lo ascolta e si comporta secondo l'Io, solo allora il Padre dell'Io lo amerà, e l'Io e il Padre saranno in lui.

24. «Ma chi non è capace di questo amore, non si comporta secondo l'Io. Anche queste parole che ascoltate non sono dell'Io ma del Padre che ha mandato l'Io nel mondo».

Perciò chi non ha in sé quel legame divino d'amore non le può intendere – e Giuda, purtroppo, dimostra di non averle intese finora. Gesù indugia di nuovo a spiegare che sta parlando per immagini facilitate:

25. «Tutte queste cose l'Io ve le dice così, fintanto che è ancora nel vostro Noi, nelle limitate capacità di capire del Noi.

26. «Ma l'altro sostegno, lo Spirito Santo che il Padre manderà mediante l'Io, vi insegnerà ogni cosa in modo che la conosciate davvero e vi farà ricordare tutto ciò che l'Io vi ha detto».

E le versioni consuete mostrano quanto si possa essere duri d'orecchio, allo Spirito: «Tutte queste cose vi ho detto quando ero ancora con voi», così traducono il verso 25, e non ha senso.

Gesù ricorre anche a un altro procedimento didattico tipico di chi insegna ai bambini: ripete, riassume ciò che ha appena detto, punto per punto.

27. «L'Io vi lascia la pace, vi dà la sua pace, anche nel Noi. Ed è più grande della tranquillità d'animo che in *questo mondo* si conosce. Perciò non lasciate che le emozioni prendano il sopravvento in voi, e non temete.

28. «Avete udito bene che l'Io va e torna? Che cioè vi supera sempre, qualunque sia la crescita spirituale che abbiate raggiunto. Se ci fosse tra voi e l'Io quel legame dell'amore, sapere questo vi darebbe gioia, perché questo significa che l'Io giunge e conduce al Padre, che è sempre più grande di ogni singola manifestazione dell'Io.

29. «L'Io ha questa caratteristica: vi fa conoscere tutto prima che avvenga, perché quando avverrà voi lo capiate nel giusto modo. Così fa anche ora.

30. «L'Io non parla a lungo con un Noi, perché nel Noi torna continuamente ad agire il principe di *questo mondo*, che non ha nulla a che vedere con l'Io.

31. «Ma bisogna che anche ciò che in ognuno di voi obbedisce a *questo mondo* sappia come l'Io sia connesso al Padre attraverso l'amore e come ciò che fa gli provenga direttamente dal Padre. Perciò diventate più grandi, smuovetevi dal vostro torpore!»

Le versioni consuete traducono invece, ottusamente: «Alzatevi, andiamo via di qui». Ma non è da un luogo che Gesù invita qui ad alzarsi e uscire, bensì da un grado di intelligenza, da un linguaggio, da una dimensione interiore ancora insufficiente.

I TRALCI
15, 1-8

Bisogna che la scoperta dell'Io venga esercitata dalla coscienza tutta intera – anche da quella parte della coscienza che obbedisce a *questo mondo*. Ed è proprio a quella parte che Gesù parla per immagini da decifrare, per parabole: «Per gli altri, tutto è in parabole», come dice il Vangelo di Luca (Luca 8, 10), lasciando intendere che non appena si ricominci a ragionare come «gli altri», come i più in *questo mondo*, tutto ridiventa immagine, parabola, enigma, domanda. Le risposte si trovano nell'Io. La risposta, anzi, è l'Io stesso, il «Sono Io» scioglie ogni enigma, nel cammino spirituale. È ciò che Gesù torna a spiegare, qui, nell'immagine dei tralci di vite:

1. «L'Io è come la vite della Verità, e il Padre è come il vignaiolo.

2. «Ogni tralcio della vostra vita che non porta frutto nell'Io, il Padre lo taglia via; e ogni tralcio che porta frutto nell'Io, il Padre lo pota perché porti più frutto.

3. «Voi siete già potati, da ciò che l'Io vi ha annunciato».

Anche una pianta di vite è una parabola, un enigma: uno specchio, cioè, in cui ciascuno può dire «Sono Io». La vite rappresenta la Verità, e la Verità è l'Io di ognuno di voi. Il vignaiolo che la coltiva è il Padre: cioè il senso e la funzione della vostra vita si possono conoscere soltanto in Dio, in una sfera molto più alta di quella della coscienza a voi consueta; ma del senso e della funzione della vostra vita si può avere indicazione, se si considera ciò che il vignaiolo taglia e pota. Imparate ad accorgervi di ciò che nella vostra vita – in voi e in quanto vi circonda – non porta più frutto: sono tralci che il Padre taglia, e anche voi tagliateli via, perché non ostacolino più la vostra crescita.

È una precisazione riguardo a ciò che Gesù aveva detto poco prima, sull'Io che prepara la via ai discepoli (14, 2-3), ed è un brano che ha molte corrispondenze negli altri Vangeli: da passi come «dai loro frutti li riconoscerete» (Matteo 7, 16 sgg.), all'episodio del «fico disseccato fino alle radici» (Marco 11, 13 sgg.), fino al brano sulle «membra dannose»:

Se la tua mano o il tuo piede divengono un'insidia per te, tagliali e gettali via. È meglio per te entrare zoppo o monco nella vita, che aver due mani e due piedi e venir gettato nel fuoco eterno.

Matteo 18, 8

Queste «mani» e «piedi» da tagliare vengono solitamente interpretati come immagini delle inclinazioni naturali dell'uomo. Sono invece immagini di ciò che in *questo mondo* si ritiene importante strumento per comprendere la realtà – la tradizione, la cultura, i maestri da tutti approvati. Ma se «non portano frutto nella Verità», se non aggiungono nulla a ciò che il vostro Io vi rivela, sono soltanto insidie: vanno tagliati via, perché non ingombrino.

4-5. «Rimanete nell'Io e l'Io rimanga in voi. Come il tralcio non può portare frutto di per sé, senza la pianta a cui appartiene, allo stesso modo non lo potete voi, se non rimanete nell'Io.

6. «Chi non rimane nell'Io viene gettato via, come un tralcio che si secca, e va perduto; viene raccolto e bruciato da altri.

7. «Se rimanete nell'Io e le parole dell'Io rimangono in voi, chiederete quel che vorrete e lo avrete.

8. «In questo si manifesta il Padre dell'Io: che portiate molto frutto e vi scopriate discepoli dell'Io, sempre di nuovo.»

Così sia anche in ognuno di voi, futuri maestri – continua qui Gesù – valutate anche in voi stessi ciò che produce frutto, e riconoscete ciò non ve ne fa produrre. Ciò che in voi è sterile, gettatelo nel Nulla. Mentre ciò che è fruttifero vi guiderà alla comprensione di ogni cosa, ampliando sempre più il vostro orizzonte – e chiederete, guardando oltre, e avrete.

LA GIOIA
15, 9-16

9-10. «L'amore è ciò che lega il Padre all'Io e l'Io a ognuno di voi. Restate in questo amore. Restarvi significa per voi comportarsi secondo l'Io, così come per l'Io significa comportarsi secondo il Padre della realtà.»

Il giovane Giovanni è affascinato da questa struttura scalare della realtà: il Padre, l'Io, ognuno di voi – e *questo mondo* più giù. È un po' la sua scala di Giacobbe, il suo Albero della Vita, lungo il quale discende e risale l'energia vitale di ciò che esiste. Il giovane Giovanni chiama quell'energia l'amore, che diviene il desiderare e il chiedere, nel suo salire di nuovo verso i mondi superiori. E la pienezza di questa energia, la percezione del suo fluire intero è ciò che Giovanni chiama la gioia:

11. «Questo vi dice l'Io perché la gioia dell'Io sia in voi, e la vostra gioia si colmi tutta quanta».

In questa «gioia», se la mente cosciente dell'uomo giungesse fino a essa, i desideri, il chiedere troverebbero il loro compimento insieme con tutto *questo mondo*: se la mente cosciente cioè divenisse senz'altro l'Io, senza più nulla che li differenzi.

Avverrà, per ora è lontano, e la partecipazione dell'uomo al fluire di quell'energia d'amore che alimenta e anima l'universo è ancora una legge da imparare.

12.   «Questa è la legge dell'Io, per voi: che vi amiate gli uni gli altri come l'Io ama voi.»

Ma è già legge nel senso di legge di natura, non di imposizione: va compresa appieno, non obbedita.

13-14. «Si dice che la più grande forma d'amore sia dare la vita per i propri amici. Proprio così fa l'Io con voi, quando vi comportate secondo l'Io: vi dà tutto ciò che ha, tutta la vita che ha in sé.

15.   «Non siete più servi dell'Io, perché il servo non sa e non capisce ciò che fa il suo padrone; ma l'Io vi chiama amici, perché tutto ciò che ha udito dal Padre lo ha fatto conoscere a voi.

16.   «E non siete stati voi a scoprirlo. Non siete stati voi a trovare e a scegliere l'Io, ma l'Io vi ha scelti e vi ha preparati perché nella vostra vita portiate frutto, e il vostro frutto rimanga, e perché chiediate al Padre, e il Padre vi conceda tutto ciò che gli chiederete restando nell'Io.»

Anche questa è una costante delle grandi esperienze spirituali: chi le vive, ha la sensazione di essere stato chiamato, guidato, attraverso un seguito di circostanze, da una qualche volontà più grande; e chi le fa vivere ad altri, sente questo «dare la propria vita», e non come sacrificio, ma come superamento di ciò che è soltanto *suo*, della *sua* vita appunto, della sua identità, per ritrovare se stesso solo in una identità più grande, che include coloro a cui si rivolge.

Tale volontà è l'Io stesso – spiega Gesù – che viene dapprima sentito come un elemento troppo alto, diverso da ciò che uno è, e poi via via si rivelerà come un più alto centro del nostro essere, dal quale più vasto è l'orizzonte, e più grande ogni nostro potere.

L'ODIO
15, 17-25

17. «La legge dell'Io è che vi amiate gli uni gli altri, perché così siete in armonia con l'universo intero.

18. «Nel mondo invece c'è l'odio. Ma se questo mondo vi odia, sappiate che non odia tanto voi ma l'Io che è in voi.

19. «Se foste di questo mondo, il mondo amerebbe in voi ciò che è suo; ma non siete del mondo, l'Io vi ha tratti fuori dal mondo, e perciò il mondo vi odia.»

Nell'Io, nel suo Aiòn e nell'universo intero agisce la forza chiamata amore, in *questo mondo* domina invece una forza opposta, di repulsione, chiamata «odio», e quest'altra forza si manifesta irresistibilmente nei confronti dell'Io, che a *questo mondo* è estraneo.

20. «Ricordatevi: un servo non è più potente del suo padrone, e non ha libertà di scelta. Se i servi di questo mondo hanno perseguitato l'Io, perseguiteranno anche voi; se ascoltano la sua parola, ascolteranno la vostra.

21. «E tutto ciò che vi faranno, ve lo faranno a causa dell'Io, perché non conoscono colui che ha mandato l'Io.»

L'odio, in *questo mondo*, è una legge proprio come l'amore lo è per chi sta crescendo verso l'Io. Ma questa legge del mondo serve a frenare, a chiudere, a non conoscere. È, diremmo oggi, autoimmune al suo stesso sviluppo: come se producesse anticorpi contro la sua stessa evoluzione. Qualsiasi libro di storia lo dimostra, nell'elencare secolo dopo secolo, millennio dopo millennio sempre gli stessi catastrofici errori, sempre gli stessi crimini e distruzioni.

22-23. «Se l'Io non fosse venuto e non avesse parlato a loro, non avrebbero alcun torto; ma ora non hanno più giustificazione per il loro torto. Se odiano l'Io, è perché odiano il Padre.

24-25. «Se l'Io non facesse in mezzo a loro opere che nessuno di loro può fare, non avrebbero torto; ma ora hanno visto e hanno odiato l'Io e il Padre dell'Io. Così era scritto anche nella loro Legge: 'Hanno odiato l'Io senza motivo' (Salmo 34, 19). Così è.»

La legge di *questo mondo* non ha motivo e non ha senso, ed è autoimmune anche al senso: impenetrabile e vuota al contempo. Così essa basta a se stessa. Non fatevi illusioni al riguardo.

NON LASCIATEVI CONFONDERE
15, 26-27; 16, 1-4

Per ora tenete bene a mente queste cose; poi le capirete e le sperimenterete:

26-27. «Quando avrete il nuovo sostegno che l'Io vi farà raggiungere, lo Spirito di Verità che viene direttamente dal Padre, esso renderà testimonianza dell'Io, e allora anche voi renderete testimonianza dell'Io perché siete con l'Io in tutto e per tutto.

1.   «Per ora, l'Io vi dice queste cose perché non cadiate nelle insidie di questo mondo.

2-3.   «Vi scacceranno dalle sinagoghe, accadrà persino che vi uccideranno pensando di fare cosa gradita a Dio. E faranno tutto ciò solo perché non hanno ancora conosciuto né il Padre né l'Io.

4.   «Ma l'Io vi dice queste cose perché quando avverranno sappiate comprenderle nel giusto modo.
     «Se fino a oggi non le avete ancora comprese, è perché il Noi era ancora troppo forte nelle vostre coscienze».

Per ora non possono esservi chiare, queste cose, innanzitutto perché *questo mondo* non è soltanto negli altri: è una componente della personalità e della mente di ciascuno. Quando davvero arriverete a liberarvene, ne avvertirete tutto il peso e l'orrore. E non inganni il termine «sinagoghe»: non è certo alla comunità ebraica che il giovane Giovanni si riferisce qui. *Questo mondo* è ovunque il medesimo, e «sinagoghe», qui, può valere benissimo per «diocesi», «moschee», «partiti», «scuole», «famiglie». È un punto su cui anche gli altri Vangeli insistono crudamente: «Non crediate che io sia venuto a portare la pace in questo mondo; non la pace porto io, ma la spada... e i nemici dell'uomo saranno i suoi famigliari» (Matteo 10, 34-36; Luca 14, 26 ecc.).

Nelle versioni consuete di questo brano di Giovanni si ha una notevole inversione di significato, al verso 4:

«Ma io vi ho detto queste cose perché quando giungerà la loro ora ricordiate che io ve ne avevo parlato. Non ve le ho dette dal principio, perché ero con voi».

Ne risulterebbe che Gesù non ha rivelato tutto ciò a discepoli perché era con loro: ma non ha senso, tanto più che anche adesso egli è con loro, mentre parla. Il senso corretto è precisamente: «Non potevano esservi chiare queste cose, perché in ciascun discepolo l'Io era ancora troppo oscurato dall'inerzia del Noi».

Nel brano che segue, la parola «Io» può davvero essere letta in due modi, senza che l'uno intralci l'altro: dicendo «Io», Gesù intende qui se stesso e l'Io che è in ognuno – ovverosia il Maestro esteriore dei discepoli, e il Maestro interiore che occorre scoprire e verso il quale occorre crescere in se stessi. È la prima volta, nel Vangelo, che Gesù acconsente a quell'equivoco in cui tanto spesso cadeva la folla che, incapace di intendere il senso autentico dell'«Io», credeva che Gesù parlasse di sé soltanto (Giovanni 2, 20; 8, 57 ecc.); ma anche qui, il Maestro esteriore diviene un'immagine, una nuova *parabolé* dell'Io stesso. Dispongo le due letture una accanto all'altra:

5. L'Io conduce sempre verso ciò che è più in alto, e nel Noi nessuno può domandare dove vada.	5. Ora io, Gesù, mi allontanerò da voi e voi dapprima non capirete perché. Non riuscirete nemmeno a far domande su ciò che c'è da capire.
6. Perciò voi siete nella tristezza, non capite ancora. Nel Noi si è tristi.	6. E avrete un periodo di grande tristezza.

7. Perciò è bene che l'Io ora scompaia al vostro orizzonte, proprio perché il vostro orizzonte è ora limitato. Vi accorgerete di quel limite e vorrete superarlo, e ciò vi permetterà di raggiungere un più alto grado di conoscenza. Qui è l'altro sostegno di cui vi dicevo. L'Io, se ora va oltre il vostro orizzonte, ve lo farà trovare.

7. Ma davvero, è bene per voi che accada così. Soltanto se resterete da soli troverete in voi stessi quell'altro sostegno di cui vi dicevo; e allora mi capirete davvero.

Tutto in *questo mondo* è enigma, è «in parabole», per chi non guarda dal punto di vista dell'Io: e anche la morte è una *parabolé*, una metafora, spiega qui Gesù. Al tempo stesso, tutto in questo mondo ha un senso più alto e più coerente, per chi sa guardare dal punto di vista dell'Io. E qui anche la morte del Maestro si rivela parte essenziale del suo insegnamento: fino a che il Maestro è con loro, i discepoli sono destinati a restare un Noi – uno dei tanti Noi fondati sull'autorità, che vi sono in questo mondo; e il loro orizzonte resterà un orizzonte di questo mondo.

Ma morto Gesù, tolta nei discepoli la possibilità di *dipendere* da lui, il Noi del gruppo di discepoli non potrà più reggere: e allora ciascun discepolo scoprirà da solo nella propria vita la validità di ciò che Gesù insegnava, imparerà ad ascoltare in se stesso la Verità, e sarà proprio come se un «altro sostegno», un *parakletos* soltanto interiore, subentrasse a Gesù come guida personale di ognuno.

Al contempo, Gesù spiega qui che sempre avviene così: l'Io va sempre oltre, ti fa sempre avvertire i limiti di ciò che fino a un determinato momento hai appreso, e ciò ti permette di volerli superare e di superarli di volta in volta, verso scoperte sempre più alte.

In entrambe le modalità di lettura, la «tristezza» è mostrata come un passaggio indispensabile, e con «tristezza» si intende precisamente la percezione del proprio limite. Così è in ogni crescita, in ogni desiderio, in ogni attesa. Questo è il senso della parabola del distacco che Gesù sta annunciando qui.

8. «E quando sarà venuto quest'altro sostegno, confuterà in ciascuno di voi le convinzioni di questo mondo riguardo al peccato, alla giustizia e al giudizio.

9. «Riguardo al peccato, che in realtà è soltanto il non capire la realtà del punto di vista dell'Io;

10. «riguardo alla giustizia, perché l'Io conduce al Padre e il Noi è destinato a vederlo scomparire all'orizzonte,

11. «e riguardo al giudizio, perché lo stesso principe di questo mondo è stato giudicato.»

Nella personalità e nella mente di ciascuno, cioè, questo mondo agisce attraverso tre complessi fondamentali: innanzitutto il peso ossessivo del peccato, dei peccati commessi e della paura di commetterne, che spinge l'uomo a cercare riparo nelle norme di qualche religione di questo mondo; poi, l'incertezza riguardo ai criteri di giustizia, la sensazione di non saper dire cosa è sbagliato e cosa no, e la conseguente ricerca di una qualche autorità di *questo mondo*, che lo spieghi; e infine, la paura di condannare ciò che deve essere condannato, perché ciò che deve essere condannato in *questo mondo* è troppo grande e potente e da tutti approvato, e perciò forte è la tentazione di rassegnarvisi.

Ma voi, spiega Gesù, imparerete a spezzare da soli, in voi stessi, questi tre vincoli: capirete che il peccato è un equivoco; che la giustizia vera ha fondamenti più alti, ignoti a *questo mondo*; e che *questo mondo* va condannato in blocco, e smantellato senz'altro. Per ora non potete arrivare a tanto – spiega Gesù – perché dipendete da me, e timore del peccato, incertezza del senso di giustizia e timidezza verso *questo mondo* agiscono ancora saldamente in voi. Ma da soli ci arriverete.

12. «Molte cose ha ancora da dirvi l'Io, ma per ora non siete in grado di reggerle.

13. «Quando invece verrà lo Spirito di Verità, guiderà ognuno di voi alla Verità tutta intera: e non pensiate che sia una qualche entità, dalla quale dipendere di nuovo! Sarà soltanto un tramite, una vostra nuova possibilità di ascoltare e conoscere ciò che ora è per voi al di là dell'orizzonte.

14. «Esso manifesterà l'Io in tutta la sua gloria, perché prenderà da ciò che è dell'Io e vi permetterà di capirlo.

15. «E tutto ciò che è dell'Io, è anche del Padre. Ricordatevene, quando vi dico che lo Spirito prenderà da ciò che è dell'Io e ve lo farà capire.»

Le versioni consuete, invece, trasformano il testo in modo che lo «Spirito di Verità» venga inteso proprio come un'entità personale dalla quale dipendere; traducono infatti:

«Lo Spirito di verità vi guiderà alla verità tutta intera, perché non parlerà da sé ma dirà tutto ciò che avrà udito e vi annuncerà le cose future».

Ciò fa dello «Spirito di Verità» soltanto una sorta di spirito veggente, aiutante di indovini.

DA DOVE NASCE L'IO
16, 16-24

16. «A tratti vedrete l'Io e a tratti non lo vedrete più»,
     aveva detto Gesù.

17-18. Alcuni dei suoi discepoli dicevano tra loro: «Che cosa
        significa e com'è questa intermittenza? E cosa signifi-
        cano le parole «L'Io conduce al Padre»? Non si riesce a
        capire.

19-20. Gesù si accorse che non capivano e spiegò: «È così, è
        proprio così, l'Io stesso ve lo dice: piangerete e sarete
        afflitti, e *questo mondo* se ne rallegrerà. Deve avvenire,
        ma la vostra afflizione si trasformerà in gioia, in cono-
        scenza.

21-22. «È come nella gravidanza e nel parto: anche lì, alla fa-
        tica e al dolore segue la gioia. Così è l'afflizione che
        provate ora; ma l'Io vi si mostrerà di nuovo e il vostro
        cuore ne gioirà,

23. «e nessuno potrà più togliervi quella gioia. Allora, ciò
     che in ognuno di voi obbedisce a *questo mondo* non do-
     manderà più nulla all'Io e non lo equivocherà più: non

ci sarà più nulla che non capirete. Qualunque cosa chiederete al Padre, l'avrete dal Padre stesso.

24.   «Finora, nel Noi, non siete stati capaci di domandare veramente nulla. Cominciate, ora, perché la vostra gioia, la vostra conoscenza giunga alla sua pienezza».

L'Io nasce in *questo mondo*, e nelle sue intermittenze continua a nascere da ciascuno di voi. In ogni istante sei come una donna incinta, e il parto arriva. Da te nasce ciò che supera ogni soglia, e non occorre che accorgersene e sperimentarlo. Ogni volta, sperimentandolo, sarà come se fino ad allora non si fosse imparato e fatto nulla di significativo. Vivere secondo l'Io è scoprire sempre un universo nuovo.

25. «Tutto questo, l'Io può dirvelo ora soltanto in immagini; ma poi queste metafore non occorreranno più, e l'Io vi parlerà del Padre senza nessuna mediazione.

26. «Allora ognuno di voi chiederà come se fosse l'Io stesso a chiedere. Non avrete più bisogno dell'immagine dell'Io che prega il Padre per voi,

27. «ma tra ciascuno di voi e il Padre il legame sarà immediato: avvertirete in pieno quella forza divina dell'amore, che avete imparato a conoscere ascoltando l'Io e comprendendo che la sua origine e la sua ragione sono nel Padre, nell'origine stessa d'ogni cosa.

28. «L'Io, infatti, proviene dal Padre e si estende fino a *questo mondo*, perché da *questo mondo* si giunga fino al Padre, attraverso l'Io.»

Anche l'Io è un'immagine, spiega qui Gesù. Tutto, tutto ciò che avete ascoltato e appreso fin qui è soltanto immagine ed enigma – che poi risolverete, scoprendo ancora una volta la chiave del «Sono Io». L'Io sei tu, che ora hai tanta incertezza riguardo a te stesso, tanto da temere te stesso come un nemico, a volte. Tu sarai irresistibilmente e immediatamente connesso al Padre d'ogni cosa, così come prima immaginavi che lo fosse l'Io supremo di cui parla Gesù. E ciò avverrà qui, in questa vita e in mezzo a *questo mondo*, nel quale l'Io proviene dal Padre, solo per mostrarti che sei tu e che tu giungi fino al Padre.

30. Gli dissero i discepoli: «Ecco, ora parli chiaro e non per immagini. Ora sappiamo che l'Io comprende tutto e che non c'è bisogno di vederlo come un'entità intermediaria. Così capiamo finalmente che l'Io viene da Dio».

31. Rispose loro Gesù: «Ora, sì, state cominciando a capire.

32. «Perciò è venuta l'ora in cui vi separerete, ed andrete ognuno per sé, e lascerete che l'Io sia in ciascuno di voi da solo; ma nell'Io nessuno è mai solo, perché il Padre è dov'è l'Io.

33. «L'Io vi ha detto queste cose perché troviate la pace in esso. Nel mondo sarete oppressi da ogni parte, ma confidate, l'Io ha vinto il mondo!»

È il primo e unico risultato incoraggiante che Gesù raggiunge con i suoi discepoli: finalmente capiscono! E subito Gesù li avverte che quel loro capire è, d'altra parte, il segnale che il distacco dal Maestro sta per avvenire. Poi seguirà la pace, la vastità dell'Io in ciascuno. Per l'Io e la sua pace questo mondo è troppo stretto: il testo dice letteralmente che in questo mondo avrete *thlipsin*, *pressuram* – che significa sia «oppressione» sia «compressione» vera e propria, come d'un contenitore il cui contenuto diventa troppo grande. Ma così dev'essere, l'Io ha precisamente la funzione di spezzare le pareti di questo mondo.

IL DISCORSO A DIO
17, 1-26

Negli altri Vangeli, il discorso di Gesù a Dio prima dell'arresto si limita a poche frasi riguardo al calice di sofferenza che Dio gli ha dato da bere e sulla volontà di Dio, alla quale l'Io deve adeguarsi (Matteo 26, 39 sgg.; Luca 22, 41 sgg.; Marco 14, 35 sgg.); e gli altri Vangeli dicono che i discepoli si addormentarono mentre Gesù pregava e parlava con Dio, e non udirono nulla, né riuscirono a pregare con lui. Nel Vangelo di Giovanni invece il discorso a Dio è ampio, e i discepoli lo ascoltano, e non è la preghiera di un uomo angosciato da ciò che sta per avvenirgli, ma l'espressione di ciò che veramente desidera l'Io in ogni uomo.

1. Dopo aver parlato loro, Gesù alzò gli occhi al cielo e disse a Dio: «Padre, è giunta l'ora, glorifica il Figlio tuo, perché il Figlio glorifichi Te.

2. «Tu gli hai dato un potere più grande d'ogni forma e consuetudine del mondo, perché il Figlio desse vita a tutto ciò che gli hai dato.

3. «Questa è la vita nel Grande Tempo: che conoscano Te, unico vero Dio, e colui che Tu hai mandato.

4. «L'Io ti ha manifestato sulla terra, compiendo ciò che gli avevi affidato.

5. «E ora, Padre, glorifica l'Io dove Tu sei, con quella gloria che l'Io ha al di là di questo mondo limitato».

I discepoli sanno, Gesù lo ha detto già tante volte, che l'Io è Figlio, emanazione di Dio che diviene realtà nell'uomo in cui nasce. Il suo legame d'amore con Dio è costante, immediato e consapevole: ciò che l'Io fa e dice è espressione del Padre, i poteri dell'Io sono divini, più grandi del mondo, e l'Io dà a ogni cosa un senso superiore, facendo partecipare ogni cosa all'Aiòn, già qui e ora in questo mondo, attraverso la conoscenza. Ma ora basta. In questo discorso di Gesù, prende a parlare un altro aspetto dell'Io, quello che si volge verso l'alto, verso le «cose celesti» (cfr. 3, 12): l'Io è in *questo mondo* perché ha un compito da assolvere qui, ma *questo mondo* è stretto davvero, e l'Io ha un bisogno di immensità che *questo mondo* non può soddisfare. «Padre, allontana da me questo calice», dice Gesù a Dio prima di andare incontro alla morte: se si confrontano queste parole con il discorso che Gesù pronunciò secondo Giovanni, si ha la sensazione che il «calice» fosse non il martirio, ma proprio *questo mondo* opprimente e comprimente. L'Io va sempre oltre. E qui, «glorifica l'Io dove tu sei» è la preghiera perché davvero *questo mondo* rimanga indietro, e tra il cielo infinito e l'uomo non vi sia più nessun confine.

E ripeto: il Vangelo non è mai cronaca soltanto, e queste non sono le parole che Gesù di Nazareth pronunciava pensando alla morte imminente. Sarebbe in qualche modo rassicurante pensare che così fosse; ma in ogni frase del Vangelo il lettore può e deve riconoscere qualcosa di sé qui e ora, e questo anelito all'immensità, a superare ogni cosa è parte integrante e vivificante di ogni attimo della nostra vita.

6. «L'Io ha fatto conoscere la realtà così come Tu la vedi, l'ha mostrata a coloro che Tu gli hai dato, togliendoli dal mondo. Erano tuoi da sempre e Tu li hai dati all'Io, ed essi hanno fatto buon uso della Tua parola.

7-8. «Ora sanno che tutto ciò che Tu hai dato all'Io viene da Te, perché le parole che hai dato all'Io, l'Io le ha date a loro; e le hanno accolte e sanno davvero che l'Io proviene da Te, e hanno capito che Tu l'hai mandato.

9. «L'Io prega per loro: non prega per il mondo, ma per coloro che Tu gli hai dato, perché sono tuoi.

10. «Tutto ciò che è dell'Io è Tuo, e tutto ciò che è tuo è dell'Io, e l'Io si manifesta in tutto questo.»

Sono davvero parole per tutti. Tutto ciò che è di Dio è dell'Io: anche i discepoli, coloro che sanno ascoltare, sono di Dio e dell'Io. Un unico Dio e un unico Io è in loro e si manifesta in ciascuno di loro. Gli uomini lo stanno imparando, dice qui Gesù, e la «preghiera», la più alta aspirazione dell'Io in ognuno di loro è che *questo mondo* non impedisca più a loro di comprendere in modo nuovo se stessi e ciò che li circonda. Tutti sono un unico Io, e sono in Dio.

11. «L'Io non fa parte del mondo; ma gli uomini sono nel mondo e in loro l'Io conduce a Te. Padre santo, custodisci nel Tuo nome coloro che hai dato all'Io, perché siano tutt'uno con il Padre, come lo sono l'Io e il Padre.

12. «Quando l'Io è con loro, l'Io custodisce e guida nel Tuo nome coloro che Tu hai dato all'Io. E nulla ne va perduto fuorché il figlio della perdizione, perché si compia la Scrittura.

13. «Ma l'Io conduce a Te. E dice queste cose per chi ancora sta districandosi da questo mondo, perché anche nel mondo abbiano in se stessi la pienezza della gioia dell'Io.»

Nondimeno, la personalità e la mente di ogni uomo sono in parte in *questo mondo* e in parte nell'Io e in Dio: l'Io può guidare l'uomo che lo ascolta, e proteggerlo e farlo crescere, e nulla della sua vita va perduto se non ciò che è «figlio» e prodotto di *questo mondo* rovinoso, di cui tutte le Sacre Scritture parlano tanto chiaramente. Ma in *questo mondo* l'uomo è in esilio, la sua «gioia» è più grande di tutto, qui, e conduce a Dio. Possa compiersi in tutti la scoperta di questa gioia e grandezza, possano tutti essere così divinamente Uno, come *questo mondo* non sa.

14. «L'Io ha dato loro la tua parola e il mondo li ha odiati, perché essi non sono del mondo, perché l'Io non è del mondo.

15. «L'Io non prega perché Tu li tolga dal mondo, ma perché Tu li protegga dal male.

16-17. «Essi non sono del mondo, così come l'Io non è del mondo. Consacrali dunque nella Verità. La tua parola è la Verità.

18. «Come Tu hai mandato nel mondo l'Io, anche l'Io li manda nel mondo.

19. «Per loro l'Io consacra se stesso, perché siano anch'essi consacrati nella Verità.»

Ascoltare l'Io è imparare a pensare in un altro mondo, che *questo mondo* non capisce e respinge. La «parola di Dio», la Verità, è un linguaggio che separa l'uomo da ciò che prima sapeva e che tutti gli altri sanno e credono esser vero e coerente: possa non cessare mai questa separazione, possa aumentare sempre, e rendere sacri – cioè diversi da *questo mondo* e incompatibili con esso – coloro che hanno cominciato a sperimentarla, così come anche l'Io è *sacrum* e temibile in *questo mondo*. E possa ciò avvenire proprio in questo mondo, e produrre in esso quelle conseguenze che lo disgregheranno, senza che il male del mondo incrini mai quella sacralità di chi ascolta.

20. «L'Io non prega solo per questi, ma anche per quanti capiranno l'Io attraverso la loro parola.

21. «E ciò, perché tutti imparino a essere Uno. Come Tu, Padre, sei nell'Io e l'Io è in Te, così siano anch'essi Uno nell'Io e nel Padre, perché il mondo capisca che Tu hai mandato l'Io.

22. «E la gloria che hai dato all'Io, l'Io l'ha data a loro perché siano Uno, anche nel mondo dei Noi.

23. «L'Io in loro e Tu nell'Io, perché siano perfetti nell'Uno, e il mondo sappia che Tu hai mandato l'Io e li hai amati come hai amato l'Io.»

«Essere Uno» significa ancor sempre usare quel potentissimo «Sono Io» per comprendere tutto: gli avvenimenti, gli altri, l'Io, Dio stesso. Ciò cambia l'immagine della realtà e la coscienza umana, ed è un cambiamento inarrestabile, continuerà a comunicarsi per sempre. Conduce alla «Gloria», al limpido splendore, cioè, della realtà interiore ed esteriore; e alla perfezione, cioè alla pienezza dell'esistenza; e all'amore, cioè al legame che fa esistere tutto. Ed è già questa gloria e pienezza e perfezione.

24. «Padre, l'Io vuole che anche quelli che Tu gli hai dato siano con l'Io, dove l'Io è, perché contemplino la gloria dell'Io, quella che Tu gli hai dato; poiché Tu hai amato l'Io al di sopra e al di là della Creazione del mondo.

25. «Padre giusto, il mondo non ti ha conosciuto ma l'Io ti ha conosciuto; questi sanno che Tu hai mandato l'Io.

26. «E l'Io ha fatto conoscere loro il tuo nome e lo farà conoscere, perché l'amore con cui l'hai amato sia in loro e l'Io sia in loro.»

Tutto ciò è possibile, fa intendere qui Gesù, perché ogni cosa chiesta a Dio dall'Io si può ottenere – anche se ciò che Gesù dice qui va al di là della creazione del mondo, ne supera le leggi e i fondamenti. L'Io infatti, in ogni uomo, è di tanto più grande di questo, che una nuova creazione può ora avere inizio, con anche gli uomini all'opera insieme con Dio.

Dopodiché, per Gesù viene la fine.

IL RACCONTO DELLA FINE.
L'ARRESTO
18, 1-11

Da qui in avanti il Vangelo è racconto. Cessano i discorsi didattici dell'Io, e l'Io sembra davvero scomparire alla vista: come se si contraesse e si eclissasse dentro Gesù stesso, in un uomo che qui viene umiliato, imprigionato, sconfitto e distrutto. Ma a tratti, continuamente, l'Io ne trapela di nuovo, perché il lettore impari a riconoscervisi.

1-6. Dopo di ciò Gesù uscì, insieme con i suoi discepoli, e andò oltre il torrente Cedron, in un giardino che vi era là. Vi andava spesso, con i suoi, e anche Giuda conosceva quel posto; e Giuda andò là, con un reparto di soldati e guardie assegnatogli dai *pontifices* e dai farisei, e avevano lanterne, torce e armi. Gesù, già sapendo ciò che doveva accadere, andò loro incontro e disse: «Chi cercate?» Risposero: «Gesù il nazareno». Gesù disse: «Sono io» e vi era anche Giuda con loro. E appena ebbe detto «Sono io», indietreggiarono e caddero a terra.

Bastano quelle due parole, «Sono Io», e il reparto di guardie cade a terra. La potenza, l'impatto del «Sono Io» sono irresistibili: e tanto più raccapricciante e meschina appare la violenza che Gesù subirà, se quelli che vengono a distrugger-lo hanno una tale consistenza di cartapesta, dinanzi a lui.

7-11. Domandò di nuovo: «Chi cercate?» Risposero: «Gesù il nazareno». Gesù replicò: «Vi ho detto che sono io. Se siete venuti a prendere me, lasciate che questi altri se ne vadano». Perché anche così si adempissero le sue parole: «L'Io non perde nessuno di coloro che Tu gli hai dato». Allora Simon Pietro, che aveva una spada, la sfoderò e colpì il servo del *pontifex*, mozzandogli l'orecchio destro. Quel servo si chiamava Malco. E Gesù disse a Pietro: «Rinfodera la spada; non devo bere il calice che il Padre mi ha dato?»

Questo brano ha probabilmente subito interpolazioni: la risposta di Gesù suona troppo romanzesca, il rimando alle sue parole è nel caratteristico stile del copista-redattore che cita passi del Vangelo snaturandone e riducendone il significato, e lo slancio di Pietro nel difendere Gesù è evidentemente preso da Matteo 26, 51, e ha il solo scopo di dimostrare che il capostipite della Grande Chiesa fu almeno un po' più coraggioso degli altri al momento dell'arresto, e si sarebbe battuto se Gesù non lo avesse fermato. Singolare è la scelta del nome della guardia ferita, Malkhos: è una grecizzazione di *malakh*, che in ebraico significa «Angelo». I copisti-redattori volevano forse suggerire, qui, l'idea che Pietro stesse cercando di opporsi a una superiore necessità di rovina, a una forza troppo grande – così come Giacobbe aveva lottato invano con l'Angelo prima di diventare Israele (*Genesi* 32, 25 sgg.).

IL PRIMO INTERROGATORIO DI GESÙ
E I RINNEGAMENTI DI PIETRO
18, 12-27

12-14. Presero Gesù e lo condussero legato da Anna, perché Anna era suocero del sommo *pontifex* Caifa – quello che aveva detto: «È meglio che muoia un uomo solo, invece che un popolo intero».

15-18. Pietro e un altro discepolo seguivano Gesù da lontano; quest'altro discepolo era persona nota nella casa del *pontifex*: entrò a vedere, e fece entrare anche Pietro nel cortile di Caifa. Una giovane portinaia riconobbe Pietro e cominciò a dire che anche lui era discepolo di Gesù, ma Pietro negò subito: «Non sono io», disse. E restò accanto a un fuoco, con i servi e le guardie, a scaldarsi.

Che Gesù venga portato prima da Anna, perché Anna era il suocero del *pontifex* Caifa, è un'ironia amara dell'evangelista: quanta importanza davano ai loro legami di parentela i capi di Gerusalemme, che stavano per uccidere Gesù. Pietro intanto comincia a rinnegare: rabbrividì, usando proprio quelle parole: «Non sono io» (*Ouk eimi, non sum*), il contrario di ciò che Gesù aveva sempre insegnato a dire. Rabbrividiva, sì, fa notare l'evangelista, e infatti il capostipite della Grande Chiesa stava accanto al fuoco a scaldarsi, con i servi e i soldati.

19-24. Il *pontifex* interrogò Gesù sui suoi discepoli e sulla sua dottrina. «Ho sempre parlato apertamente e in pubblico», rispose Gesù, «dunque perché interroghi me? Interroga quelli che hanno udito ciò che dicevo; loro sanno che cosa ho detto». E una delle guardie lo schiaffeggiò, perché era un modo di rispondere irrispettoso. Gesù gli disse: «Se ho detto cose sbagliate dimostrami il mio sbaglio, ma se ho parlato bene perché mi schiaffeggi?» Allora Anna lo mandò, sempre legato, dal *pontifex* Caifa.

Anche questo brano deve aver subito qualche manipolazione. Gesù era stato portato da Anna, ma all'inizio di questo brano è detto che veniva interrogato dal *pontifex*, ma il *pontifex*, il sommo sacerdote, era Caifa; e alla fine del brano «Anna lo mandò da Caifa»: sicché era Anna a interrogarlo? E più oltre non è narrato nulla di come Caifa interrogò Gesù. Rimane perciò il dubbio che qualche passo sia stato tagliato. Anche la risposta di Gesù è strana: negli altri Vangeli, durante l'interrogatorio Gesù coglie l'occasione per sfidare chi lo accusa e chi assiste; quando gli chiedono se è il Cristo, risponde «Sono Io»; dice che «il Figlio dell'uomo siederà alla destra del Padre» (Matteo 26, 64; Marco 14, 62; Luca 22, 67 sgg.). Qui invece dà l'impressione di volersi salvare, risponde quasi con le stesse parole usate dai genitori del cieco guarito, intimiditi dai farisei (9, 20 sgg.), e la sua risposta suona come un invito ad arrestare anche i suoi discepoli. Quanto alla sua replica alla guardia che lo schiaffeggia, è solo un'affettazione di ingenuità: come poteva aspettarsi che una semplice guardia intavolasse con lui, lì, una discussione teologica?

Che cosa disse in realtà Gesù al *pontifex* e agli altri di tanto pericoloso da spingere i copisti a tagliarlo, non lo si può sapere più.

Intanto Pietro continuava a rinnegare.

25-27. Pietro nel frattempo disse di nuovo «Non sono io» ad altri che lo avevano riconosciuto. E una terza volta negò, quando un parente di quel Malco che egli aveva ferito dichiarò di averlo visto al momento dell'arresto. Subito dopo un gallo cantò.

PILATO

18, 28-38

I Vangeli mostrano simpatia e compassione per Pilato, descrivono i suoi ripetuti tentativi di salvare Gesù, e il suo sdegno verso i farisei e *pontifices* che sobillano la folla. Nel Vangelo di Giovanni, Pilato è addirittura l'unico maschio che riesca a conversare con Gesù in modo interessante, e tanto più angoscioso appare il suo destino di uomo che cerca invano di sottrarsi alla morsa del Noi.

28-30. Dopo l'interrogatorio in casa del *pontifex*, Gesù venne condotto da Pilato. Era la vigilia di Pasqua, e i giudei non volevano contaminarsi entrando in un ambiente di romani ignari della Legge mosaica: perciò non portarono Gesù fin nel Pretorio, ma pretesero che Pilato uscisse ad ascoltare le loro ragioni. Pilato uscì e domandò di cosa fosse accusato Gesù. «Se non fosse colpevole non te l'avremmo portato», risposero i giudei.

Ed è come dire: «Domanda ingenua, romano. Quando mai il Noi fa questione di vere colpe o di innocenza? Il Noi ha sempre le sue ragioni per agire, e tu che sei un governatore, un amministratore del Noi a cui appartieni, fingi di non saperlo?»

31-32. Pilato si sentì offeso, rispose brusco: «Allora giudicatelo voi, secondo le vostre leggi». Gli risposero: «A noi non è consentito mettere a morte nessuno».

Storicamente è corretto: nei territori occupati dai romani le autorità locali avevano poteri limitati. Ma qui la questione che più conta è un'altra: come già l'evangelista aveva mostrato nell'episodio dell'adultera (Giovanni 8, 1 sgg.), il Noi non può fare nulla di per sé, può agire soltanto attraverso i singoli individui che abbiano accettato di farsene strumenti. I giudei sono un Noi, e Pilato incarna qui il dramma di ogni uomo chiamato a scegliere consapevolmente se obbedire a un Noi o ragionare con la propria testa. «Così si adempivano le parole che Gesù aveva detto per indicare di quale morte sarebbe morto», aggiunge qui un copista-redattore nel suo consueto stile malfermo, ma è solo una pedanteria e non ha importanza. L'attenzione dell'evangelista, qui, è puntata tutta su Pilato, a cui Gesù si rivolge come a un suo pari: e Pilato accetta, e risponde nello stesso tono.

33-35. Pilato fece entrare Gesù nel Pretorio e lì rimasero soli, lontano dal Noi. «Dunque tu sei il re de giudei?» domandò Pilato. Gesù rispose: «Lo domandi perché vuoi saperlo tu, oppure anche tu sei uno dei Noi, che dice ciò che ha sentito dire da altri?» Pilato rispose: «Ti sembro uno che si annulla in un Noi, come i giudei là fuori che obbediscono ai loro *pontifices*? Ti hanno consegnato a me, a un io. Spiegami che cosa hai fatto».

E qui, allora, Gesù non devia l'accusa su altri, ma spiega, insegna.

346

36-38. Gesù rispose: «Si tratta di un regno diverso dai regni di *questo mondo*. Se fossi un re di *questo mondo* avrei soldati e servi a difendermi, ma come vedi il regno che intendo io è in un'altra dimensione». Pilato gli domandò: «E in che senso allora saresti re, tu?» Gesù rispose: «Puoi dirlo anche tu di te stesso: io sono re. L'Io è re, in realtà: viene da una sua stirpe regale, suprema. L'Io nasce e viene in *questo mondo* per fare esistere qui la verità. E perciò chi appartiene alla verità capisce il linguaggio dell'Io». Pilato disse: «E cos'è la verità?» E andò a dichiarare ai giudei che Gesù, secondo lui, non era colpevole di nulla.

Pilato è sensibile, colto; capisce subito che Gesù sta usando un linguaggio speciale, simile a quello dei filosofi. E consente a tale linguaggio: ascolta benevolmente il suo filosofico prigioniero, e ne è colpito, chiede chiarimenti.

Gesù, dal canto suo, nell'esporre a Pilato il proprio insegnamento *non parla di Dio*. Sta insegnando, e sceglie dunque gli argomenti in modo da adattarli all'ascoltatore: Pilato non sa cosa sia un Dio creatore né un Dio unico Padre, ed evidentemente secondo Gesù *non è necessario saperlo* per comprendere il senso del suo insegnamento. Come avrebbe parlato al suo posto un vescovo della Grande Chiesa? Noi crediamo in un solo Dio, Padre e onnipotente... Ma a Gesù ciò non occorre; ciò che importa davvero per Gesù è la verità, e che cosa sia la verità nell'uomo.

E qui Pilato pronuncia la sua celebre frase: *ti estin aletheia?*, *quid est veritas?* E si allontana senza attendere la risposta. Ciò che Gesù ha detto dell'Io, lo ha convinto: «L'Io *in un certo senso* è re». Pilato è un capo militare e politico: non può non conoscere l'importanza dell'Io – argomento di ogni disciplina e primo problema della vita militare. Ma il discorso sulla verità lo innervosisce: da persona sensibile e colta qual è, doveva aver creduto lui pure che esistesse la verità per gli uomini, e ora evidentemente non può crederci più – dopo averla vista tante volte disprezzata da tutti. Gesù gli appare non tanto come un ingenuo, poetico provinciale, quanto piuttosto come un'eco, un ricordo di ideali che per lui, governatore, adesso *non devono* esistere più. Così li scosta, subito, e non accetta repliche.

Ed è il primo segnale del suo destino di uomo sconfitto.

PILATO HA PAURA
18, 39-40; 19, 1-12

Pilato ha deciso di salvare Gesù. Gli sembra opportuno agire con prudenza, a tale scopo: non oppone senz'altro la propria autorità ai «giudei» – cioè ai notabili di Gerusalemme – e prova invece a placarli, rende omaggio al loro Noi mostrando di voler adottare un'usanza locale, quella di liberare un condannato per la Pasqua. Ma è un segno di debolezza, e subito i giudei ne approfittano:

39-40. Secondo l'usanza di concedere una grazia per Pasqua, Pilato chiese se i giudei volessero far liberare Gesù, che diceva di essere il loro re. Ma i giudei gridarono di liberare Barabba, e non lui. E Barabba era un brigante.

1-5. Pilato tentò allora un'altra via: fece flagellare Gesù, nella speranza che i giudei si accontentassero di questo supplizio e non insistessero per la condanna a morte. Oltre che flagellato, Gesù venne schernito e malmenato dai soldati. Poi Pilato lo mostrò ai giudei, così umiliato: «Ecco», disse, «non vi basta così? Vi ho detto che secondo me non è colpevole di nulla» e indicandolo aggiunse: «Ecco l'uomo!» A Gesù, per deriderlo, avevano messo un mantello rosso e una corona di spine.

«Ecco l'uomo!»: Pilato ha evidentemente un suo mondo interiore che si sforza di reprimere, e che trapela di continuo in certe sue frasi. Esteriormente, Pilato è un uomo più pavido che prudente: pur essendo governatore non domina affatto la situazione, corteggia, lusinga il Noi, ha bisogno che il Noi dei giudei gli dia approvazione. Pilato è un suddito del Noi, e *ne ha paura* – e la paura gli impedisce di rendersi conto che in realtà è il Noi ad aver bisogno del suo consenso. Ma al tempo stesso, dietro quella sua paura, una parte della mente di Pilato segue tutt'altri ragionamenti: «Ecco l'uomo!» gli viene da dire tutt'a un tratto. Intendeva dire: «Ecco l'uomo di cui mi chiedete la morte» ma, come lui la pronuncia, la frase diventa: «Ecco l'uomo, ogni uomo, come diventa quando obbedisce a un Noi: il Noi gli dà una dignità e un'autorità che in realtà sono una maschera, e spine nel capo, e lo distrugge, lo distrugge. Ecco com'è l'uomo, e anch'io sono così». E di nuovo, i giudei colgono al volo quest'altro sintomo di smarrimento del governatore romano.

6-8. Subito i *pontifices* e le loro guardie gridarono: «Crocifiggilo!» Pilato rispose: «Ne ho abbastanza, crocifiggetelo voi Per me, è innocente!» I giudei risposero: «Secondo la nostra legge deve morire, perché dice di essere Figlio di Dio». All'udire queste parole, Pilato ebbe ancor più paura.

L'accusa infatti si fa più grave. A quell'epoca, voler introdurre elementi estranei nel culto dominante era anche a Roma un reato punibile con la morte. Pilato si sente in trappola.

9. Pilato rientrò nel Pretorio e domandò a Gesù: «Di dove sei?» Gesù non rispose.

Gesù non risponde perché ora sa di non avere più speranza. Poco prima lui e Pilato avevano parlato come due uomini liberi, due Io; ora Pilato vuol sapere *a quale Noi appartenga Gesù*. È finita, anche Pilato ha ormai ceduto alla dinamica dei Noi: non conta più nulla per lui né l'Io né ciò che Gesù è davvero; solo i Noi contano. E «Dunque perché mi parli ancora?» significa il silenzio di Gesù. Pilato lo intuisce perfettamente, e infatti perde il controllo, si infuria:

10-12. «Non mi dici niente?» esclamò Pilato. «Non sai che ho il potere di liberarti o di farti crocifiggere?» Gesù rispose: «Tu non avresti nessun potere se non te l'avesse dato chi è più in alto di te nel tuo Noi. Sei un servo, uno strumento, e attraverso di te il Noi potrà compiere anche quest'altro suo peccato». Da quel momento, Pilato tentò ancor di più di liberarlo.

Ma ormai tutto è chiaro.

C'è solo un'ultima, inutile disputa.

12-16. Pilato cercava di liberarlo. Ma i giudei, vedendolo così debole, lo ricattavano gridando: «Se lo liberi sei contro l'imperatore, contro il tuo Noi! Lui si è fatto re e dunque si è messo contro Cesare». Pilato allora andò a sedersi nel tribunale, nella speranza che la solennità di un processo vero e proprio gli restituisse autorità e riportasse un po' d'ordine. Ma era mezzogiorno: e in ogni senso la luce era forte, si vedeva tutto. Pilato fece condurre Gesù e disse ai giudei: «Ecco dunque il vostro re! È vostro e non nostro». Quelli gridarono: «No, no, crocifiggilo». Pilato disse: «Metterò in croce il vostro re?» Ma i *pontifices* risposero: «Non abbiamo altro re all'infuori dell'imperatore». Allora Pilato acconsentì alla crocifissione e consegnò Gesù ai *pontifices*.

Il Noi trionfa. I *pontifices* colpiscono Pilato proprio nel suo punto più debole: la sudditanza al suo Noi, la fedeltà all'Impero. Pilato ne è terrorizzato, perde definitivamente vigore, si dibatte ancora un poco, poi cede.

17-22. Fecero portare a Gesù la sua croce, fino al Golgota, e lì lo crocifissero con altri due condannati. Gesù era nel mezzo e i due ai suoi lati. Pilato dettò personalmente l'iscrizione da porre sulla croce: «Gesù nazareno re dei giudei». E molti giudei la lessero, perché il luogo del supplizio era vicino alla città; i *pontifices* andarono allora a protestare da Pilato, dicendo: «Non scrivere che è il re dei giudei, ma che ha detto di esserlo». Pilato rispose brusco: «Ciò che ho scritto ho scritto».

Pilato è cupo, stizzito dalla sconfitta. Nell'iscrizione da porre sulla croce si prende un'acida rivincita sui giudei, facendo scrivere che il crocifisso è un loro re: come a dire «bel popolo davvero, a giudicare da come onora i suoi capi!» E alle proteste dei *pontifices* non dà alcun peso: l'imbarazzante caso è chiuso, e i ruoli tornano a essere quelli di prima, Pilato governa e i giudei si adeguino.

23-24. I soldati intanto, dopo aver crocifisso Gesù, si divisero le sue vesti. Non potendo dividere la tunica, che era d'un sol pezzo, tirarono a sorte per vedere a chi dovesse toccare. Un Salmo aveva predetto questo particolare: «Sulla mia tunica han tirato a sorte» (Salmo 21, 19). E così avvenne.

Anche questo passo è opera dei copisti-redattori: la pedanteria del riferimento biblico è proprio nel loro stile. Il brano seguente è anch'esso palesemente manipolato, per far credere che «il discepolo che Gesù amava» fosse un maschio, ma come al solito la manipolazione è maldestra:

25-27. Accanto alla croce di Gesù vi erano le donne: c'erano sua madre, e una sua zia materna, tale Maria di Cleofe, e Maria Maddalena. Gesù, vedendo dunque la madre e accanto a lei il discepolo che egli amava, disse alla madre: «Donna, ecco tuo figlio» e al discepolo: «Lei è tua madre, ora!» E da allora quel discepolo la prese a vivere con sé.

C'erano soltanto donne, accanto alla croce; l'evangelista non nomina qui nessun discepolo maschio (se ce ne fossero stati, avrebbero crocifisso anche loro). E Maria Maddalena, mai nominata prima in questo Vangelo, viene menzionata ora senza nessuna spiegazione su chi sia e sul perché sia lì. Evidentemente della Maddalena il Vangelo aveva parlato già molto, in passi censurati, e lei è «il discepolo che Gesù amava», e a cui Gesù qui affida la madre. Ne abbiamo già detto ampiamente nell'Introduzione. Segue un'altra serie di riferimenti biblici:

28-30. Detto questo, e sapendo che tutto era compiuto, Gesù disse: «Ho sete» e gli diedero da bere un po' d'aceto: infatti nelle Scritture si dice che un uomo maltrattato aveva sete e che a un altro maltrattato diedero da bere dell'aceto (Salmo 68, 22 e 21, 16). Poi Gesù disse: «Tutto è compiuto!» e chinò il capo e morì.

È una prosa da notai. Troppo povera, troppo fredda. È impossibile che in un momento simile l'evangelista potesse tenere tanto meticolosamente il conto delle corrispondenze bibliche. Qui i copisti intervennero: e tagliarono; le loro citazioni delle Scritture, come sempre, nascondono tagli.

Il loro stile è ancor più evidente nel seguito: diventa addirittura un'attestazione notarile di autenticità.

31-37. Di lì a poco, poiché i corpi non rimanessero appesi, a offrire un così lugubre spettacolo durante il sabato della Pasqua, i giudei chiesero a Pilato che si ponesse fine all'esecuzione. E come era uso, i soldati provvidero a spezzare le gambe ai crocifissi, perché soffocassero; ma a Gesù non le spezzarono, perché era già morto. Un soldato gli trafisse il fianco con una lancia e ne uscì sangue e acqua. E chi l'ha visto lo testimonia, ed è vera

355

la sua testimonianza, ed egli sa di dire il vero, perché anche voi crediate. Anche questi particolari erano infatti annunciati nella Scrittura: *Esodo* 12, 46 e *Zaccaria* 12, 10.

Come se un Vangelo avesse bisogno di simili autenticazioni! L'ultimo brano è un po' meno goffo:

38-42. Poi Giuseppe d'Arimatea, discepolo di Gesù benché in segreto, per timore dei giudei, e Nicodemo, lui pure simpatizzante di nascosto, andarono a prendere il corpo di Gesù, con il permesso di Pilato, e fecero il rituale giudaico della sepoltura. Nicodemo aveva portato cento libbre di mirra e aloe. E poiché era già sera, decisero di seppellire il corpo lì vicino, almeno per il momento, in un giardino ove si trovava un sepolcro ancora nuovo.

Anche qui, non è difficile scorgere l'intento di chi inserì il brano. A Roma, nel II secolo, vi erano molti notabili che simpatizzavano in segreto per i cristiani: era bene che un Vangelo li incoraggiasse, mostrando e implicitamente lodando due illustri personaggi devoti al povero Gesù. È da notare come si insista qui sul fatto che i due notabili non badarono a spese: cento libbre di mirra e aloe! Più di trenta chili. Allo stesso modo era stata magnificata dai copisti la generosità della sorella di Lazzaro nell'episodio dell'unzione dei piedi: Maria di Betania spese più di trecento denari per il balsamo di nardo. Come dimostra anche un terribile passo degli *Atti degli Apostoli*, in cui Pietro punisce addirittura con la morte due coniugi che avevano lesinato sulle offerte al movimento cristiano (*Atti* 5, 1 sgg.), la Grande Chiesa teneva moltissimo alla questione dei finanziamenti da parte dei fedeli. Onore dunque ai due notabili generosi, perché i lettori ne seguissero l'esempio, nell'arricchire il culto del cadavere di Gesù.

I RACCONTI DELLA RESURREZIONE.
GESÙ APPARE ALLA MADDALENA
20, 1-18

1-11. Due giorni dopo Maria di Magdala andò al sepolcro prima dell'alba, e trovò la pietra ribaltata. Corse allora da Simon Pietro e dal discepolo che Gesù amava, e disse loro: «Hanno portato via il Signore dal sepolcro e non sappiamo dove l'abbiano messo!» Allora Simon Pietro uscì, insieme all'altro discepolo, e andarono al sepolcro. Correvano, ma l'altro discepolo corse più veloce di Pietro e giunse per primo al sepolcro. Chinatosi, vide le bende per terra ma non entrò. Giunse anche Simon Pietro ed entrò nel sepolcro, vide le bende per terra e vide che il sudario, che era stato posto sul capo di Gesù, non era a terra con le bende ma piegato in un angolo, da parte. Allora entrò anche l'altro discepolo, che era giunto per primo al sepolcro, e vide e credette. Infatti non avevano ancora compreso quei passi della Scrittura in cui era detto che Gesù doveva resuscitare dai morti. I discepoli tornarono a casa. Maria invece era fuori dal sepolcro e piangeva.

Così appare questo brano nel testo attuale del Vangelo. Ma, come sempre quando compare «il discepolo che Gesù amava», qualcosa nel racconto non funziona e risulta interpolato. Qui occorreva mettere in secondo piano Maria Maddalena ed evitare che la si identificasse con il «discepolo più amato»; vennero perciò apportate alcune modifiche al testo, nel quale prima, evidentemente, era narrato che *Pietro e la Maddalena* tornarono di corsa al sepolcro, e Pietro osò entrarvi per primo, e non capì, mentre la Maddalena entrò dopo di lui, e «vide» e cominciò a capire. E lì al sepolcro lei rimase, mentre Pietro tornava verso casa.

12-18. E mentre piangeva, la Maddalena vide due Angeli vestiti di bianco, seduti dove era stato deposto Gesù, uno dov'era la testa e l'altro dov'erano i piedi. Le dissero: «Donna, perché piangi?» Lei rispose: «Hanno portato via il mio Signore e non so dove l'hanno messo». E si voltò, e vide Gesù lì in piedi; ma non si accorse che era Gesù. Gesù le disse: «Donna, perché piangi? Chi cerchi?» Lei, pensando che fosse il guardiano del giardino, gli disse: «Signore, se l'hai portato via tu dimmi dove lo hai messo e andrò io a prenderlo». Gesù le disse: «Maria!» E lei volgendosi gli disse in ebraico: «*Ravvunì!*» cioè: Maestro! Gesù le disse: «Non star qui ad abbracciarmi perché non sono ancora salito al Padre, ma va' dai miei fratelli e di' loro che l'Io conduce al Padre dell'Io e Padre vostro, Dio dell'Io e Dio vostro». Maria andò subito ad annunciare ai discepoli che aveva visto il Signore, e ciò che le aveva detto.

Gli Angeli nella tradizione antica sono gli annunciatori, le soglie di una visione, e infatti Maria ha qui una visione, confusa dapprima e poi limpida. Nelle versioni consuete le parole di Gesù diventano: «Non mi trattenere, perché non sono ancora salito al Padre», come se Gesù fosse impaziente di salire in cielo e Maria gli facesse perdere tempo. In realtà dice *me mou haptou*, «non mi abbracciare», «non tenerti stretta a me»: cioè non indugiare su questa visione, che è una visione soltanto, un lembo del volto che avevo e che non è quell'Io più grande, che sempre sale e conduce a Dio; ma va' dagli altri a dire che l'Io, in ciascuno di loro, li unisce sempre a Dio, anche senza di me. E Maria Maddalena va a dirlo ai discepoli.

DUE APPARIZIONI AI DISCEPOLI
20, 19-29

Cosa disse la Maddalena ai discepoli e come quelli l'accolsero non possiamo saperlo: evidentemente il giovane Giovanni lo narrava, ma qui il suo racconto scomparve e al suo posto venne inserito un massiccio, rozzo brano dei copisti-redattori, che con il Vangelo di Giovanni non ha alcun rapporto.

19-23. Quella stessa sera i discepoli erano riuniti in una casa, e non ne uscivano per timore dei giudei. Le porte erano ben chiuse, eppure Gesù apparve in mezzo a loro, disse: «Pace a voi!» e mostrò le ferite che aveva ricevuto durante la crocifissione. I discepoli erano molto felici di vederlo, e Gesù continuò: «Pace a voi! Come il Padre ha mandato me, anch'io mando voi» e soffiò su di loro e disse: «Ricevete lo Spirito santo! D'ora in avanti, gli uomini saranno liberi dai loro peccati soltanto se voi li assolverete, se no no».

Gesù dice e fa qui l'esatto contrario di quel che aveva appena detto alla Maddalena – segno che i copisti a cui si deve questo brano non avevano capito o non avevano intenzione di avvalorare il brano precedente. Gesù, qui, vuole infatti che i discepoli diano grande importanza proprio a quel lembo del suo volto terreno, al permanere della sua *persona* anche dopo la morte, e non dice neanche una parola sull'Io che li unisce tutti a Dio. Ripete invece fiaccamente, come spesso negli inserti dei copisti, cose già dette altrove con ben altra intensità, e poi «soffia sui discepoli lo Spirito santo» e conferisce il dono d'un potere esclusivo di assolvere i peccati – per fare dei discepoli un vero e proprio ordine sacerdotale. Questi gesti e queste frasi annientano d'un tratto tutto ciò che Gesù ha insegnato nel Vangelo riguardo allo Spirito, al superamento del peccato e all'Io che è in ogni uomo, e gli fanno brutalmente approvare l'idea sacramentale su cui si fondava la Grande Chiesa.

24-29. Tomaso detto il Gemello, uno dei dodici, non era presente durante questa prima apparizione, e non ci credette quando gliela raccontarono. Otto giorni dopo i discepoli erano ancora lì in casa, e c'era anche Tomaso, quando Gesù riapparve di nuovo passando attraverso le porte chiuse. Gesù disse «Pace a voi!» ma poi rimproverò Tomaso, lo obbligò a toccare, a infilare anzi le dita nelle ferite dei chiodi e della lancia, e lo esortò a «non essere incredulo, ma credente!» Tomaso allora disse: «Mio Signore e mio Dio!» E Gesù, ancora scontento, commentò: «Hai creduto perché mi hai visto. Beati quelli che crederanno senza aver visto!»

Di nuovo questo Gesù dei copisti contraddice il Vangelo: le parole dette alla Maddalena, *me mou haptou*, significano anche «non mi toccare»; qui Gesù impone a Tomaso non soltanto di toccarlo, ma di ficcare le dita nelle ferite. Il credere nell'incomprensibile, o meglio ancora il *non capire in che cosa* si crede è posto qui come condizione di «beatitudine» per i cristiani. «Credente» e «incredulo» diventano termini tecnici.

Gesù dicendo «io» intende solo se stesso e diventa un «Dio», ed è un Dio autoritario e scontento.

Tutto, insomma, viene fatto convergere a forza verso il cristianesimo della Grande Chiesa, che i lettori già conoscevano e vedevano trionfare: come in una disputa, anche qui i copisti-redattori vogliono avere l'ultima parola, che concluda il Vangelo soffocandolo.

LE DUE CONCLUSIONI
20, 30-31; 21, 24-25

Primo «epilogus»

Segue infatti un *epilogus*, e suona come un'imposizione:

30-31. Molti altri prodigi fece Gesù davanti ai suoi discepoli,
che non sono stati scritti in questo libro; e questi sono
stati scritti qui perché voi crediate che Gesù è il Cristo,
Figlio di Dio, perché credendo abbiate fede nel suo nome.

A conclusione del Vangelo, ai lettori viene intimato senz'altro che cosa pensare. Ogni libertà interiore è perduta, il cristianesimo diventa qui soltanto una religione come tutte le altre: un
modo di dominare e influenzare il maggior numero possibile di
persone, riunendole in un Noi obbediente ai suoi sacerdoti.

I copisti-redattori si lasciano d'altronde sfuggire qui un accenno significativo a quei «molti altri segni» che non sono
narrati in questo libro. Doveva pesare sui loro animi il timore
che altri codici più fedeli del Vangelo di Giovanni continuas-
sero a girare tra i cristiani, narrando di «molti altri segni» che
miravano non a suscitare quella fede ottusa a cui la Grande
Chiesa teneva tanto, ma a esortare alla conoscenza e alla scoperta autentica dell'Io che sale e unisce al Padre. Da questi al-

tri codici i copisti mettono in guardia, sia qui, sia nel secondo *epilogus*, che compare una pagina più avanti.

Secondo «epilogus»

24-25. E questo (discepolo che Gesù amava) è colui che rende testimonianza di questi fatti, e che li ha scritti; e noi sappiamo che la sua testimonianza è vera. Vi sono ancora molte altre cose compiute da Gesù, che, se fossero scritte una per una, io penso che il mondo intero non basterebbe a contenere i libri che si dovrebbero scrivere.

È strano che un'opera abbia due epiloghi. Ancor più strano è che in questo secondo *epilogus* le voci siano due: «noi sappiamo» (*oidamen, scimus*) e «io penso» (*oimai, arbitror*). La prima di queste due voci, il Noi, è di nuovo quello dei copisti che pongono il loro timbro sul lavoro svolto – e sanzionano di nuovo l'autenticità dei fatti narrati qui e soprattutto l'identificazione del «discepolo più amato» con l'evangelista Giovanni.

La seconda voce, l'«Io», è invece un frammento di ciò che l'evangelista doveva aver scritto alla fine del suo libro, sulle molte altre opere compiute da Gesù. La sua opinione al riguardo è ben diversa da quella espressa dai copisti nel primo *epilogus*: là, essi intendevano screditare i molti altri racconti su Gesù, mentre qui l'evangelista sembra quasi rallegrarsi che ve ne siano così tanti – e non parla dell'obbligo a «credere», ma soltanto di un mondo troppo piccolo per contenere l'intera portata dell'insegnamento di Gesù. Anche qui, certamente, i copisti tagliarono. Il loro timbro di autenticità è come incollato sul testo, a coprire altre frasi. E per quale ragione dovettero tagliare qui, lo si vede bene dall'episodio che si trova tra il primo e il secondo *epilogus* – e che evidentemente rese *necessario* il secondo *epilogus* così scorciato e rabberciato.

Tra i due epiloghi è narrata un'altra apparizione di Gesù, nella quale si trova la più lunga conversazione che i Vangeli riferiscano tra Gesù risorto e i discepoli.

Negli altri Vangeli Gesù risorto o è poco loquace, o i suoi discorsi non vengono riferiti ma soltanto riassunti per sommi capi (Luca 24, 27-45). Questa elusività dovette certamente colpire i lettori dei Vangeli, tanto più che negli *Atti degli Apostoli* è narrato che il risorto rimase con i discepoli «per ben quaranta giorni, parlando loro del regno di Dio» (*Atti* 1, 3). Perché nessuno riferì che cosa disse? Doveva restare segreto? Forse nei Vangeli erano riportati quei discorsi del risorto, e vennero tolti? In realtà, in tutti i Vangeli i racconti sul risorto appaiono incredibilmente scarni, come frettolosi, oppure contraddittori, e dunque verosimilmente manipolati. Unica eccezione è quest'ultimo, intenso episodio del Vangelo di Giovanni, affiancato dai due epiloghi come da due gendarmi.

*

Le cose andarono probabilmente nel seguente modo. I copisti-redattori della Grande Chiesa avevano eliminato dai

Vangeli i discorsi del risorto, perché troppo inconciliabili con la loro religione: e circolavano tra i cristiani questi Vangeli mutilati, e tra questi vi erano anche codici del Vangelo di Giovanni nei quali il testo finiva là dove oggi vi è il primo *epilogus*. Ma altri codici di Giovanni cominciarono a comparire, più lunghi, con l'aggiunta di quest'ultimo episodio sulla riva del lago, e con un commento conclusivo dell'evangelista. Questi altri codici si diffusero e bisognò tenerne conto: non fu possibile limitarsi a mettere in guardia dai «molti altri segni» attribuiti a Gesù, come faceva il primo *epilogus*; questi altri codici giovannei erano troppo belli e profondi, gli episodi che narravano si imprimevano troppo nell'animo dei lettori. Così, i copisti-redattori li inglobarono, in una nuova versione del Vangelo di Giovanni, censurandoli e modificandoli il più possibile. Lasciarono il primo *epilogus*, che continuasse a servire da monito contro i Vangeli apocrifi, e manipolarono il finale di quegli altri codici, che divenne il secondo *epilogus*. L'episodio nuovo del risorto sulla riva del lago era temibile, sì, anche dopo le modifiche, ma ancor più temibile sarebbe stato se fosse circolato al di fuori del controllo della Grande Chiesa: era essenziale che altre correnti cristiane non potessero vantare questo splendido Vangelo di Giovanni come un *loro* libro. «Meglio che sia nostro e non loro», più o meno così si dovette ritenere allora, nella Grande Chiesa romana, «che poi tra noi lo si legga e lo si capisca o no, è di secondaria importanza; noi dal canto nostro faremo il possibile perché non lo si capisca, e che quel che se ne è capito si dimentichi». Vedremo infatti come già nella traduzione latina di questo episodio, ciò che se ne capiva in greco venne decisamente svisato.

*

Il racconto dell'apparizione sulla riva del lago di Tiberiade è opera della stessa mano che scrisse l'episodio-sogno di Gesù che camminava sulle acque di quello stesso lago (Giovanni 6, 16 sgg.). Lo stile è identico, soprattutto il ritmo con cui gli avvenimenti si succedono, e la densità di significato di ciascun dettaglio. E anche qui l'atmosfera è onirica.

1-6. Dopo questi fatti, Gesù si manifestò ancora ai suoi discepoli sul mare di Tiberiade. Si trovavano sulla riva Simon Pietro, Tomaso il Gemello, Natanaele di Cana, i figli di Zebedeo e altri due. Avevano pescato quella notte, ma non avevano preso nulla. Quando venne l'alba Gesù era sulla riva, ma i discepoli non si accorgevano che era Gesù. Gesù disse loro: «Ragazzi, avete qualcosa da mangiare?» Risposero di no. Allora disse: «Gettate la rete a destra della barca e troverete». La gettarono e non potevano più trarla su, tanto era piena di pesci.

Lo vedono, gli parlano, e già fa chiaro, ma non lo riconoscono. Il confine tra sogno e veglia si è dissolto, qui, un'altra dimensione si è aperta in quel margine tra la notte e il giorno. E come nei sogni, anche qui tutto è importante. La riva: erano sulla riva, un periodo della loro vita era finito, un altro cominciava, *erano sulla riva*. La notte: Gesù non era più con loro, era buio. Erano sette, non più undici: il numero dei discepoli era diminuito. E non pescavano nulla, non avevano nulla da mangiare. Ma è sufficiente quell'indicazione di Gesù – «a destra, non a sinistra» – e tutto si sblocca come per incanto: era la *parte sinistra* a frenarli, che nella tradizione esoterica ebraica era il vincolo alla tradizione, alle leggi, al timore del giudizio, al passato insomma in ogni sua forma; mentre la *parte destra* è l'abbondanza, l'intuizione, la libertà. E gettando la rete sulla parte destra tutto ha meravigliosamente inizio.

7. Allora il discepolo che Gesù amava disse a Pietro: «Quello è il Signore!»

Non è detto *da dove* lo disse. Se era un maschio, doveva di certo essere sulla barca con gli altri; se era Maria Maddalena era a riva, e lo gridò dalla riva. Nell'elenco dei discepoli all'inizio del brano vi sono quelle parole troppo vaghe: «e altri due». Perché non dire i nomi di questi altri due, quando persino d'una guardia al momento dell'arresto il Vangelo aveva detto il nome? I copisti, qui, sicuramente erano intervenuti a togliere l'accenno *alla discepola* di Gesù.

8. Simon Pietro, appena udì che era il Signore, si cinse ai fianchi la tunica, perché era nudo, e si gettò in mare per raggiungerlo a nuoto. Gli altri vennero a riva con la barca, trascinando la rete; infatti erano soltanto a duecento cubiti da terra.

Pietro rappresenta la Grande Chiesa. «Si cinge», per incontrare Gesù; il senso è: indossa i paramenti dei suoi riti. Il dettaglio è tanto più significativo e onirico in quanto Pietro si veste *prima di gettarsi in acqua*. Nella realtà avrebbe semmai dovuto spogliarsi, per nuotare; ma nei sogni proprio queste incongruenze sono preziose.

Oltre che alla Grande Chiesa, il riferimento qui è un passo del libro della *Genesi*, dove si narra che Noè «scopriva le sue membra al centro della tenda» e mentre suo figlio Cam guardava, gli altri due figli, Shem e Yapheth, «si cinsero del loro mantello di *sinistra* e camminando a ritroso andarono a coprire ciò che il loro padre aveva scoperto» (*Genesi* 9, 21-23). Ciò che la *Genesi* narra qui è la struttura delle scuole iniziatiche e l'atteggiamento che i sacerdoti hanno di consueto verso di esse: Noè, «al centro della tenda», cioè nel punto più segreto del suo Io, scopriva ciò che vi è di più segreto nell'anima e nella mente dell'uomo; Cam lo vedeva e lo annunciava; Shem e Yapheth decisero invece di nasconderlo, con il loro mantello di sinistra, e «camminando a ritroso», riportando cioè indietro il livello di conoscenza spirituale che Noè aveva ampliato.

Qui nel Vangelo, il «discepolo che Gesù amava» ha la stessa funzione di Cam, e Pietro, la Grande Chiesa, fa ciò che fecero Shem e Yapheth.

9-12. Appena scesi a terra videro un fuoco di brace, con sopra pesce e pane. Gesù disse: «Portate un po' del pesce che avete appena preso voi». Simon Pietro salì nella barca e finì di tirare a riva la rete: conteneva centocinquantatré grossi pesci eppure non si era spezzata. Gesù disse: «Venite a mangiare», e nessuno dei discepoli osava domandargli chi fosse, perché sapevano che era lui.

Pietro è bravo a fare i conti; la Grande Chiesa sapeva contare, e i conti erano importanti per essa. Gli altri mangiano, accanto a Gesù, comunicando con lui senza le parole.

Segue un verso inserito dai copisti, con una caratteristica citazione da un altro brano del Vangelo (6, 11) e la voglia di calcare l'accento sulla prodigiosità della situazione:

13. Allora Gesù si avvicinò, prese il pane e lo diede a loro e così pure il pesce. Ed era la terza volta che Gesù si manifestava ai discepoli, dopo essere resuscitato dai morti.

Poi Gesù fa i conti con Pietro.

MI AMI TU?
21, 15-19

Nelle versioni consuete, questa conversazione di Gesù con Pietro è tradotta così:

> Quando ebbero mangiato Gesù disse a Simon Pietro: «Simone figlio di Giovanni, tu mi ami più di costoro?» Gli rispose: «Certo, Signore, tu lo sai che ti amo». Gli disse: «Pasci i miei agnelli». Gli disse di nuovo: «Simone figlio di Giovanni, mi ami?» Gli rispose: «Certo, Signore, tu lo sai che ti amo». Gli disse: «Pasci le mie pecorelle». Gli disse per la terza volta: «Simone figlio di Giovanni, mi ami?» Pietro rimase addolorato che per la terza volta Gesù gli dicesse: «Mi vuoi bene?», e gli disse: «Signore, tu sai tutto: tu sai che ti amo». Gli rispose Gesù: «Pasci le mie pecorelle».

> Giovanni 21, 15-17

Ma è una traduzione sbagliata, che rende il brano incomprensibile, e l'errore è talmente clamoroso che non può essere spiegato come una svista. Il testo originale dice infatti:

15-17. Quando ebbero mangiato, Gesù disse a Simon Pietro: «Simone figlio di Giovanni, tu mi ami più di loro?»

Pietro gli rispose: «Signore, sì, tu sai che ho molto affetto per te». Gesù gli disse: «Pasci i miei agnelli». Gli disse di nuovo: «Simone di Giovanni, tu mi ami?» Pietro gli rispose: «Signore, sì, tu lo sai che ho molto affetto per te». Gesù gli disse: «Pasci le mie pecorelle». Gli disse per la terza volta: «Simone di Giovanni, hai dunque molto affetto per me?» Pietro rimase addolorato che questa terza volta gli dicesse soltanto «Hai dunque molto affetto per me?» e disse: «Signore, tu sai tutto, tu lo sai che io ho, sì, molto affetto per te». Gli rispose Gesù: «Perciò pasci le mie pecorelle».

Nel testo originale, cioè, Gesù domanda due volte a Pietro: *Agapas me?* cioè «Mi ami, di amore profondo?» e in tutte e due le volte Pietro dice *Philo se*, cioè: «Ti voglio bene, mi sei caro»; la terza volta Gesù gli domanda *Phileis me?*, cioè: «Dunque mi vuoi soltanto bene? Nulla di più?» e Pietro ammette, tristemente, che così è.* Anche questa conversazione somiglia a un sogno: a un incubo di inefficacia. Gesù chiede amore a Pietro e Pietro non ne prova: Gesù torna a chiedere, e tutti si accorgono che Pietro può dare a Gesù soltanto un po' di affetto. Nelle versioni consuete, la traduzione sbagliata produce invece l'idea che con quelle tre domande Gesù stesse riscattando, come in un facile rituale di espiazione, i tre rinnegamenti commessi da Pietro la notte dell'arresto, e che, come ricompensa per l'espiazione avvenuta, venga affidato a Pietro il ruolo di pastore del gregge cristiano. In realtà è il contrario: proprio perché Pietro non sa, non osa provare profondo amore per Gesù, Gesù gli affida

---

* Shakespeare fu tra i molti che avvertirono l'ambiguità della traduzione latina di questo dialogo fra Gesù e Pietro: e sull'ultima risposta di Pietro, ironizza aspramente facendo dire a Iago, rivolto a Otello, le stesse parole del «pastore di pecorelle»: «My lord, you know I love you» (*Otello* III, 3, 116).

soltanto la funzione di pastore – e di pastore di «pecorelle», nemmeno di pecore. Apprendista pastore. È come se gli dicesse: «Purtroppo, tu puoi solo fare il capo di piccole domande e desideri che ancora devono crescere». E si ricordi:

«Non fatevi chiamare rabbì... Non chiamate nessuno sulla terra 'padre spirituale' [...]. Non fatevi chiamare maestri [...]. Il più grande tra voi sia vostro servo; chi invece si innalzerà sarà abbassato, e chi si abbasserà sarà innalzato».

Matteo 23, 8-12

Nella traduzione latina l'errore era ancora più sfrontato: Gesù domandava due volte a Pietro: *Diligis me?* cioè «Ti sono caro? Hai un po' di affetto per me?» e Pietro rispondeva: *Amo te*, cioè «Ti amo»; e la terza volta Gesù domandava: *Amas me?* e Pietro sempre più convinto esclamava: «Amo te». Ne risultava l'esatto contrario del testo greco, e Pietro veniva presentato come un discepolo appassionato, a maggior gloria della Grande Chiesa – nella quale il greco, dopo il III secolo, era parlato da pochi.

Il seguito della conversazione tra Gesù e Pietro – nel testo originale – mostra bene, del resto, quale fosse l'opinione di Gesù riguardo a quel suo «pastore di pecorelle»:

18-19. «È così, è così, è l'Io stesso a dirtelo: quando eri più giovane tu indossavi le tue vesti da solo e andavi dove volevi; ma quando sarai vecchio tenderai le tue mani, e altri ti faranno indossare le vesti, e ti porteranno dove tu non vuoi». Questo gli disse per indicare con quale morte Pietro avrebbe glorificato Dio. E detto questo, Gesù aggiunse: «Ma tu segui l'Io».

«Con quale morte avrebbe glorificato Dio»! Sono parole molto dure. Nella Grande Chiesa potevano essere lette, sì, con qualche sforzo, come un'esaltazione del martirio; ma pesa comunque quell'elemento di *morte*, nel modo in cui la Grande Chiesa onorava Dio, secondo l'evangelista. E la profezia di Gesù è cupa: Pietro vuol essere un pastore e non sa amare abbastanza; la sua libertà finirà perciò ben presto, altri gli metteranno quei paramenti a cui la Grande Chiesa teneva tanto, e condurranno la Grande Chiesa dove occorrerà a loro. Se queste parole non vennero scritte dopo il 313, anno dell'alleanza tra la Grande Chiesa e l'Impero, o qualche decennio prima, quando la setta di Mitra stava filtrando nella Grande Chiesa con l'intento di prenderne il controllo, certamente le si può leggere come una profezia storicamente molto precisa. Per altro, quel venire «cinto e portato dove non vuoi» descrive con spietata immediatezza la sorte che di consueto tocca ai capi, ai padri spirituali, ai pastori di greggi, nel Noi che inevitabilmente finisce per coinvolgerli e permearli.

Ma «Tu segui l'Io», aggiunge qui Gesù; cioè: in ogni caso, tu cerca la tua via autentica, per quanto potrai, come potrai. Questo puoi sempre farlo, ricorda.

L'ALTRA SORTE
21, 20-23

20-22. Pietro allora, voltandosi, vide che li seguiva quel discepolo che Gesù amava, quello che nell'ultima cena si
era reclinato all'indietro sul petto di Gesù e gli aveva
domandato: «Signore, chi è che ti tradisce?» Pietro
dunque, vedendolo, disse a Gesù: «Signore, e lui?» Gesù gli rispose: «Se l'Io vuole che rimanga fino a che l'Io
sarà giunto, che importa a te? Tu segui l'Io».

Pietro è comprensibilmente agitato, si volta e vede «quel
discepolo che Gesù amava» di un amore che a lui, Pietro, è
sconosciuto.

Il futuro fondatore della Grande Chiesa domanda: «E di
lui che sarà?» Teme che la sorte del discepolo amato sia più
luminosa della sua, dato che quello è il prediletto. E Gesù non
lo rassicura: «Che importa a te?!» Quell'altro discepolo potrà
avere tutt'altra sorte, dice Gesù – e le versioni consuete traducono qui:

«Se io voglio che rimanga finché io venga, che importa a
te? Tu seguimi.»

E così la risposta sfuma verso un qualche misterioso secondo avvento. Il senso della frase invece è: *Se l'Io esige che quel discepolo sia preso a modello, che la sua capacità d'amore rimanga come unica via perché nell'uomo cominci a rivelarsi l'Io, cosa puoi farci tu, Pietro?*

Pietro rappresentava la Grande Chiesa; la Grande Chiesa non dovrà dunque interferire – secondo questo passo del Vangelo – con le vicende di quell'altro cristianesimo, di quella «discepola che Gesù amava», e che durante l'ultima cena aveva osato domandare ciò di cui tutti gli altri discepoli avevano soltanto timore. Era la Gnosi, il cristianesimo che poneva la conoscenza come unico vero sacramento. E «Che importa a te?»: tu, Pietro, con i limiti che hai nel cuore, come puoi capirlo? Purtroppo non hai nulla a che fare con lei. Lascia che sia. Se vuoi comprenderne di più, impara piuttosto a seguire anche tu l'Io di cui parlano i Vangeli.

La scissione tra Grande Chiesa e cristianesimo gnostico era ben presente, dunque, all'autore di questo brano: e non vi è qui tentativo di conciliazione, ma solo un'esortazione alla convivenza, e la speranza che la Grande Chiesa si ravvedesse dalla sua condizione di insufficiente amore. La storia andava e andò invece diversamente. Già nel II secolo gli gnostici venivano duramente attaccati dai successori di Pietro, li si proclamò eretici pericolosi, e nel IV secolo la Grande Chiesa perseguitò e represse la Gnosi ovunque, condannando alla distruzione e all'oblio un immenso patrimonio spirituale.

E come una risposta della Grande Chiesa a Gesù suona l'aggiunta, acre, che i copisti-redattori inserirono qui:

23. Si diffuse perciò tra i fratelli la voce che quel discepolo non sarebbe morto. Gesù tuttavia non gli aveva detto che non sarebbe morto, ma: «Se voglio che lui rimanga fino a che io venga, che importa a te?»

Sempre prendendo a prestito frasi da altri brani per snaturarle, i copisti-redattori rincuorano qui i fedeli della Grande Chiesa: «Non è detto che quell'altro discepolo, quell'altro cristianesimo debba restare per sempre! Gesù non disse così, disse soltanto qualcosa di molto vago su un suo secondo avvento, di cui nessuno ha mai saputo nulla. Dunque *che importa a noi* di quell'altro cristianesimo?» E significativamente, omettono di citare l'ultima frase di Gesù: «Tu segui l'Io» – che di certo non li rincuorava.

Stampato presso ELCOGRAF S.p.A.
Stabilimento di Cles (TN)